国家级职业教育规划教材
全国中等职业学校会计专业教材

（第2版）

财经法规与职业道德

人力资源社会保障部教材办公室　组织编写
招戈　主编

中国劳动社会保障出版社

简　介

本教材为国家级职业教育规划教材，主要内容包括：会计法律制度、结算法律制度、税收法律制度、财政法律制度以及会计职业道德等。教材文字简练，内容实用，每章配有练习题，帮助学生巩固所学内容。

本教材由招戈任主编，陈智毅任副主编，王姣、邹淳参与编写。

图书在版编目（CIP）数据

财经法规与职业道德 / 招戈主编．-- 2 版．-- 北京：中国劳动社会保障出版社，2018

全国中等职业学校会计专业教材

ISBN 978-7-5167-3583-1

Ⅰ.①财… Ⅱ.①招… Ⅲ.①财政法－中国－中等专业学校－教材②经济法－中国－中等专业学校－教材③会计人员－职业道德－中等专业学校－教材 Ⅳ.①D922.2②F233

中国版本图书馆 CIP 数据核字（2018）第 179679 号

中国劳动社会保障出版社出版发行

（北京市惠新东街 1 号　邮政编码：100029）

*

三河市华骏印务包装有限公司印刷装订　新华书店经销

787 毫米 ×1092 毫米　16 开本　15.5 印张　263 千字

2018 年 8 月第 2 版　2018 年 8 月第 1 次印刷

定价：31.00 元

读者服务部电话：（010）64929211/84209101/64921644

营销中心电话：（010）64962347

出版社网址：http：//www.class.com.cn

http：//zyjy.class.com.cn

前　言

全国中等职业学校会计专业教材自出版以来，在学校教学中发挥了重要作用。近年来随着会计行业的发展变化，企业对从业人员的知识水平和职业能力提出了更高的要求。为适应这一变化，满足学校培养人才的需求，我们组织一批教学经验丰富、实践能力强的教师与行业、企业专家，在充分调研的基础上，对现有教材进行了修订。

本次教材修订工作的重点主要体现在以下几个方面：

◆ 更新教材内容。根据近年来会计政策和法规的变化，调整、更新了企业会计准则以及增值税、营业税等税收法规的内容；补充了会计理论的最新知识，强调了互联网时代在会计记账、核算、报税过程中对新技术和新设备的应用；完善了最新会计软件的操作方法，使得教材内容更加具有前瞻性，符合时代发展特点。

◆ 强化职业技能和职业素质培养。教材进一步加大技能训练的比重，在涉及到记账、出纳、成本核算、纳税等主要会计技能的教材中，更多地加入实践题例和操作指导，方便教师开展一体化教学。同时，将与会计行业相关的职业道德、职业操守等内容融入到教学知识、课堂问答、课后训练等各环节，以加强对学生职业素质的培养。

◆ 提升教材表现力。通过设置案例分析、知识链接、能力提示等不同栏目，增加教材的亲和力，激发学生的学习兴趣。同时，尽可能多地以图表代替冗长的文字叙述，使教材更加生动，易于学习。

◆ 加强立体化资源建设。习题册修订和教材修订同步进行，同时补充开发配套的电子课件。习题册答案及电子课件可登录 zyjy.class.com.cn，搜索相应的书目，在相关资源中下载。

本套教材的编写得到了有关学校的大力支持，教材的编审人员做了大量的工作，在此，我们表示衷心的感谢！同时，恳切希望广大读者对教材提出宝贵的意见和建议。

人力资源社会保障部教材办公室

目　录

CONTENTS

第一章
会计法律制度

基本要求

- 了解会计法律制度的构成
- 熟悉会计工作管理体制
- 熟悉会计档案管理
- 熟悉内部控制制度
- 熟悉会计机构的设置
- 掌握会计核算的要求
- 掌握会计工作交接的要求
- 掌握会计违法行为的法律责任

第一节 会计法律制度的概念与构成

一、会计法律制度的概念

会计法律制度是指国家权力机关和行政机关制定的，用于调整会计关系的各种法律、法规、规章和规范性文件的总称。

会计法律制度是调整会计关系的法律规范。会计关系是会计机构和会计人员在办理会计事务过程中，以及国家在管理会计工作过程中发生的各种经济关系。

二、会计法律制度的构成

我国会计法律制度包括会计法律、会计行政法规、会计部门规章和地方性会计法规，其基本构成如下。

1. 会计法律

会计法律是指由全国人民代表大会及其常务委员会经过一定立法程序制定的有关会计工作的法律。我国目前有两部会计法律，分别是《中华人民共和国会计法》（以下简称《会计法》）和《中华人民共和国注册会计师法》（以下简称《注册会计师法》）。

《会计法》是调整国家机关、企业、事业等单位在处理会计事务中的经济关系的法律规范的总称。我国第一部《会计法》于1985年1月21日经第六届全国人民代表大会常务委员会第九次会议通过。现行的《会计法》于2017年11月4日经第十二届全国人民代表大会常务委员会第三十次会议修订通过，并自2017年11月5日起实施生效。这是我国会计法律制度中层次最高的法律规范，是制定其他会计法规的依据，也是指导会计工作的最高准则。

《注册会计师法》于1993年由第八届全国人民代表大会常务委员会第四次会议通过。该法共有7章46条，旨在规范注册会计师的执业行为，加强对注册会计师行业的管理，发挥注册会计师在社会经济活动中的鉴证和服务作用，维护社会公共利益和投资者的合法权益。

2. 会计行政法规

会计行政法规是指由国务院制定并发布，或者由国务院有关部门拟订并经国务院批准发布，调整经济生活中某些方面会计关系的法律规范，如国务院发布的《企业财务会计报告条例》《总会计师条例》等。会计行政法规制定的依据是《会计法》。

3. 会计部门规章

会计部门规章是指国家主管会计工作的行政部门，即财政部及其他相关部委根据法律和国务院的行政法规、决定、命令，在本部门的权限范围内制定的，调整会计工作中某些方面内容的国家统一的会计准则制度和规范性文件，包括国家统一的会计核算制度、会计监督制度、会计机构和会计人员管理制度及会计工作管理制度等，如《财政部门实施会计监督办法》《会计从业资格管理办法》《代理记账管理办法》《企业会计制度》《金融企业会计制度》《会计基础工作规范》《会计档案管理办法》，以及《企业会计准则——基本准则》和各具体准则及其应用指南等。

4. 地方性会计法规

地方性会计法规是由省、自治区、直辖市人民代表大会及其常务委员会在同宪法、会计法律、行政法规和国家统一的会计制度不相抵触的前提下，根据本地区情况制定发布的关于会计核算、会计监督、会计机构和会计人员以及会计工作管理的规范性文件，如《广东省财政票据管理办法》《福建省实施〈中华人民共和国会计法〉办法》等。

我国会计法律制度的构成见表 1—1。

表 1—1　我国会计法律制度的构成

构成	制定机关或发布机关	举例
会计法律	全国人民代表大会及其常务委员会	《会计法》《注册会计师法》
会计行政法规	国务院	《企业财务会计报告条例》《总会计师条例》
会计部门规章	财政部及其他相关部委	《财政部门实施会计监督办法》《会计从业资格管理办法》
地方性会计法规	省、自治区、直辖市人民代表大会及其常务委员会	《广东省财政票据管理办法》《福建省实施〈中华人民共和国会计法〉办法》

【例 1—1】《会计法》属于（　　）。

A. 会计法律　　B. 会计行政法规

C. 会计规章　　D. 会计规范性文件

【解析】A。会计法律是指由全国人民代表大会及其常务委员会经过一定立法程序制定的有关会计工作的法律。我国目前有两部会计法律，分别是《会计法》和《注册会计师法》。

【例 1—2】下列项目中，属于会计行政法规的有（　　）。

A.《企业财务会计报告条例》　　B.《企业会计制度》

C.《总会计师条例》　　D.《企业会计准则——基本准则》

【解析】A、C。选项 A、C 属于会计行政法规，选项 B、D 属于会计部门规章。

第二节　会计工作管理体制

会计是随着社会发展逐渐从生产职能中分离出来的一种管理职能。为了规范会计工作，保证会计在经济管理中发挥作用，政府部门应当在宏观上对会计工作进行必要的指导、监督和管理，包括会计政策标准的制定、贯彻实施和监督检查，会计专业技术资格的确认，会计从业资格的管理，会计基础工作的加强等，这些内容构成了会计工作管理体制。

会计工作管理体制是划分会计工作管理职责权限关系的制度，包括会计工作管理组织形式、管理权限、管理机构设置等内容。

我国的会计工作管理体制主要包括会计工作的行政管理、会计工作的行业自律管理和单位内部的会计工作管理等内容。

一、会计工作的行政管理

1. 会计工作行政管理体制

《会计法》第七条规定：“国务院财政部门主管全国的会计工作。县级以上地方各级人民政府财政部门管理本行政区域内的会计工作。”该法明确了会计工作

由国务院财政部门管理和在会计工作管理体制上实行统一领导、分级管理的原则。

2. 会计工作行政管理的内容

会计工作行政管理主要包括制定国家统一的会计制度、会计市场管理、会计专业人才评价、会计监督检查四个方面。

（1）制定国家统一的会计制度

《会计法》第八条规定："国家实行统一的会计制度。国家统一的会计制度由国务院财政部门根据本法制定并公布。国务院有关部门可以依照本法和国家统一的会计制度制定对会计核算和会计监督有特殊要求的行业实施国家统一的会计制度的具体办法或者补充规定，报国务院财政部门审核批准。中国人民解放军总后勤部可以依照本法和国家统一的会计制度制定军队实施国家统一的会计制度的具体办法，报国务院财政部门备案。"该法明确规定会计制度制定的权限是会计工作实行统一领导、分级管理原则的一个重要方面。

国家统一的会计制度是在全国范围内实施的会计工作管理方面的规范性文件，主要包括三个方面：一是国家统一的会计核算制度，如《企业会计准则——基本准则》和各具体准则及其应用指南、《事业单位会计准则》《企业会计制度》《金融企业会计制度》《小企业会计制度》等；二是国家统一的会计机构和会计人员管理制度，如《总会计师条例》《会计从业资格管理办法》《会计专业技术资格考试暂行规定》等；三是国家统一的会计工作管理制度，如《会计档案管理办法》《会计人员工作规则》等。

在国务院财政部门制定国家统一的会计制度的基础上，还需要由各地区、各部门制定符合《会计法》要求的、符合实际情况的会计制度或者补充规定，报国务院财政部门审核批准或者备案后实行。

（2）会计市场管理

在市场经济条件下，政府必须加强对会计市场的管理，包括会计市场的准入管理、会计市场的过程监管和会计市场的退出管理三个方面。

1）会计市场的准入管理。根据《会计法》规定，从事会计工作的人员必须具备专业能力，遵守职业道德，这是对会计人员从事会计工作的准入要求。除此之外，会计市场准入还包括会计师事务所的设立、代理记账机构的设立等。

2）会计市场的过程监管。在获准进入会计市场后，会计机构和人员还应当持续符合相关的资格条件，并主动接受财政部门的监督检查。因此，财政部门还必须对会计市场进行过程监管。

3）会计市场的退出管理。会计市场的退出管理是指财政部门对在执业过程中有违反《会计法》《注册会计师法》行为的机构和个人进行处罚，情节严重的，吊销其执业资格，强制其退出会计市场。

【例 1—3】财政部门对会计从业资格的取得所进行的条件设定，称为（ ）。

A. 会计培训市场的管理　　B. 会计市场的准入管理

C. 会计市场的运作管理　　D. 会计市场的退出管理

【解析】B。会计市场的准入管理是指财政部门对会计从业资格的取得、代理记账机构的设立、注册会计师资格的取得及会计师事务所的设立等进行的条件设定。

（3）会计专业人才评价

目前，我国已经形成了阶梯式的会计专业人才评价机制，包括初级、中级、高级会计人才评价机制和会计行业领军人才的培养、评价等。

会计专业技术资格考试是包括初级、中级、高级的会计专业技术资格全国统一考试，它是会计人才评价的一种方式。会计专业技术资格考试由财政部组织实施，人力资源和社会保障部监督指导。

会计行业领军（后备）人才培养是适应我国当前经济发展的一种会计人才评价方式。对先进会计工作者的表彰奖励也属于会计人才评价的范畴。财政部负责组织全国先进会计工作者的评选表彰工作，一般 3 年组织一次自上而下的全面评选，同时每年组织评选表彰 10 名年度全国先进会计工作者。

此外，为不断提高会计人员的专业胜任能力，国家规定会计人员应当参加继续教育。为此，财政部专门制定了《会计人员继续教育规定》，对继续教育的对象、内容、形式、师资、教材、考核与检查等做了详细规定。

（4）会计监督检查

会计监督检查属于政府市场监管的范畴，是财政部门管理会计工作的重要职能。财政部门实施的会计监督检查主要是指会计信息质量检查和会计师事务所执业质量检查。

根据《会计法》的规定，财政部组织实施对全国的会计信息质量进行检查，并对违法行为实施行政处罚；县级以上财政部门组织实施对本行政区域内的会计信息质量进行检查，并依法对本行政区域内单位或人员的违法行为实施行政处罚。

根据《注册会计师法》的规定，财政部组织实施对全国会计师事务所的执业质量进行检查，并对违反《注册会计师法》的行为实施行政处罚；省、自治区、

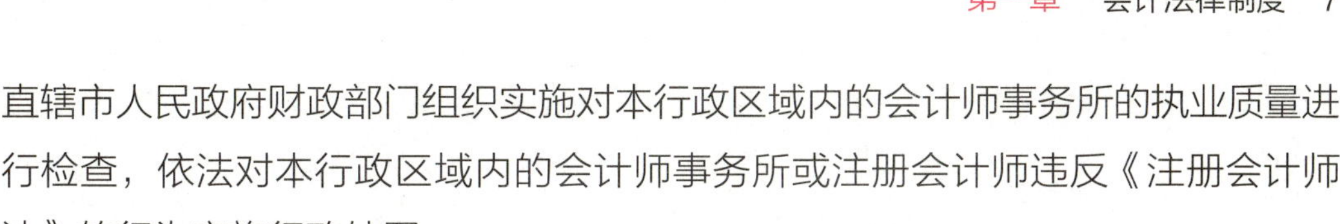

直辖市人民政府财政部门组织实施对本行政区域内的会计师事务所的执业质量进行检查，依法对本行政区域内的会计师事务所或注册会计师违反《注册会计师法》的行为实施行政处罚。

【例 1—4】根据《会计法》的规定，除财政部门外，依照有关法律、行政法规规定的职责，可以对有关单位的会计资料实施监督检查的部门还有（　　）。

A. 审计部门　　B. 保险监管部门

C. 证券监管机构　　D. 中国银行

【解析】A、B、C。《会计法》规定，除财政部门外，审计、税务、人民银行、证券监管、保险监管等部门依照有关法律、行政法规规定的职责和权限，可以对有关单位的会计资料实施监督检查。

【例 1—5】财政部门履行的会计行政管理职能主要有（　　）。

A. 制定国家统一的会计制度　　B. 会计市场管理

C. 会计专业人才评价　　D. 会计监督检查

【解析】A、B、C、D。

二、会计工作的行业自律管理

会计行业自律管理制度是对行政管理制度的一种有益补充，有助于督促会计人员依法展开会计工作，树立良好的行业风气，促进行业的发展。

1. 中国注册会计师协会

中国注册会计师协会成立于 1988 年 11 月，是依据《注册会计师法》和《社会团体登记管理条例》的有关规定设立，依法取得社会团体法人资格的注册会计师行业组织。中国注册会计师协会的最高权力机构为全国会员代表大会。

2. 中国会计学会

中国会计学会创建于 1980 年，是全国会计领域各类专业组织，以及会计理论界、实务界会计工作者自愿结成的学术性、专业性、非营利性社会组织。

3. 中国总会计师协会

中国总会计师协会是经财政部审核同意，民政部正式批准依法注册登记成立的跨地区、跨部门、跨行业、跨所有制的非营利性国家一级社团组织，是总会计师行业的全国性自律组织，其主管单位为中国科学技术协会，业务指导单位为财政部。

三、单位内部的会计工作管理

1. 单位负责人的会计管理职责

《会计法》规定，单位负责人对本单位的会计工作和会计资料的真实性、完整性负责；应当保证财务会计报告真实、完整；应当保证会计机构的会计人员依法履行职责，不得授意、指使、强令会计机构和会计人员违法办理会计事项。单位负责人是指单位法定代表人或者法律、行政法规规定代表单位行使职权的主要负责人。单位负责人是单位的会计责任主体，单位负责人应根据《会计法》规定，认真组织、管理好本单位的会计核算和监督工作，保证会计机构和人员依法履行职责。

2. 会计机构的设置

会计机构是各单位办理会计事务的职能机构。根据《会计法》规定，各单位应当根据会计业务的需要设置会计机构；不具备单独设置会计机构条件的，应当在有关机构中配备专职会计人员；没有设置会计机构和配备会计人员的单位，应当委托批准设立的从事会计代理记账业务的中介机构代理记账。

3. 会计人员的选拔任用

财政部对从事会计工作人员的相关资格条件进行统一规定。例如，从事会计工作的人员应当具备专业能力，遵守职业道德；会计机构负责人应当具备会计师以上专业技术职务任职资格或者具有从事会计工作 3 年以上的经历；总会计师应当在取得会计师任职资格后，主管一个单位或者单位内一个重要方面的财务会计工作时间不少于 3 年等。会计人员取得相关资格或符合有关条件后，能否具体从事相关工作，由所在单位自行决定。

4. 会计人员回避制度

《会计基础工作规范》规定，国家机关、国有企业、事业单位任用会计人员应当实行回避制度。单位负责人的直系亲属不得担任本单位的会计机构负责人、会计主管人员。会计机构负责人、会计主管人员的直系亲属不得在本单位会计机构中担任出纳工作。

【例 1—6】下列各项中，属于回避制度中所指的直系亲属的是（　　）。

A. 夫妻关系　　B. 直系血亲关系

C. 三代以内旁系血亲关系　　D. 近姻亲关系

【解析】A、B、C、D。根据《会计基础工作规范》的规定，需要回避的直系亲属为夫妻关系、直系血亲关系、三代以内旁系血亲关系以及近姻亲关系。

第三节　会 计 核 算

一、总体要求

1. 会计信息质量要求

会计信息质量要求是对企业财务报告中所提供会计信息质量的基本要求，其主要内容包括真实性、相关性、明晰性、可比性、实质重于形式、重要性、谨慎性和及时性等。

（1）真实性

真实性要求企业应当以实际发生的交易或者事项为依据进行确认、计量和报告，如实反映符合确认和计量要求的各项会计要素及其他相关信息，保证会计信息真实可靠、内容完整。

（2）相关性

相关性要求企业提供的会计信息应当与财务报告使用者（尤其是投资者）的经济决策需要相关，有助于财务报告使用者对企业过去、现在或者未来的情况作出评价或者预测。

（3）明晰性

明晰性要求企业提供的会计信息不能模糊不清、晦涩难懂，应当清晰明了，便于财务报告使用者理解和使用。

（4）可比性

可比性要求企业提供的会计信息应当具有可比性。具体包括下列要求：

1）同一企业对于不同时期发生的相同或者相似的交易或者事项，应当采用一致的会计政策，不得随意变更。

2）不同企业发生的相同或者相似的交易或者事项，应当采用规定的会计政策，确保会计信息口径一致、相互可比，即对于相同或者相似的交易或者事项，不同企业应当采用一致的会计政策，以使不同企业按照一致的确认、计量和报告基础提供有关会计信息。

（5）实质重于形式

实质重于形式要求企业应当按照交易或者事项的经济实质进行会计确认、计量和报告，不应仅以交易或者事项的法律形式为依据。如果企业仅仅以交易或者事项的法律形式为依据进行会计确认、计量和报告，就容易导致会计信息失真，无法如实反映经济现实和实际情况。

（6）重要性

重要性要求企业提供的会计信息应当反映与企业财务状况、经营成果和现金流量有关的所有重要交易或者事项。

（7）谨慎性

谨慎性要求企业对交易或者事项进行会计确认、计量和报告时应当保持应有的谨慎，不应高估资产或者收益，低估负债或者费用。

（8）及时性

及时性要求企业对于已经发生的交易或者事项，应当及时进行确认、计量和报告，不得提前或者延后。

2. 会计核算的依据

《会计法》规定，各单位必须根据实际发生的经济业务事项进行会计核算，填制会计凭证，登记会计账簿，编制财务会计报告。任何单位不得以虚假的经济业务事项或者资料进行会计核算。

以虚假的经济业务事项或资料进行会计核算，是一种严重的违法行为。对此，《会计法》第九条作出了禁止性规定："任何单位不得以虚假的经济业务事项或者资料进行会计核算。"一旦违反规定，即是严重的违法行为，将受到法律的严厉制裁。因为以不真实甚至虚假的经济事项作为会计核算的基础，据此提供的会计资料不仅没有可信度，相反会误导会计信息使用者，侵害其利益，扰乱社会经济秩序，造成极其严重的后果。

3. 会计资料基本要求

（1）会计资料的生成和提供必须符合国家统一的会计制度的规定

会计资料是在会计核算过程中形成的，用以记录和反映实际发生的经济业务事项的资料，包括会计凭证、会计账簿、财务会计报表和其他会计资料。会计资料是记录会计核算过程和结果的重要载体，是反映单位财务状况和经营成果，评价经营业绩，进行投资决策的重要依据，同时也是一种重要的社会信息资源。因此，会计资料必须符合国家统一的会计制度的规定。

（2）提供虚假会计资料是违法行为

提供虚假会计资料是一种严重违法行为。《会计法》第十三条规定："任何单位和个人不得伪造、变造会计凭证、会计账簿及其他会计资料，不得提供虚假的财务会计报告。"

伪造会计凭证、会计账簿及其他会计资料，是指以虚假的经济业务事项为前提编造不真实的会计凭证、会计账簿及其他会计资料的行为。主要表现有伪造根本不存在的经济事项的原始凭证；或者以存在的会计经济事项为基础，用夸大、缩小或隐匿事实的手法伪造原始凭证，如制作假发票、假收据、假工资表等假的原始凭证；或者由于会计人员审核不严或玩忽职守、丧失原则，以伪造的原始凭证为基础，填制记账凭证，如根据假发票凭空编制记账凭证的行为等。

变造会计凭证、会计账簿及其他会计资料，是指用涂改、挖补等手段来改变会计凭证、会计账簿等的真实内容，歪曲事实真相的行为，即篡改事实。主要表现为涂改原始凭证中的日期、数量、单价、金额等内容；或者利用计算机、复印机等工具，对原始凭证进行二次处理；或者由于会计人员审核不严或玩忽职守、丧失原则，以变造的原始凭证为基础，填制记账凭证，如根据涂改后的发票编制记账凭证的行为等。

提供虚假财务会计报告，是指通过编造虚假的会计凭证、会计账簿及其他会计资料或直接篡改财务会计报告上的数据，使财务会计报告不能真实、完整地反映财务状况和经营成果，借以误导、欺骗会计资料使用者的行为，即以假乱真。

4. 会计核算的其他要求

（1）明确会计核算内容

会计核算的内容是指应当进行会计核算的经济业务事项。《会计法》规定，各单位发生的下列事项，应当及时办理会计手续，进行会计核算：

1）款项和有价证券的收付。

2）财物的收发、增减和使用。

3）债权债务的发生和结算。

4）资本、基金的增减。

5）收入、支出、费用、成本的计算。

6）财务成果的计算和处理。

7）其他需要办理会计手续，进行会计核算的事项。

（2）正确采用会计处理办法

《会计法》规定，各单位采用的会计处理办法，前后各期应当一致，不得随意变更；确有需要变更的，应当按照国家统一的会计制度的规定变更，并将变更的原因、情况及影响在财务会计报告中说明。这就要求企业在选择会计政策，进行会计核算时，应该谨慎行事。

（3）以公历年度为会计年度

《会计法》规定，会计年度自公历1月1日起至12月31日止。按照持续经营原则，通常情况下一个单位的业务经营活动总是持续不断地进行的。而按照会计上的会计分期原则，又必须对企业的业务活动进行分期核算，以考核企业在一定期间的财务成果。因此，会计核算中就必须将连续不断的经营过程人为地划分为若干相等的时期，分期进行结算，分期编制财务会计报告，分期反映单位的财务状况和经营成果。这种分期进行会计核算的时间区间，在会计上称为会计区间。《企业财务会计报告条例》规定，会计期间分为年度、半年度、季度和月度，以满足单位经营管理和投资者对会计资料的需要。

（4）以人民币为记账本位币

记账本位币是日常登记账簿和编制财务会计报告时用以表示计量的货币。《会计法》规定，会计核算以人民币为记账本位币。业务收支以人民币以外的货币为主的单位，可以选定其中一种货币作为记账本位币，但是编制的财务会计报告应当折算为人民币。

（5）正确使用会计记录文字

《会计法》规定，会计记录的文字应当使用中文。根据这一规定，我国境内所有国家机关、社会团体、企业、事业单位和其他组织的会计记录文字都应当使用中文。在民族自治区地方，会计记录可以同时使用当地通用的一种民族文字。

在中华人民共和国境内的外商投资企业、外国企业和其他外国组织的会计记录可以同时使用一种外国文字。

二、会计凭证管理

会计凭证是记录经济业务事项的发生和完成情况的书面记录，是登记账簿的依据。每个企业都必须按照一定的程序填制和审核会计凭证，并根据审核无误的会计凭证进行账簿登记，如实反映企业的经济业务。会计凭证按照其来源和用途的不同可分为原始凭证和记账凭证。

1. 原始凭证

原始凭证是在经济业务事项发生或者完成时取得或者填制的，用以表明经济业务事项已经发生或完成情况，明确有关经济责任的文字凭据。它是会计核算工作的原始资料和重要依据。

（1）原始凭证的种类

原始凭证按照来源的不同，可以分为外来原始凭证和自制原始凭证；按照填制手续及内容的不同，可以分为一次凭证、累计凭证、汇总原始凭证三类；按照格式的不同，可以分为统一印制的具有固定格式的原始凭证（如发票、各种结算凭证）和各单位印制的无统一格式的内部凭证（如领料单、入库单等）。

（2）原始凭证的内容

按照《会计基础工作规范》的规定，原始凭证应包括如下内容：①凭证的名称；②填制凭证的日期；③填制凭证单位名称或者填制人姓名；④经办人员的签名或者盖章；⑤接受凭证单位名称；⑥经济业务内容；⑦数量、单价和金额。

（3）原始凭证的填制和取得

《会计基础工作规范》规定，从外单位取得的原始凭证，必须盖有填制单位的公章。从个人取得的原始凭证，必须有填制人员的签名或者盖章。自制原始凭证必须有经办单位领导人或者其指定的人员签名或者盖章。对外开出的原始凭证，必须加盖本单位公章。

（4）原始凭证的审核

审核原始凭证是确保会计资料质量的重要措施之一，《会计法》对原始凭证的审核作出了以下具体规定：

1）会计机构、会计人员必须按照法定职责审核原始凭证。

2）会计机构、会计人员审核原始凭证应当按照国家统一的会计制度的规定进行。

3）会计机构、会计人员对不真实、不合法的原始凭证，有权不予受理，并向单位负责人报告，请求查明原因，追究有关当事人的责任；对记载不准确、不完整的原始凭证予以退回，并要求经办人员按照国家统一的会计制度的规定进行更正、补充。

（5）原始凭证错误的更正

为了规范原始凭证的内容，明确相关人员的经济责任，防止利用原始凭证进行舞弊，《会计法》《会计基础工作规范》对原始凭证错误的更正作出了具体规定，其内容包括：①原始凭证所记载的各项内容均不得涂改；②原始凭证记载的内容有错误的，应当由开具单位重开或更正，并在更正处加盖开具单位印章；③原始凭证金额出现错误的不得更正，只能由原始凭证开具单位重新开具。

【例 1—7】根据会计法律制度的规定，下列有关取得或者填制原始凭证的表述中，符合规定的有（　　）。

A. 从外单位取得的原始凭证，必须盖有填制单位的公章

B. 从个人取得的原始凭证，必须有填制人员的签名或者盖章

C. 购买实物的原始凭证，必须有验收证明

D. 支付款项的原始凭证，必须有收款单位和收款人的收款证明

【解析】A、B、C、D。

（6）原始凭证的保管

原始凭证作为重要的会计资料，应当按照有关会计档案保管的规定办法进行保管。

1）对于数量过多的原始凭证，可以单独装订保管，在封面上注明记账凭证日期、编号、种类，同时在记账凭证上注明“附件另订”和原始凭证名称及编号。

2）原始凭证不得外借，其他单位如因特殊原因需要使用原始凭证时，经本单位会计机构负责人、会计主管人员批准，可以复制。向外单位提供的原始凭证复制件，应当在专设的登记簿上登记，并由提供人员和收取人员共同签名或者盖章。

3）从外单位取得的原始凭证如有遗失，应当取得原开出单位盖有公章的证

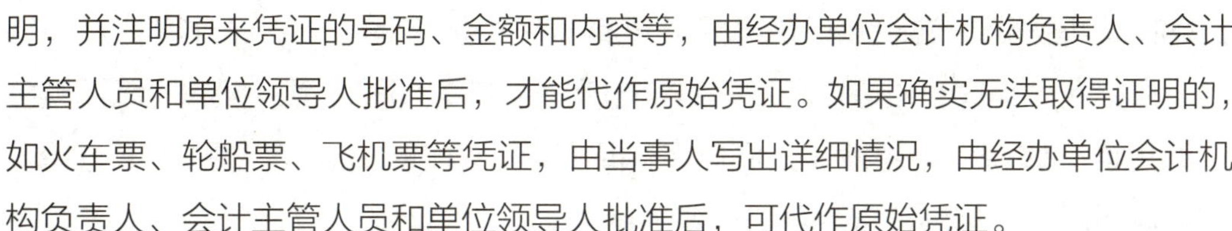

明，并注明原来凭证的号码、金额和内容等，由经办单位会计机构负责人、会计主管人员和单位领导人批准后，才能代作原始凭证。如果确实无法取得证明的，如火车票、轮船票、飞机票等凭证，由当事人写出详细情况，由经办单位会计机构负责人、会计主管人员和单位领导人批准后，可代作原始凭证。

2. 记账凭证

会计机构、会计人员要根据审核无误的原始凭证填制记账凭证。记账凭证是对经济业务事项按其性质加以归类，确定会计分录，并据以登记会计账簿的凭证。记账凭证可以分为收款凭证、付款凭证和转账凭证，也可以使用通用记账凭证。

（1）记账凭证的内容

根据《会计基础工作规范》的规定，记账凭证应当具备以下内容：①填制记账凭证的日期；②记账凭证的名称和编号；③经济业务事项摘要；④应记会计科目、方向和金额；⑤记账符号；⑥记账凭证所附原始凭证的张数；⑦记账凭证的填制人员、稽核人员、记账人员和会计主管人员的签名或印章等。

（2）记账凭证的编制

记账凭证在会计核算过程中是非常重要的环节，是会计提供正确信息的关键。《会计法》对编制记账凭证的程序和要求作出了规定，强调了两方面的要求：一是编制记账凭证必须以原始凭证及有关资料为依据，二是编制记账凭证的依据必须是经过审核无误的原始凭证和有关资料。

1）填制记账凭证时，应当对记账凭证进行连续编号。一笔经济业务需要填制两张以上记账凭证的，可以采用分数编号法编号。

2）记账凭证可以根据每一张原始凭证填制，或者根据若干张同类原始凭证汇总填制，也可以根据原始凭证汇总表填制，但不得将不同内容和类别的原始凭证汇总填制在一张记账凭证上。

3）除结账和更正错误的记账凭证可以不附原始凭证外，其他记账凭证必须附有原始凭证。

4）一张原始凭证所列支出需要几个单位共同负担的，应当将其他单位负担的部分，开给对方原始凭证分割单进行结算。

5）如果在填制记账凭证时发生错误，应当重新填制。已经登记入账的记账凭证，在当年内发现填写错误时，可以用红字填写一张与原内容相同的记账凭证，在摘要栏注明“注销某月某日某号凭证”字样，同时再用蓝字重新填制一张正确的记账凭证，注明“订正某月某日某号凭证”字样。如果会计科目没有错误，只是金额错误，也可以将正确数字与错误数字之间的差额，另编一张调整的记账凭证，调增金额用蓝字，调减金额用红字。发现以前年度记账凭证有错误的，应当用蓝字填制一张更正的记账凭证。

6）记账凭证填制完经济业务事项后，如有空行，应当自金额栏最后一笔金额数字下的空行处至合计数上的空行处划线注销。

7）填制会计凭证，字迹必须清晰、工整，并符合规定要求。

【例 1—8】下列选项中，（　　）的记账凭证可以不附原始凭证。

A. 结账和更正错误　　B. 采购业务

C. 债务结算　　D. 收款业务

【解析】A。除结账凭证和更正错误的记账凭证外，记账凭证必须附有原始凭证，并注明原始凭证的张数。

（3）记账凭证的审核

记账凭证的审核内容包括编制依据是否真实，填写项目是否齐全，金额计算是否正确，书写是否清楚等。

实行会计电算化的单位，对于机制记账凭证也要认真审核，做到会计科目使用正确、数字准确无误。打印出来的机制记账凭证要加盖制单人员、审核人员、记账人员及会计机构负责人、会计主管人员印章或者签字。

（4）记账凭证的保管

记账凭证应当连同所附的原始凭证或者原始凭证汇总表，按照编号顺序折叠整齐，按期装订成册，并加具封面，注明单位名称、年度、月份、起讫日期、凭证种类、起讫号码，由装订人在装订线封签处签名或者盖章。

三、会计账簿管理

会计账簿是指由一定格式的账页组成，以经过审核的会计凭证为依据，全面、系统、连续地记录各项经济业务的簿籍。《会计法》对会计账簿的种类、登记规则等内容进行了详细的规定。

1. 会计账簿的种类

会计账簿的种类见表 1—2。

表 1—2　会计账簿的种类

<table>
<tr><th colspan="2">分类</th><th colspan="2">备　注</th></tr>
<tr><td rowspan="5">按用途分类</td><td rowspan="2">序时账簿（日记账）</td><td>普通日记账</td><td>用来序时记录全部经济业务发生情况的日记账，特点是所涉及的借方、贷方全部反映在一本账簿上</td></tr>
<tr><td>特种日记账</td><td>用来序时记录某一类经济业务发生情况的日记账，如现金、银行存款业务</td></tr>
<tr><td rowspan="2">分类账簿</td><td>总分类账</td><td>简称总账，根据总账科目开设账户来分类登记全部交易或事项，提供总括核算资料</td></tr>
<tr><td>明细分类账</td><td>简称明细账，根据总账科目设置，按照其所属明细科目开设账户，提供明细核算资料</td></tr>
<tr><td>备查账簿</td><td colspan="2">又称辅助账簿，是指对某些在日记账和分类账中未能记录或记录不全的交易或事项进行补充登记的账簿，如租入固定资产备查簿、应收票据贴现备查簿等</td></tr>
<tr><td rowspan="8">按格式分类</td><td>两栏式账簿</td><td colspan="2">只用借、贷两个基本金额栏目的账簿</td></tr>
<tr><td rowspan="2">三栏式账簿</td><td>设对方科目</td><td rowspan="2">账页只设借、贷和余额三个金额栏的账簿，如现金日记账，银行存款日记账，总分类账，资本、债权债务明细账</td></tr>
<tr><td>不设对方科目</td></tr>
<tr><td rowspan="4">多栏式账簿</td><td colspan="2">账页的借方、贷方或借贷双方按需要设若干栏</td></tr>
<tr><td>借方多栏</td><td>如成本费用类明细账</td></tr>
<tr><td>贷方多栏</td><td>如收入类明细账</td></tr>
<tr><td>借方、贷方均为多栏</td><td>如本年利润、利润分配、应交税费</td></tr>
<tr><td>数量金额式账簿</td><td colspan="2">在借方、贷方和余额栏内，分别设有数量、单价和金额，如原材料、库存商品、产成品等明细账</td></tr>
<tr><td rowspan="3">按外形特征分类</td><td>订本账</td><td colspan="2">是指在账簿启用前，把若干顺序编号的账页装订在一起的账簿</td></tr>
<tr><td>活页账</td><td colspan="2">是指把若干具有专门格式的、零散的账页装在账夹内而不固定的账簿</td></tr>
<tr><td>卡片账</td><td colspan="2">是指由具有专门格式的、分散的卡片作为账页，存放在卡片箱内保管的账簿</td></tr>
</table>

2. 会计账簿的启用

启用会计账簿时，应当在账簿封面上写明单位名称和账簿名称。在账簿扉页上应当附启用表，内容包括启用日期、账簿页数、记账人员和会计机构负责人（会计主管人员）姓名，并加盖名章和单位公章。记账人员或会计机构负责人（会计主管人员）调动工作时，应当注明交接日期、接办人员或者监交人员姓名，并由交接双方人员签名或者盖章。

3. 依法建账的法律规定

依法建账是会计核算中最基本的要求之一，是如实记录和反映经济活动情况的重要前提。各单位在建账时应遵守以下几点：

（1）国家机关、社会团体、企事业单位和其他经济组织，要按照要求设置会计账簿，进行会计核算。不具备建账条件的，应实行代理记账。

（2）会计账簿的种类和具体要求的设置要符合《会计法》和国家统一的会计制度的规定。各单位发生的经济业务应当统一核算，不得违反规定私设会计账簿进行登记、核算。

4. 登记会计账簿的规定

根据有关规定，会计账簿的登记应满足以下要求：

（1）依据经过审核无误的会计凭证登记会计账簿。这是登记会计账簿最基本的会计记账规则，是保证会计账簿记录质量的重要一环。

（2）按照记账规则登记会计账簿。《会计基础工作规范》中规定的记账规则包括会计账簿应当按照连续编号的页码顺序登记；会计账簿记录发生错误或隔页、缺号、跳行的，应当按照会计制度规定的方法更正，并由会计人员和会计机构负责人（会计主管人员）在更正处盖章，以明确责任等。

（3）实行会计电算化的单位，其会计账簿的登记、更正也应当符合国家统一的会计制度的规定。

（4）禁止账外设账，各单位发生的各项经济业务事项应当在依法设置的会计账簿上统一登记、核算，不得私设账外账。

5. 账目核对

账目核对也称对账，根据《会计法》的规定，账目核对要做到账实相符、账证相符、账账相符和账表相符。

（1）账实相符

账实相符是会计账簿记录与实物、款项实有数核对相符的简称。要全面反映企业实物、款项的增减变化情况，就必须在会计账簿记录上如实记录、登记，通过会计账簿记录与实物、款项的实有数核对，可以检查、验证会计账簿记录的正确性，发现财产物资和现金管理中存在的问题，有利于查明原因、明确责任和保证会计资料的真实、完整。

（2）账证相符

账证相符是会计账簿记录与会计凭证有关内容核对相符的简称。通过账证核对，可以检查、验证会计账簿记录和会计凭证的内容是否正确无误，以保证会计账簿资料真实、完整。

（3）账账相符

账账相符是会计账簿之间相对应记录核对相符的简称。会计账簿之间包括总账与各账户之间、总账与明细账之间、总账与日记账之间。通过定期核对，可以检查、验证、确认会计账簿记录的正确性，便于及时发现问题、纠正错误，保证会计资料的真实、完整和准确无误。

（4）账表相符

账表相符是会计账簿记录与会计报表有关内容核对相符的简称。会计报表是根据会计账簿记录及有关资料编制的，会计账簿和相关资料是编制会计报表的基础，通过检查账表之间的相互关系，可以发现其中是否存在违法行为。

【例 1—9】下列各项中，属于登记会计账簿基本要求的是（　　）。

A. 必须依据经过审核无误的会计凭证登记会计账簿

B. 各种账簿要按页次顺序连续登记，不得跳行、隔页

C. 需结出余额的账户，应当定期结出余额

D. 登记会计账簿时，应当将会计凭证编号、日期、业务内容摘要、金额和其他有关资料逐项记入账内

【解析】A、B、C、D。

四、财务会计报告管理

1. 财务会计报告的组成

财务会计报告又称财务报告，是指企业和其他有关单位对外提供的、反映单位某一特定日期财务状况和某一会计期间经营成果、现金流量等会计信息的文件。根据《会计法》和《企业财务会计报告条例》的规定，财务会计报告由会计报表、会计报表附注和财务情况说明书组成。

（1）会计报表、会计报表附注

会计报表是对企业某一特定日期财务状况和某一会计期间经营成果、现金流量的结构性表述。会计报表至少应当包括资产负债表、利润表、现金流量表、所有者权益变动表、附注。会计报表上述组成部分具有同等的重要程度。

资产负债表也称财务状况表，是反映企业在一定日期（通常为各会计期末）财务状况的主要会计报表。利润表主要提供有关企业经营成果方面的信息，是反映企业在一定会计期间经营成果的报表。现金流量表是反映企业在一定会计期间现金和现金等价物流入和流出的报表。所有者权益变动表是反映构成所有者权益

各组成部分当期增减变动情况的报表。

附注是对会计报表的补充说明。主要包括两类内容，一是对会计报表各要素的补充说明，二是对会计报表中无法描述的其他财务信息的补充说明。按照《企业会计准则第 30 号——财务报表列报》的规定，附注一般应按如下顺序和内容进行披露：①企业的基本情况；②会计报表的编制基础；③遵循企业会计准则的声明；④重要会计政策和会计估计；⑤会计政策和会计估计变更以及差错更正的说明；⑥报表重要项目的说明；⑦或有和承诺事项、资产负债表日后非调整事项、关联方关系及其交易等需要说明的事项；⑧有助于会计报表使用者评价企业管理资本的目标、政策及程序的信息。

（2）财务情况说明书

财务情况说明书是对单位一定会计期间内财务、成本等情况进行分析总结的书面文字报告，也是财务会计报告的重要组成部分。财务情况说明书全面提供公司、企业和其他单位生产经营、业务活动情况，是财务会计报告使用者，特别是单位负责人和国家宏观管理部门了解和考核有关单位生产经营和业务活动开展情况的重要资料。按照《企业财务会计报告条例》的规定，财务情况说明书的内容至少应包括企业生产经营的基本情况、利润实现和分配情况、资金增减和周转情况以及对企业财务状况、经营成果和现金流量有重大影响的其他事项。

2. 财务会计报告的编制

财务会计报告的编制是会计核算工作的重要环节。《会计法》《企业财务会计报告条例》以及《企业会计准则第 30 号——财务报表列报》对财务会计报告的编制依据、编制要求、提供对象、提供期限等作出了明确规定。

（1）财务会计报告的编制依据

各单位的财务会计报告必须根据经过审核的会计账簿记录和有关资料编制。

（2）财务会计报告的编制要求

1）企业应当于年度终了编报年度财务会计报告。国家统一的会计制度规定企业应当编报半年度、季度和月度财务会计报告的，从其规定。

2）企业编制财务会计报告，应当根据真实的交易事项以及完整、准确的账簿记录等资料，并按照国家统一的会计制度规定的编制基础、编制依据、编制原则和方法进行编制。

3）企业应当依照规定，对会计报表中的各项会计要素进行合理的确认和计量，不得随意改变会计要素的确认和计量标准。

4）企业在编制年度财务会计报告前，应当按照相关规定，全面清查资产，核实债务。

5）企业编制年度和半年度财务会计报告时，对经查实后的资产、负债有变动的，应当按照资产、负债的确认和计量标准进行确认和计量，并按照国家统一的会计制度规定进行相应的会计处理。

6）企业应当按照国家统一的会计制度规定的会计报表格式和内容，根据登记完整、核对无误的会计账簿记录和其他有关资料编制会计报表，做到内容完整、数字真实、计算准确，不得漏报或者任意取舍。

7）会计报表之间、会计报表各项目之间，凡有对应关系的数字，应当相互一致；会计报表中本期与上期的有关数字应当相互衔接。

3. 财务会计报告的提供对象

各单位的财务会计报告应当按照规定的对象，向本单位及本单位的有关财务关系人（如投资者、债权人等）以及政府有关管理部门（如财政部门、税务部门）等提供，以便有关的财务关系人及政府部门及时了解经营和业务活动情况，据此作出相应决策。

4. 财务会计报告的提供期限

《企业财务会计报告条例》规定，财务会计报告分为年度、半年度、季度和月度财务会计报告。《企业会计准则第 30 号——财务报表列报》规定，企业至少应当按年编制会计报表。年度会计报表涵盖的期间短于一年的，应当披露年度会计报表的涵盖期间及短于一年的原因。

5. 财务会计报告的签章程序

财务会计报告应当由单位负责人和主管会计工作的负责人、会计机构负责人（会计主管人员）签名并盖章，设置总会计师的单位还需由总会计师签名并盖章。

6. 财务会计报告的责任主体

单位负责人应当保证财务会计报告真实、完整，因此，单位负责人是财务会计报告的责任主体。

五、会计档案管理

1. 会计档案的内容

会计档案是指记录和反映经济业务事项的重要历史资料和证据，一般包括会计凭证类、会计账簿类、财务报表类、其他类。

（1）会计凭证类，包括原始凭证、记账凭证、汇总凭证及其他会计凭证。

（2）会计账簿类，包括总账、明细账、日记账、固定资产卡片账、辅助账簿及其他会计账簿。

（3）财务报表类，包括月度、季度、年度财务报表（包括会计报表、附表、附注及文字说明）及其他财务报表。

（4）其他类，包括银行存款余额调节表、银行对账单、应当保存的会计核算专业资料、会计档案移交清册、会计档案保管清册、会计档案销毁清册。需注意的是，财务预算、计划、制度等文件材料属于文书档案。

会计档案管理是一项技术性、政策性都很强的工作，财政部和国家档案局于2015年修订了《会计档案管理办法》，对会计档案的立卷、归档、保管、调阅和销毁，以及单位变更后的会计档案管理等问题作出了明确的规定。

【例1—10】下列各项中，属于会计档案的有（　　）。

A. 原始凭证　　B. 记账凭证

C. 会计账簿　　D. 财务会计报表

【解析】A、B、C、D。

2. 会计档案的管理部门

各级人民政府部门和档案行政管理部门共同负责会计档案工作的指导、监督和检查。

3. 会计档案的归档

会计档案由单位会计机构负责整理归档。单位会计档案不得借出，如有特殊需要，经本单位负责人批准后可以提供查阅或者复制原件。采用计算机进行会计核算的单位，应当保存打印出的纸质会计档案。

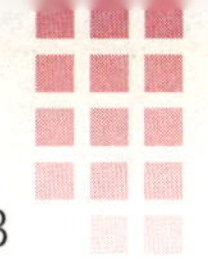

4. 会计档案的移交

当年形成的会计档案，在会计年度终了后，可由单位会计机构临时保管一年，期满之后，应当由会计机构编制移交清册，移交本单位档案机构统一保管。未设立档案机构的，应当在会计机构内部指定专人保管。出纳人员不得兼管会计档案。

移交本单位档案机构保管的会计档案，原则上应当保持原卷册的封装。个别需要拆封重新整理的，档案机构应当会同会计机构和经办人员共同拆封整理，以分清责任。

单位之间交接会计档案的，交接双方应当办理会计档案交接手续。移交会计档案的单位应当编制会计档案移交清册，列明应当移交的会计档案名称、卷号、册数、起止年度和档案编号、应保管期限、已保管期限等内容。交接会计档案时，交接双方应当按照会计档案移交清册所列内容逐项交接，并由交接双方的单位负责人负责监交。交接完毕，交接双方经办人和监交人应当在会计档案移交清册上签名或者盖章。

5. 会计档案的查阅

各单位保存的会计档案不得借出，如有特殊需要，经本单位负责人批准，可以提供查阅或者复制，并办理登记手续。查阅或者复制会计档案的人员，严禁在会计档案上涂画、拆封和抽换。各单位应当建立健全会计档案查阅及复制登记制度。

我国境内所有单位的会计档案不得携带出境。驻外机构和境内单位在境外设立的企业（简称境外单位）的会计档案，应当按照《会计档案管理办法》和国家有关规定进行管理。

【例 1—11】某企业的业务单位因工作需要，要求借阅该企业的会计档案，经单位领导同意后借出半天，并办理了登记手续。(　　)

【解析】错。根据《会计档案管理办法》的规定，各单位保存的会计档案不得借出，如有特殊需要，经本单位负责人批准后，可以提供查阅或者复制，并办理登记手续。

6. 会计档案保管的期限

会计档案保管期限分为永久和定期两类，定期保管期限一般分为 10 年和 30 年。

会计档案保管期限，从会计年度终了后第一天算起。

《会计档案管理办法》就企业和其他组织会计档案保管期限作出了明确规定，具体见表1—3和表1—4。

表1—3　　企业和其他组织会计档案保管期限表

序号	档案名称	保管期限	备　注
一	会计凭证		
1	原始凭证	30年	
2	记账凭证	30年	
二	会计账簿		
3	总账	30年	
4	明细账	30年	
5	日记账	30年	
6	固定资产卡片	5年	固定资产报废清理后保管5年
7	其他辅助性账簿	30年	
三	财务会计报告		
8	月度、季度、半年度财务会计报告	10年	
9	年度财务会计报告	永久	
四	其他会计资料		
10	银行存款余额调节表	10年	
11	银行对账单	10年	
12	纳税申报表	10年	
13	会计档案移交清册	30年	
14	会计档案保管清册	永久	
15	会计档案销毁清册	永久	
16	会计档案鉴定意见书	永久	

表1—4　财政总预算和行政单位、事业单位及税收会计档案保管期限表

序号	档案名称	保管期限			备　注
		财政总预算	行政单位、事业单位	税收	
一	会计凭证				
1	国家金库编送的各种报表及缴库退库凭证	10年		10年	
2	各收入机关编送的报表	10年			
3	行政单位和事业单位的各种会计凭证		30年		包括原始凭证、记账凭证和传票汇总表
4	财政总预算拨款凭证和其他会计凭证	30年			包括拨款凭证和其他会计凭证

续表

序号	档案名称	保管期限			备　注
		财政总预算	行政单位、事业单位	税收	
二	会计账簿				
5	日记账		30 年	30 年	
6	总账	30 年	30 年	30 年	
7	税收日记账（总账）			30 年	
8	明细分类、分户账或登记簿	30 年	30 年	30 年	
9	行政单位和事业单位固定资产卡片				固定资产报废清理后保管 5 年
三	财务会计报告				
10	政府综合财务报告	永久			下级财政、本级部门和单位报送的保管 2 年
11	部门财务报告		永久		所属单位报送的保管 2 年
12	财政总决算	永久			下级财政、本级部门和单位报送的保管 2 年
13	部门决算		永久		所属单位报送的保管 2 年
14	税收年报（决算）			永久	
15	国家金库年报（决算）	10 年			
16	基本建设拨、贷款年报（决算）	10 年			
17	行政单位和事业单位会计月、季度报表		10 年		所属单位报送的保管 2 年
18	税收会计报表			10 年	所属税务机关报送的保管 2 年
四	其他会计资料				
19	银行存款余额调节表	10 年	10 年		
20	银行对账单	10 年	10 年	10 年	
21	会计档案移交清册	30 年	30 年	30 年	
22	会计档案保管清册	永久	永久	永久	
23	会计档案销毁清册	永久	永久	永久	
24	会计档案鉴定意见书	永久	永久	永久	

7. 会计档案的销毁

保管期满的会计档案应由单位档案管理机构提出销毁意见，会同会计机构共同鉴定，报单位负责人批准后，由单位档案管理机构和会计机构共同派员监销。保管期满但未结清的债权债务原始凭证及其他未了事项的原始凭证，不得销毁，应当单独抽出立卷，由档案管理部门保管到未了事项完结时为止。单独抽出立卷的会计档案，应当在会计档案销毁清册和会计档案保管清册中列明。正在项目建设的建设单位，其保管期满的会计档案不得销毁。

【例 1—12】下列各项中，属于会计档案销毁程序的是（　　）。

A. 编造会计档案的销毁清册　　B. 单位负责人签署意见

C. 专人负责监销　　D. 报告监销情况

【解析】A、B、C、D。

第四节　会计监督

一、会计监督概述

会计监督是指单位内部的会计机构和会计人员、依法享有经济监督检查职权的政府有关部门、依法批准成立的社会审计中介组织，对国家机关、社会团体和企事业单位经济活动的合法性、合理性和会计资料的真实性、完整性以及本单位内部预算执行情况所进行的监督。

会计监督包括内部监督和外部监督。内部监督是指会计机构和会计人员对特定主体经济活动的真实性、合法性和合理性所进行的审查。外部监督主要有政府监督和社会监督。

综上所述，单位内部会计监督、政府监督和社会监督共同构成了我国“三位一体”的会计监督体系。

二、单位内部会计监督

1. 单位内部会计监督概念及要求

单位内部会计监督是会计机构、会计人员依照法律的规定，通过会计手段对经济活动的合法性、合理性和有效性进行的一种监督。

各单位应当建立健全本单位内部会计监督制度和内部控制制度。单位内部会计监督制度应当符合以下要求：①记账人员与经济业务事项或会计事项的审批人员、经办人员、财物保管人员的职责权限应当明确，并相互分离、相互制约；②重大对外投资、资产处置、资金调度和其他重要经济业务事项的决策和执行的相互监督、相互制约的程序应当明确；③财产清查的范围、期限和组织程序应当明确；④对会计资料定期进行内部审计的办法和程序应当明确。

2. 单位内部会计监督的主体和对象

单位内部会计监督的主体是指各单位的会计机构和会计人员。单位内部会计监督的对象是单位的经济活动。

虽然单位内部会计监督的主体是会计机构和会计人员，但单位内部会计监督不仅仅是会计机构和会计人员的事，单位负责人应当支持和保障会计机构、会计人员行使好会计监督职权。根据规定，单位负责人负责单位内部会计监督制度的组织实施，对本单位内部会计监督制度的建立及有效实施承担最终责任。

3. 内部控制

（1）内部控制的概念与目标

对企业而言，内部控制是指企业董事会、监事会、经理层和全体员工实施的，旨在实现控制目标的过程。对行政事业单位而言，内部控制是指单位为实现控制目标，通过制定制度、实施措施和执行程序，对经济活动的风险进行防范和管控。

企业内部控制的目标主要包括合理保证企业经营管理合法合规、资产安全、财务报告及相关信息完整，提高经营效率和效果，促进企业的发展。行政事业单位内部控制的目标主要包括合理保证单位经济活动合法合规、资产安全和使用有效、财务信息真实完整，有效防范舞弊和预防腐败，提高公共服务的效率和效果。

（2）内部控制的原则

企事业单位建立与实施内部控制，均应遵循全面性原则、重要性原则、制衡性原则和适应性原则。此外，企业还应遵循成本效益原则。

（3）内部控制的责任人

对企业而言，董事会负责内部控制的建立健全和有效实施。监事会对董事会建立与实施内部控制进行监管。经理层负责组织领导企业内部控制的日常运行。企业应当成立专门机构或者指定适当的机构具体负责内部控制的建立实施及日常工作。

对行政事业单位而言，单位负责人对本单位内部控制的建立健全和有效实施负责。单位应适当建立适合本单位实际情况的内部控制体系并组织实施。

（4）内部控制的内容

企业建立与实施有效的内部控制，应当包括下列要素：

1）内部环境。内部环境是企业实施内部控制的基础，一般包括治理结构、机构设置及权责分配、内部审计、人力资源政策、企业文化等。

2）风险评估。风险评估是指企业及时识别、系统分析经营活动中与实现内部控制目标相关的风险，合理确定风险应对策略。

3）控制活动。控制活动是指企业根据风险评估结果，采用相应的控制措施，将风险控制在可承受范围之内。

4）信息与沟通。信息与沟通是企业及时、准确地收集和传递与内部控制相关的信息，确保信息在企业内部、企业与外部之间能够有效沟通。

5）内部监管。内部监管是指企业对内部控制建立与实施的情况进行监督检查，评价内部控制的有效性。在发现内部控制存在缺陷时，企业应当及时加以改进。

行政事业单位建立与实施内部控制的具体工作包括梳理单位各类经济活动的业务流程，明确业务环节，系统分析经济活动风险，确定风险点，选择风险应对策略，在此基础上根据国家有关规定建立健全单位内部管理制度并督促相关工作人员认真执行。

（5）内部控制的方法

对企业而言，内部控制的方法一般包括不相容职务分离控制、授权审批控制、会计系统控制、财产保护控制、预算控制、运营分析控制和绩效考评控制等。

对行政事业单位而言，内部控制的方法一般包括不相容岗位相互分离控制、内部授权审批控制、归口管理、预算控制、财产保护控制、会计控制、单据控制、信息内部公开等。

【例 1—13】下列各项中，不属于不相容职务的是（　　）。

A. 出纳与记账　　　　B. 出纳与现金保管

C. 财务保管与记账　　D. 业务经办与财务保管

【解析】B。不相容职务是指不能由一人同时兼任的职务，主要包括出纳与记账、业务经办与业务审批、业务审批与记账、财务保管与记账、业务经办与财务保管、业务操作与业务复核等。出纳与现金保管属于相容职务。

4. 内部审计

（1）内部审计的概念及内容

内部审计是指单位内部的一种独立客观的监督和评价活动，它通过单位内部独立的审计机构和审计人员审查和评价本部门、本单位财务收支和其他经营活动

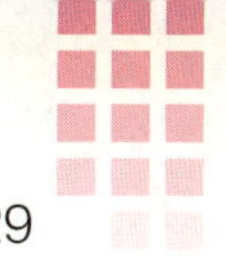

以及内部控制的适当性、合法性和有效性来促进单位目标的实现。

内部审计的内容是一个不断发展变化的范畴，主要包括财务审计、经营审计、经济责任审计、管理审计和风险管理等。

（2）内部审计的特点与作用

内部审计的审计机构和审计人员都设在本单位内部，审计的内容更侧重于经营过程是否有效、各项制度是否得到遵守与执行等。内部审计结果的客观性和公正性较低，并且以建议性意见为主。

内部审计在单位内部会计监督制度中的重要作用有以下几点：

1）预防保护作用。内部审计机构通过对会计部门工作的内在监督，能及时发现问题、纠正错误、减少损失，保护资产的安全与完整，提高企业的管理水平。

2）服务促进作用。内部审计在企业改善管理、挖掘潜力、降低生产成本、提高经济效益等方面起到积极的促进作用。

3）评价鉴证作用。内部审计是经营管理分权制的产物。随着企业单位规模的扩大、管理层次的增多，对各部门经营业绩的考核与评价也逐渐成为企业管理不可缺少的组成部分。通过内部审计，可以对各部门活动作出客观、公正的审计结论和意见，起到评价和鉴证的作用。

要提高内部审计作用的发挥效果，一方面要加强内部审计的行业自律与引导，另一方面企业管理部门要赋予内部审计机构足够的权力。

5. 会计机构和会计人员在单位内部会计监督中的职权

（1）会计机构、会计人员对违反《会计法》和国家统一的会计制度规定的会计事项，有权拒绝办理或者按照职权予以纠正。

（2）会计机构、会计人员发现会计账簿记录与实物、款项及有关资料不相符的，按照国家统一的会计制度的规定有权自行处理的，应当及时处理；无权处理的，应当立即向单位负责人报告，请求查明原因并作出处理决定。

三、会计工作的政府监督

1. 会计工作政府监督的概念

会计工作的政府监督主要是指财政部门代表国家对单位和单位中相关人员的会计行为实施的监督检查，以及对发现的违法会计行为实施的行政处罚，是一种外部监督。

2. 会计工作政府监督的对象

财政部门是会计工作政府监督的实施主体，对各单位会计工作行使监督权，对违法会计行为实施行政处罚。除财政部门外，审计、税务、人民银行、银行监管、证券监管、保险监管等部门依照有关法律、行政法规规定的职责和权限，可以对有关单位的会计资料实施监督检查。

财政部门实施会计监督检查的对象是会计行为，并对发现的有违法会计行为的单位和个人实施行政处罚。违法会计行为是指公民、法人和其他组织违反《会计法》和其他有关法律、行政法规、国家统一的会计制度的行为。

3. 会计工作政府监督的主要内容

财政部门实施会计监督检查的主要内容包括以下五个方面。

（1）对单位依法设置会计账簿的检查

具体包括：①依照法律、行政法规和国家统一的会计制度的规定，应当设置会计账簿的单位是否设置账簿；②设置会计账簿的单位，其设置会计账簿的情况是否符合法律、行政法规和国家统一的会计制度的要求；③各单位是否存在账外设账以及伪造、编造会计账簿等违法行为。

（2）对单位会计资料的真实性、完整性的检查

具体包括：①对实际发生的经济业务事项是否及时办理会计手续，进行会计核算；②填制的会计凭证、登记的会计账簿、编制的财务会计报告是否与实际发生的经济业务事项相符，是否做到账实相符、账证相符、账账相符、账表相符；③提供的财务会计报告的内容是否符合有关规定；④其他会计资料是否真实、完整；⑤使用的会计软件及生成的会计资料是否符合法律、行政法规和国家统一的会计制度的规定等。

（3）对单位会计核算情况的检查

具体包括：①各单位会计核算的内容是否真实、完整；②各单位采用的会计年度、记账本位币、会计处理方法、会计记录文字是否符合有关规定；③各单位对资产、负债、所有者权益、收入、费用、成本、利润的确认、计量、记录和报告是否符合有关规定；④取得原始凭证、编制记账凭证、登记会计账簿、编制财务会计报告是否符合有关规定；⑤是否按照有关规定建立并实施内部会计监督制度；⑥会计档案的建立、保管和销毁是否符合有关规定等。

（4）对单位会计人员从业资格和任职资格的检查

具体包括：①从事会计工作的人员是否具备专业能力，遵守职业道德；②会计机构负责人（会计主管人员）是否具备规定的任职资格等。

（5）对会计师事务所出具的审计报告的程序和内容的检查

中国注册会计师协会对注册会计师的任职资格和执行情况进行年度检查，而会计师事务所出具的审计报告质量应由财政部门负责监督检查。

【例 1—14】会计工作政府监督包括（　　）。

A. 财政部门对各单位会计工作的监督

B. 人民银行对有关金融单位相关会计账簿的监督

C. 证券监管部门对证券公司有关资料实施检查

D. 税务机关对纳税人记账凭证的检查

【解析】A、B、C、D。我国审计、税务、人民银行、证券监管、保险监管等部门依照有关法律、行政法规规定的职责权限，也可以对有关单位的会计资料实施监督检查。

四、会计工作的社会监督

1. 会计工作社会监督的概念

会计工作的社会监督主要是指由注册会计师及其所在的会计师事务所依法对委托单位的经济活动进行审计、鉴证的一种监督制度。另外，单位和个人检举违反《会计法》和国家统一的会计制度的行为，也属于会计工作社会监督的范畴。

2. 注册会计师审计与内部审计的关系

注册会计师审计与内部审计既有联系又有区别。

（1）两者的联系

两者的联系体现在以下三个方面：

1）都是现代审计体系的重要组成部分。

2）都关注内部控制的健全性和有效性。

3）注册会计师审计可能涉及对内部审计成果的利用等。

（2）两者的区别

两者的区别主要体现在以下六个方面：

1）两者审计目标不同。内部审计主要是对内部控制的有效性、财务信息的真实性和完整性以及经营活动的效率和效果开展的一种评价活动，而注册会计师审计主要对被审计单位财务报表的合法性和公允性进行审计。

2）两者独立性不同。内部审计为组织内部服务，接受总经理或董事会的领导，独立性较弱；而注册会计师审计为需要可靠信息的第三方提供服务，不受被审计单位管理层的领导和制约，独立性较强。

3）两者接受审计的自愿程度不同。内部审计是代表总经理或董事会实施的组织内部监督，是内部控制的重要组成部分，因此单位内部的组织必须接受内部审计人员的监督；而注册会计师审计是以独立的第三方对被审计单位进行审计，委托人可自由选择会计师事务所。

4）两者遵循的审计标准不同。内部审计人员遵循的是内部审计准则，而注册会计师遵循的是注册会计师审计准则。

5）两者审计的时间不同。内部审计通常对单位内部组织采用定期或不定期的审计，时间安排比较灵活；而注册会计师审计通常是定期审计，每年对被审计单位的财务报表审计一次。

6）审计职责和作用不同。内部审计的结果只对本部门、本单位负责，对外不起鉴证作用，并向外界保密；而注册会计师审计需要对投资者、债权人及社会公众负责，对外出具的审计报告具有鉴证作用。

3. 注册会计师的业务范围

注册会计师是依法取得注册会计师证书并接受委托从事审计和会计咨询、会计服务业务的执业人员。注册会计师可以申请设立合伙会计师事务所或者有限责任会计师事务所。会计师事务所是依法设立并承办注册会计师业务的机构。

注册会计师及其所在的会计师事务所的业务范围主要包括以下几个方面。

（1）依据《注册会计师法》承办的审计业务

1）审查企业财务会计报表，出具审计报告。

2）验证企业资本，出具验资报告。

3）办理企业合并、分立、清算事宜中的审计业务，出具有关报告。

4）法律、行政法规规定的其他审计业务。

（2）会计咨询、会计服务业务

注册会计师及其所在的会计师事务所承办的会计咨询、会计服务业务，主要包括以下内容：

1）设计会计制度，担任会计顾问，提供会计、管理咨询。

2）代理纳税申报，提供税务咨询。

3）代理申请工商登记，拟订合同、章程和其他业务文件。

4）办理投资评估、资产评估和项目可行性研究中的有关业务。

5）培训会计、审计和财务管理人员。

6）其他会计咨询、会计服务业务。

注册会计师承办业务，由其所在的会计师事务所统一受理并与委托人签订委托合同。会计师事务所对本所注册会计师依照前款规定承办的业务，承担民事责任。注册会计师执行业务，可以根据需要查阅委托人的有关会计资料和文件，查看委托人的业务现场和设施，要求委托人提供其他必要的协助。

需要注意的是，注册会计师进行审计，仅对其出具的审计报告负责。注册会计师审计不能替代或减轻单位负责人对会计资料真实性、完整性所承担的责任。

第五节　会计机构和会计人员

会计机构是各单位依据会计工作的需要设置的专门负责办理本单位会计业务事项，进行会计核算，实行会计监督的职能部门。会计人员是直接从事会计工作的专职人员。建立健全会计机构，配备数量和素质相当、具备从业资格的会计人员，是各单位做好会计工作、充分发挥会计职能作用的重要保证。

一、会计机构的设置

1. 办理会计事务的组织方式

各单位办理会计事务的组织方式有以下三种。

（1）单独设置会计机构

《会计法》第三十六条和《会计基础工作规范》第六条均规定，是否单独设置会计机构由各单位根据自身会计业务的需要自主决定。一个单位是否单独设置会计机构，往往取决于下列因素：

1）单位规模的大小。一个单位的规模往往决定了这个单位内部职能部门的设置，也决定了会计机构的设置与否。一般来说，大中型企业和具有一定规模的事业行政单位，以及财务收支数额较大、会计业务较多的社会团体和其他经济组织，都应单独设置会计机构，如会计（或财务）处、部、科、股、组等。规模较小、业务和人员不多的单位，可以不单独设置会计机构，而将会计业务并入其他机构。

2）经济业务和财务收支的繁简。经济业务多、财务收支量大的单位，有必要单独设置会计机构，以保证会计工作的效率和会计信息的质量。

3）经营管理的要求。有效的经营管理是以信息的及时准确和全面系统为前提的。一个单位在经营管理上的要求越高，对会计信息的需求也相应增加，对会计信息系统的要求也越高，从而决定了该单位设置会计机构的必要性。

（2）配备专职会计人员

不具备单独设置会计机构条件的，应当在有关机构中配备专职会计人员。对于不具备单独设置会计机构的单位，如财务收支数额不大、会计业务比较简单的企业、机关、团体、事业单位和个体工商户等，为了适应这些单位的内部客观需要和组织结构特点，《会计基础工作规范》允许其在有关机构中配备专职会计人员，这类机构一般应是单位内部与财务会计工作接近的机构，如计划、统计或经营管理部门，或者是有利于发挥会计职能作用的内部综合部门，如办公室等。

（3）实行代理记账

没有设置会计机构和配备会计人员的单位，应当根据《代理记账管理暂行办法》委托会计师事务所或者持有代理记账许可证书的其他代理记账机构进行代理记账。

【例 1—15】《会计法》规定，各单位应当根据会计业务的需要来决定是否设置会计机构。以下说法正确的有（　　）。

A. 各单位都应设置会计机构和会计人员

B. 不设置会计机构的单位，不需要在有关机构中设置会计人员

C. 不设置会计机构的单位，应当在有关机构中设置会计人员并指定会计主管人员

D. 对于不具备设置会计机构和会计人员条件的，应当委托经批准设立的从事代理业务的中介机构进行代理记账

【解析】C、D。各单位应当根据会计业务的需要，设置会计机构，或者在有关机构中配备会计人员并指定会计主管人员；不具备设置条件的，应当委托经批准设立从事会计代理记账业务的中介机构代理记账。

2. 会计机构负责人的任职资格

根据《会计法》的规定，担任单位会计机构负责人（会计主管人员）的，应当具备会计师以上专业技术职务资格或者具有从事会计工作 3 年以上的经历。

二、会计工作岗位的设置

会计工作岗位是指一个单位会计机构内部根据业务分工而设置的职能岗位。

1. 会计工作岗位设置的要求

（1）按需设岗

各单位应当根据会计业务需要设置会计工作岗位。会计工作岗位的设置应与本单位业务活动的规模、特点和管理要求相适应。根据相关规定，会计岗位可以一人一岗、一人多岗、一岗多人。

（2）符合内部牵制制度的要求

内部牵制制度是指凡涉及款项或者财务的收付、结算以及登记工作的，必须由两人或者两人以上分工办理，以相互制约的工作制度。《会计基础工作规范》规定，出纳人员不得兼管审核、会计档案保管和收入、费用、债权债务账目的登记工作。因此，在设置会计工作岗位时，必须遵循“不相容职务相分离”的原则。

【例 1—16】内部牵制制度是指凡涉及款项或者财务收付、结算及登记工作的，必须由（　　）分工办理。

A. 两人　　　　B. 三人

C. 三人或三人以上　　　　D. 两人或两人以上

【解析】D。

（3）建立岗位责任制

会计机构内部岗位责任制是指明确各项具体会计工作的职责范围、具体内容和要求，并落实到每个会计工作岗位或会计人员的一种会计工作责任制度。会计岗位责任制是单位会计人员履行会计岗位职责，提高工作效率的有效保证。因此，各单位应当建立会计岗位责任制。

（4）建立轮岗制度

会计人员轮岗不仅是会计工作本身的需要，也是加强会计人员队伍建设的需要。定期、不定期地轮换会计人员的工作岗位，有利于会计人员全面熟悉会计业务，不断提高业务素质，同时也有利于增强会计人员之间的团结合作意识，进一步完善单位内部会计控制制度。

【例 1—17】下列有关会计工作岗位的说法中，正确的有（　　）。

A. 岗位的多少由单位自行决定　　B. 贯彻内部牵制的原则

C. 只能一人一岗　　D. 定期轮换

【解析】A、B、D。

2. 主要会计工作岗位

根据《会计基础工作规范》的规定，会计工作岗位一般可分为以下岗位：①总会计师（或行使总会计师职权）岗位；②会计机构负责人或者会计主管人员岗位；③出纳岗位；④稽核岗位；⑤资本、基金核算岗位；⑥财产物资的收发、增减核算岗位；⑦工资、成本费用、财务成果核算岗位；⑧收入、支出、债权债务核算岗位；⑨总账岗位；⑩对外财务会计报告编制岗位；⑪会计电算化岗位；⑫往来结算岗位；⑬会计档案管理岗位。

值得注意的是，对于会计档案管理岗位，在会计档案正式移交之前，属于会计岗位，在会计档案正式移交之后，不再属于会计岗位。档案管理部门的人员管理会计档案，不属于会计岗位。此外，收银岗位以及单位内部审计岗位、社会审计岗位、政府审计岗位也不属于会计岗位。

【例 1—18】下列各项中，属于会计工作岗位的是（　　）。

A. 注册会计师审计岗位　　B. 出纳岗位

C. 成本核算岗位　　D. 单位内部审计岗位

【解析】B、C。注册会计师审计岗位和单位内部审计岗位都不属于会计工作岗位。

3. 总会计师

总会计师是组织领导本单位的财务管理、成本管理、预算管理、会计核算和会计监督等方面的工作，参与本单位重要经济问题的分析和决策的单位行政领导人。总会计师协助单位主要行政领导人工作，直接对单位主要行政领导人负责。所以，总会计师不是一种专业技术职务，也不是会计机构的负责人或会计主管人员，而是一种行政职务。《会计法》《会计基础工作规范》以及国务院于 1990 年 12 月 31 日发布的《总会计师条例》等，都对总会计师的配备要求作出了规定。

【例 1—19】根据《总会计师条例》规定，总会计师是（　　）。

A. 单位负责人　　B. 会计机构负责人

C. 专业技术职务　　D. 单位行政领导成员

【解析】D。《总会计师条例》第三条规定："总会计师是单位行政领导成员，协助单位主要行政领导人工作，直接对单位主要行政领导人负责。"

（1）总会计师的设置

《会计法》规定，国有的和国有资产占控股地位或者主导地位的大中型企业必须设置总会计师。总会计师的任职资格、任免程序、职责权限由国务院规定。《总会计师条例》规定，全民所有制大中型企业设置总会计师；事业单位和业务主管部门根据需要，经批准可以设置总会计师。凡设置总会计师的单位，在单位行政领导成员中，不设与总会计师职权重叠的副职。

（2）总会计师的任职资格

根据《总会计师条例》的规定，担任总会计师应当具备下列条件：

1）坚持社会主义方向，积极为社会主义建设和改革开放服务。

2）坚持原则，廉洁奉公。

3）取得会计师任职资格后，主管一个单位或者单位内一个重要方面的财务会计工作时间不少于 3 年。

4）有较高的理论政策水平，熟悉国家财经法律、法规、方针、政策和制度，掌握现代化管理的有关知识。

5）具备本行业的基本业务知识，熟悉行业情况，有较强的组织领导能力。

6）身体健康，能胜任本职工作。

（3）总会计师的职责

1）编制和执行预算、财务收支计划及信贷计划，拟订资金筹措和使用方案，开辟财源，有效地使用资金。

2）进行成本费用预测、计划、控制、核算、分析和考核，督促本单位有关部门降低消耗，节约费用，提高经济效益。

3）建立健全经济核算制度，利用财务会计资料进行经济活动分析。

4）负责对本单位财务会计机构的设置和会计人员的配备、会计专业职务的设置和聘任提出方案，组织会计人员的业务培训和考核，支持会计人员依法行使职权。

5）协助单位主要行政领导人对企业的生产经营、行政事业单位的业务发展以及基本建设投资等问题作出决策，参与重大合同和经济协议的研究、审查。

（4）总会计师的权限

1）总会计师对违反国家财经法律、法规、方针、政策、制度和有可能在经济上造成损失、浪费的行为有权制止或者纠正。制止或者纠正无效时，提请单位主要行政领导人处理。单位主要行政领导人不同意总会计师对前款行为的处理意见的，总会计师应依照《会计法》有关规定执行。

2）总会计师有权组织本单位各职能部门、直属基层组织的经济核算、财务会计和成本管理方面的工作。

3）总会计师主管审批财务收支工作。除一般的财务收支可以由总会计师授权的财务机构负责人或者其他指定人员审批外，重大的财务收支，必须经总会计师审批或者由总会计师报单位主要行政领导人批准。

4）预算和财务收支计划、成本和费用计划、信贷计划、财务专题报告、会计决算报表，必须经总会计师签署。

5）涉及财务收支的重大业务计划、经济合同、经济协议等，在单位内部必须经总会计师会签。

6）会计人员的任用、晋升、调动、奖惩，应当事先征求总会计师的意见。财务机构负责人或者会计主管人员的人选，应当由总会计师进行业务考核，依照有关规定审批。

（5）总会计师的任免程序

企业的总会计师由本单位主要行政领导人提名，政府主管部门任命或者聘任；免职或者解聘程序与任命或者聘任程序相同。事业单位和业务主管部门的总会计师依照干部管理权限任命或者聘任；免职或者解聘程序与任命或者聘任程序相同。

想一想

某公司总经理李某一上任便做了以下安排：

（1）将其同学的女儿（没有学习并掌握会计工作理论及技能）调入公司财务部任出纳并兼管会计档案的保管工作。

（2）聘用刚从英国留学回来的会计学博士蒋某为副经理，主管财务工作，现任总会计师配合其工作。

问题：（1）总经理李某将其同学的女儿调入财务部任出纳并兼管会计档案保管工作的行为是否符合相关规定？

（2）李某聘用留学博士蒋某做副经理主管财务工作，是否符合相关规定？

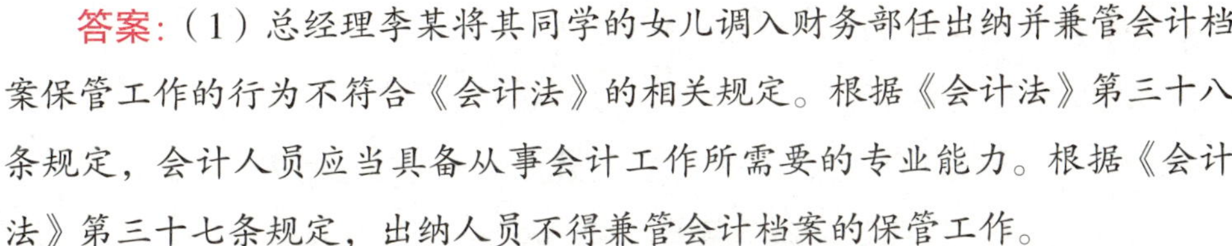

答案：（1）总经理李某将其同学的女儿调入财务部任出纳并兼管会计档案保管工作的行为不符合《会计法》的相关规定。根据《会计法》第三十八条规定，会计人员应当具备从事会计工作所需要的专业能力。根据《会计法》第三十七条规定，出纳人员不得兼管会计档案的保管工作。

（2）总经理李某聘用留学归来的会计学博士蒋某为副经理，主管财务工作的做法不符合相关法律规定。根据《总会计师条例》第四条规定，凡设置总会计师的单位，不再设置与总会计师职权重叠的副职。

三、会计工作交接

会计工作交接是指会计人员工作调动、离职或因病暂时不能工作，应与接管人员办理交接手续的一种工作程序。

1. 会计工作交接范围

（1）《会计法》第四十一条规定："会计人员调动工作或者离职，必须与接管人员办清交接手续。一般会计人员办理交接手续，由会计机构负责人（会计主管人员）监交；会计机构负责人（会计主管人员）办理交接手续，由单位负责人监交，必要时主管单位可以派人会同监交。"

（2）临时离职或因病不能工作的会计人员恢复工作时，应当与接替或代理人员办理交接手续。

（3）移交人员因病或其他特殊原因不能亲自办理移交手续的，经单位负责人批准，可由移交人委托他人代办交接，但委托人应当对所移交的会计凭证、会计账簿、财务会计报告和其他有关资料的真实性、完整性承担法律责任。

2. 会计工作交接程序

办理会计工作交接，应按以下程序进行：

（1）提出交接申请

会计人员在向单位或者有关机构提出调动工作或者离职的申请时，应当同时向会计机构提出会计交接申请，以便会计机构早做准备，安排其他会计人员接替工作。交接申请的内容通常应当包括申请人姓名、申请调动工作或者离职的缘由、申请调动工作的时间、会计交接的具体安排、有无重大报告事项或者建议等。

（2）办理移交手续前的准备工作

会计人员在办理会计工作交接前，必须做好以下准备工作：

1）已经受理的经济业务尚未填制会计凭证的应当填制完毕。

2）尚未登记的账目应当登记完毕，结出余额，并在最后一笔余额后加盖经办人印章。

3）整理好应该移交的各项资料，对未了事项和遗留问题要写出书面说明材料。

4）编制移交清册，列明应该移交的会计凭证、会计账簿、财务会计报告、公章、现金、有价证券、支票簿、发票、文件、其他会计资料和物品等内容。实行会计电算化的单位，从事该项工作的移交人员应在移交清册上列明会计软件及密码、数据盘、磁带等内容。

5）会计机构负责人（会计主管人员）移交时，应将财务会计工作、重大财务收支问题和会计人员情况等向接替人员介绍清楚。

（3）移交点收

移交人员离职前，必须将本人经管的会计工作，在规定的期限内全部向接管人员移交清楚。接管人员应认真按照移交清册逐项点收，具体要求如下：

1）现金要根据会计账簿记录的余额进行当面点交，不得短缺，接替人员发现不一致或“白条抵库”现象时，移交人员在规定期限内负责查清处理。

2）有价证券的数量要与会计账簿记录一致，有价证券面额与发行价不一致时，按照会计账簿余额交接。

3）会计凭证、会计账簿、财务会计报告和其他会计资料必须完整无缺，不得遗漏。如有短缺，必须查清原因，并在移交清册中加以说明，由移交人员负责。

4）银行存款账户余额要与银行对账单核对相符，如有未达账项，应编制银行存款余额调节表调节相符。各种财产物资和债权债务的明细账户余额，要与总账有关账户的余额核对相符。对重要实物要实地盘点，对余额较大的往来账户要与往来单位、个人核对。

5）公章、收据、空白支票、发票、科目印章以及其他物品等必须交接清楚。

6）实行会计电算化的单位，交接双方应在计算机上对有关数据进行实际操作，确认有关数据正确无误后，方可交接。

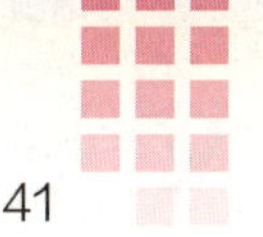

（4）专人负责监交

会计人员在办理交接手续时，必须有人监交，以起到督促、公证的作用。对监交的具体要求如下：

1）一般会计人员办理交接手续，由会计机构负责人（会计主管人员）监交。

2）会计机构负责人（会计主管人员）办理交接手续，由单位负责人监交，必要时主管单位可以派人会同监交。

（5）交接后的有关事宜

1）会计工作交接完毕，交接双方和监交人要在移交清册上签名或盖章。

2）接管人员应继续使用移交前的账簿，不得擅自另立账簿，以保证会计记录前后衔接、内容完整。

3）移交清册一般应一式三份，交接双方各执一份，存档一份。

3. 移交后的责任

由于移交人员所移交的会计凭证、会计账簿、财务会计报告和其他会计资料是在其经办会计工作期间发生的，因此，移交人员应当对这些会计资料的真实性、完整性负责，即便接替人员在交接时因疏忽没有发现所接会计资料在真实性、完整性方面的问题，如事后发现仍应由移交人员负责，移交人员不应以会计资料已移交为由而推脱责任。

四、会计从业资格

2017 年 11 月 4 日，十二届全国人民代表大会常务委员会第三十次会议决定对《中华人民共和国会计法》进行修改，取消了从事会计工作人员必须取得会计从业资格证书的相关规定，并对会计从业资格的适用范围、会计从业资格的管理进行了详细规定。

1. 会计从业资格的概念和适用范围

会计从业资格是指进入会计职业、从事会计工作的一种法定资质。会计从业资格证书是具备会计从业资格的证明文件，在全国范围内有效。

会计从业资格证书的适用范围是在国家机关、社会团体、企事业单位和其他组织中担任会计机构负责人（会计主管人员）的人员，以及从事下列会计工作的人员：①出纳；②稽核；③资本、基金核算；④收入、支出、债权债务核算；⑤工资、成本费用、财务成果核算；⑥财产物资的收发、增减核算；⑦总账；

⑧财务会计报告编制；⑨会计机构内的会计档案管理；⑩其他会计工作。

2. 会计从业资格的管理

（1）会计从业资格的管理机构

县级以上地方人民政府财政部门负责行政区域内的会计从业资格管理。中共中央直属机关事务管理局、国家机关事务管理局、中国人民解放军总后勤部、中国人民武装警察部队后勤部等中央主管单位和新疆生产建设兵团财务局等按各自权限负责本部门（本系统）会计从业资格的管理。

（2）信息化管理制度

会计从业资格实行会计信息化管理。会计从业资格管理机构应当建立持证人员从业档案信息系统，及时记载、更新持证人员的有关信息。

（3）监督检查制度

会计从业资格管理机构应当对会计从业资格的持有、换发、调换、变更登记等情况及会计人员继续教育、遵守会计法律和职业道德等情况实施监督检查。

（4）持证人员继续教育制度

为加强会计人员继续教育管理，推进会计人员继续教育工作科学化、规范化、信息化发展，培养造就高素质的会计队伍，提高会计人员专业胜任能力，适应会计人员继续教育方式、技术手段等新变化，在广泛调查研究的基础上，财政部于2013年8月27日印发了《会计人员继续教育规定》，对会计人员继续教育作出了详尽规定。

1）持证人员继续教育的概念。持证人员继续教育是指取得会计从业资格的人员继续接受一定形式的、有组织的理论知识、专业技能和职业道德的教育和培训活动，以优化知识结构，不断提高和保持其专业胜任能力和职业道德水平。

2）持证人员继续教育的对象。持证人员继续教育的对象是取得会计从业资格的人员。取得会计从业资格的人员，应当自取得资格的次年开始参加继续教育，并在规定时间内取得规定学分。

3）持证人员继续教育的内容。根据有关规定，会计人员继续教育的主要内容包括会计理论、政策法规、业务知识、技能训练和会计职业道德等。

①会计理论继续教育，重点在于加强会计基础理论和应用理论的培训，以提高会计人员用理论指导实践的能力。

②政策法规继续教育，重点在于加强会计法规制度及其他相关法规制度的培

训，以提高会计人员依法从事会计工作的能力。

③业务知识和技能训练继续教育，重点在于加强履行岗位职责所必备的专业知识、内部控制、会计信息化等方面的培训，以提高会计人员的实际工作能力和业务技能。

④会计职业道德继续教育，重点在于加强会计职业道德的培训，以提高会计人员职业道德水平。

【例 1—20】会计人员继续教育的内容不包括（　　）。

A. 会计理论　　B. 政策法规

C. 会计职业道德规范　　D. 财政、金融知识

【解析】D。会计人员继续教育的主要内容包括会计理论、政策法规、业务知识、技能训练和会计职业道德等。

4）持证人员继续教育的形式。持证人员继续教育的形式主要有面授培训、网络培训、视同继续教育三种，如参加国家教育行政主管部门承认的会计类专科以上学位学历教育，参加全国统一组织的会计、审计专业技术资格考试以及注册会计师、注册资产评估师、注册税务师考试并通过一科以上，公开出版会计类书籍等。

5）学分管理。会计人员参加继续教育采取学分制管理制度，每年参加继续教育取得的学分不得少于 90 学分，其中，专业科目一般不少于总学分的三分之二。会计人员参加继续教育取得的学分，在全国范围内有效。

（5）变更登记

持证人员的姓名、有效身份证件及号码、照片、学历或学位、会计专业技术职务资格、开始从事会计工作时间等基础信息以及持证人员接受继续教育情况、持证人员受到表彰奖励等情况发生变化的，应当持相关有效证明和会计从业资格证书，到所属会计从业资格管理机构办理从业档案信息变更。会计从业资格管理机构应当在核实相关信息后，为持证人员办理从业档案信息变更。

持证人员的其他相关信息发生变化的，应当登录所属会计从业资格管理机构指定网站进行信息变更，也可以到所属会计从业资格管理机构办理信息变更。

（6）调转登记

持证人员所属会计从业资格管理机构发生变化的，应当及时办理调转登记手续。

持证人员所属会计从业资格管理机构在各省级财政部门、新疆生产建设兵团财务局、中央主管单位各自管辖范围内发生变化的，应当持会计从业资格证书、

工作证明（或户籍证明、居住证明）到调入地所属会计从业资格管理机构办理调转登记。

持证人员所属会计从业资格管理机构在各省级财政部门、新疆生产建设兵团财务局、中央主管单位管辖范围之间发生变化的，应当及时填写调转登记表，持会计从业资格证书，到原会计从业资格管理机构办理调出手续。持证人员应当自办理调出手续之日起 3 个月内，持会计从业资格证书、调转登记表和在调入地的工作证明（或户籍证明、居住证明），到调入地会计从业资格管理机构办理调入手续。

（7）证书补发

《会计从业资格管理办法》第二十二条明确规定，持证人员应当妥善保管会计从业资格证书。如有遗失，持证人员应当在履行公告程序后，填写补发申请表，持有关证明材料向所属会计从业资格管理机构申请补发会计从业资格证书。会计从业资格管理机构核实无误后，应当自受理之日起 20 个工作日内予以补发。

如有毁损，持证人员应当填写补发申请表，持毁损证书原件向所属会计从业资格管理机构申请补发会计从业资格证书。会计从业资格管理机构核实无误后，应当自受理之日起 20 个工作日内予以补发。

（8）定期换证制度

会计从业资格证书实行 6 年定期换证制度。持证人员应当在会计从业资格证书到期前 6 个月内，填写定期换证登记表，持有效身份证件原件和会计从业资格证书，到所属会计从业资格管理机构办理换证手续。

【例 1—21】会计从业资格证书实行（　　）年定期换证制度。

A. 1　　B. 3　　C. 6　　D. 10

【解析】C。《会计从业资格管理办法》第二十三条规定，会计从业资格证书实行 6 年定期换证制度。

（9）会计从业资格的撤销

有下列情形之一的，会计从业资格管理机构可以撤销持证人员的从业资格：

1）会计从业资格管理机构工作人员滥用职权、玩忽职守，作出给予持证人员会计从业资格决定的。

2）超越法定职权或者违反法定程序，作出给予持证人员会计从业资格决定的。

3）对不具备会计从业资格的人员，作出给予会计从业资格决定的。

持证人员以欺骗、贿赂、舞弊等不正当手段取得会计从业资格的，会计从业资格管理机构应当撤销其会计从业资格。

（10）会计从业资格的注销

持证人员具有下列情形之一的，会计从业资格管理机构应当注销其会计从业资格：

1）死亡或者丧失行为能力的。

2）会计从业资格被依法吊销的。

（11）法律责任

持证人员具有下列情形之一的，由会计从业资格管理机构责令其限期改正：

1）不参加继续教育或参加继续教育未取得规定学分的。

2）未按照《会计从业资格管理办法》的规定办理调转登记的。

3）未按照《会计从业资格管理办法》的规定进行信息更新的。

会计从业资格管理机构及其工作人员在实施会计从业资格管理中滥用职权、玩忽职守、徇私舞弊的，依法给予处分；构成犯罪的，依法追究刑事责任。

五、会计专业技术资格与职务

1. 会计专业技术资格

（1）会计专业技术资格的种类

会计专业技术资格是指担任会计专业职务的任职资格，分为初级资格、中级资格和高级资格。初级资格、中级资格的取得实行全国统一的考试制度，高级资格的取得实行考试与评审相结合的制度。

（2）会计专业技术资格的考试科目

1）初级会计资格考试科目包括“初级会计实务”“经济法基础”。参加初级资格考试的人员，必须在一个考试年度内通过全部科目的考试，方可获得会计专业技术初级资格证书。

2）中级会计资格考试科目包括“中级会计实务”“财务管理”“经济法”。参加中级资格考试的人员，在连续两个考试年度内，全部科目考试均合格者，可获得会计专业技术中级资格证书。

3）凡申请参加高级会计师资格评审的人员，需经考试合格后，方可参加评审，考试科目为“高级会计实务”。考试方式采取开卷笔答方式进行，主要考核应试者运用会计、财务、税收等相关的理论知识、政策法规，分析、判断、处理会计业务和解决会计工作实际问题的综合能力。参加考试并达到国家合格标准的人员，由全国会计专业技术资格考试办公室核发高级会计师资格考试成绩合格证，该证在全国范围内的有效期为3年。

（3）会计专业技术资格的管理

会计专业技术资格考试合格者，由省级人事部门颁发会计专业技术资格证书，该证书在全国范围内有效。对于伪造学历、会计从业资格证书和资历证明，或者在考试期间有相关违纪行为者，由会计专业技术资格考试管理机构吊销其已取得的会计专业技术资格，由发证机关收回其会计专业技术资格证书，2年内不得再参加会计专业技术资格考试。

（4）会计专业职务的评聘

通过全国统一考试取得初级或中级会计专业技术资格的会计人员，表明其已具备担任相应级别会计专业技术职务的任职资格。用人单位可根据工作需要和德才兼备的原则，从获得会计专业技术资格的会计人员中择优录取。

2. 会计专业职务

会计专业职务是区别会计人员业务技能的技术等级。根据1986年4月中央职称改革工作领导小组转发财政部制定的《会计专业职务试行条例》的规定，会计专业职务名称定为：高级会计师、会计师、助理会计师、会计员。高级会计师为高级职务，会计师为中级职务，助理会计师和会计员为初级职务。

【例1—22】下列选项中，属于会计专业职务的是（　　）。

A. 会计员、助理会计师　　B. 总会计师

C. 高级会计师　　D. 注册会计师

【解析】A、C。会计专业职务分为高级会计师、会计师、助理会计师和会计员。

第六节　法律责任

一、法律责任概述

法律责任是指违反法律规定的行为应当承担的法律后果。《会计法》规定的法律责任主要有行政责任和刑事责任。

1. 行政责任

行政责任是我国会计法律责任的主要形式，包括行政处罚和行政处分。

行政处罚是指特定的行政主体基于一般行政管理职权，对其认为违反行政法的强制性义务或违反行政管理程序的行政管理相对人所实施的一种行政制裁措施。行政处罚的形式主要包括罚款、责令限期改正、5 年内不得从事会计工作等。

行政处分是国家工作人员违反行政法律规范所应承担的一种行政法律责任，是行政机关对国家工作人员故意或者过失侵犯行政相对人的合法权益所实施的法律制裁。行政处分的形式主要包括警告、记过、记大过、降级、撤职、开除。

2. 刑事责任

刑事责任是指犯罪行为应当承担的法律责任，即对犯罪分子依照刑事法律的规定追究的法律责任。刑事责任包括主刑和附加刑两种。

（1）主刑

主刑是对犯罪分子适用的主要刑罚方法，只能独立适用，不能附加适用，对犯罪分子只能判处一种主刑。主刑分为管制、拘役、有期徒刑、无期徒刑和死刑。

（2）附加刑

附加刑是既可以独立适用又可以附加适用的刑罚方法。也就是说，对同一犯罪行为既可以在主刑之后判处一个或两个以上的附加刑，也可以独立判处一个或两个以上的附加刑。附加刑分为罚金、剥夺政治权利、没收财产。对有犯罪行为的外国人，也可以独立或附加适用驱逐出境的附加刑。

【例 1—23】刑事责任与行政责任两者的区别主要是（　　）。

A. 追究的违法行为不同　　B. 追究责任的机关不同

C. 承担法律责任的后果不同　　D. 责任人不同

【解析】A、B、C。刑事责任与行政责任两者的区别主要包括：①追究的违法行为不同，追究刑事责任的是犯罪行为，而追究行政责任的是一般违法行为；②追究责任的机关不同，追究刑事责任只能由司法机关依照《中华人民共和国刑法》（以下简称《刑法》）的规定决定，而追究行政责任由国家特定的行政机关依照有关法律的规定决定；③承担法律责任的后果不同，追究刑事责任承担法律责任的后果严重，可以判处死刑，而追究行政责任承担法律责任的后果较轻。

二、不依法设置会计账簿等会计违法行为的法律责任

根据《会计法》规定，应承担法律责任的违法会计行为包括以下几点：

1. 不依法设置会计账簿的行为。

2. 私设会计账簿的行为。

3. 未按规定填制、取得原始凭证或者填制、取得的原始凭证不符合规定的行为。

4. 以未经审核的会计凭证为依据登记会计账簿或者登记会计账簿不符合规定的行为。

5. 随意变更会计处理方法的行为。

6. 向不同的会计资料使用者提供的财务会计报告编制依据不一致的行为。

7. 未按照规定使用会计记录文字或者记账本位币的行为。

8. 未按照规定保管会计资料，致使会计资料毁损、灭失的行为。

9. 未按照规定建立并实施单位内部会计监督制度，或者拒绝依法实施监督，或者不如实提供有关会计资料及有关情况的行为。

10. 任用会计人员不符合《会计法》规定的行为。

有以上行为之一的，由县级以上人民政府财政部门责令限期改正，可以对单位并处 3 000 元以上 5 万元以下的罚款；对其直接负责的主管人员和其他直接责任人员，可以处 2 000 元以上 2 万元以下的罚款；属于国家工作人员的，还应当由其所在单位或者有关单位依法给予行政处分。

【例 1—24】私设会计账簿的，根据《会计法》规定应追究的法律责任是（　　）。

A. 县级以上人民政府财政部门予以通报

B. 对单位并处 3 000 元以上 5 万元以下的罚款

C. 对直接负责的主管人员和其他直接责任人员，处 2 000 元以上 2 万元以下的罚款

D. 由县级以上人民政府财政部门责令限期改正

【解析】B、C、D。参照《会计法》第四十二条。

三、其他会计违法行为的法律责任

1. 伪造、变造会计凭证、会计账簿，编制虚假财务会计报告的法律责任

根据《会计法》第四十三条规定，伪造、变造会计凭证、会计账簿，编制虚

假财务会计报告，构成犯罪的，依法追究刑事责任。有前款行为，尚不构成犯罪的，由县级以上人民政府财政部门予以通报，可以对单位并处 5 000 元以上 10 万元以下的罚款；对其直接负责的主管人员和其他直接责任人员，可以处 3 000 元以上 5 万元以下的罚款；属于国家工作人员的，还应当由其所在单位或者有关单位依法给予撤职直至开除的行政处分；对其中的会计人员，5 年内不得从事会计工作。

2. 隐匿或者故意销毁依法应当保存的会计凭证、会计账簿、财务会计报告的法律责任

隐匿是指故意转移、隐藏应当保存的会计凭证、会计账簿、财务会计报告的行为。销毁是指故意将依法应当保存的会计凭证、会计账簿、财务会计报告予以毁灭的行为。

根据《会计法》第四十四条规定，隐匿或者故意销毁依法应当保存的会计凭证、会计账簿、财务会计报告，构成犯罪的，依法追究刑事责任。有前款行为，尚不构成犯罪的，由县级以上人民政府财政部门予以通报，可以对单位并处 5 000 元以上 10 万元以下的罚款；对直接负责的主管人员和其他责任人员，可以处 3 000 元以上 5 万元以下的罚款；属于国家工作人员的，还应当由其所在单位或者有关单位依法给予撤职直至开除的行政处分；对其中的会计人员，5 年内不得从事会计工作。

3. 授意、指使、强令会计机构、会计人员及其他人员伪造、变造会计凭证、会计账簿，编制虚假财务会计报告或者隐匿、故意销毁依法应当保存的会计凭证、会计账簿、财务会计报告的法律责任

授意是指暗示他人按其意思行事。指使是指通过明示方式，指示他人按其意思行事。强令是指明知其命令是违反法律的，而强迫他人执行其命令的行为。

根据《会计法》第四十五条规定，授意、指使、强令会计机构、会计人员及其他人员伪造、变造会计凭证、会计账簿，编制虚假财务会计报告或者隐匿、故意销毁依法应当保存的会计凭证、会计账簿、财务会计报告，构成犯罪的，依法追究刑事责任；尚不构成犯罪的，可以处 5 000 元以上 5 万元以下的罚款；属于国家工作人员的，还应当由其所在单位或者有关单位依法给予降级、撤职、开除的行政处分。

4. 单位负责人对会计人员实行打击报复的法律责任

根据《会计法》第四十六条规定，单位负责人对依法履行职责、抵制违反本法规定行为的会计人员以降级、撤职、调离工作岗位、解聘或者开除等方式实行打击报复，构成犯罪的，依法追究刑事责任；尚不构成犯罪的，由其所在单位或者有关单位依法给予行政处分。对受打击报复的会计人员，应当恢复其名誉和原有职务、级别。

根据《刑法》第二百五十五条规定，公司、企业、事业单位、机关、团体的领导人，对依法履行职责、抵制违反《会计法》规定行为的会计人员实行打击报复，情节恶劣的，处 3 年以下有期徒刑或者拘役。

【例 1—25】林某自 2010 年起任某国有企业的总经理。2016 年 12 月，因公司业绩突出受到组织部门预备提拔考核，准备升任该县某局任副局长。在考核中，组织部门接到举报，举报人说林某在任职期间有指使和放任财务人员做假账、压制坚持原则的会计人员等问题。随即，该县财政、审计、统计部门组成联合调查组，对该企业近年来特别是林某任总经理期间的账目进行了全面的检查，结果发现：

①该公司设置大、小两套账，大账对外，小账对内。

②未按规定进行会计资料保管，致使原始资料毁损、灭失严重。

③ 3 个月前，林某因不满会计郑某多次不听从做假账的指令，尤其不满其向上级主管部门反映真实情况，将其调回车间。

④任命没有会计专业技能的林某的儿子担任会计科科长。

⑤近 3 年账面中的伪造、变造会计凭证，虚增利润等违法问题系在林某的强令或授意下所为。

请分析上述情况是否违法，以及违法行为的法律后果。

【解析】

1. 上述资料中的①、②、④条属于违反国家统一会计制度的行为。

根据《会计法》规定，不依法设置账簿、私设会计账簿的行为；未按规定保管会计资料，致使会计资料毁损、灭失的行为；任用会计人员不符合规定的行为，均属于违反会计制度规定的行为，要承担一定的法律责任。其法律责任后果如下：

（1）责令限期改正。

（2）罚款。

（3）给予行政处分。

（4）吊销会计从业资格。

（5）依法追究刑事责任。

2. 上述资料中的第③条属于单位负责人对依法履行职责、抵制违法行为的会计人员实行打击报复的行为，要依法承担法律责任。如果构成打击报复会计人员罪，处3年以下有期徒刑或者拘役；不构成犯罪的，由其所在单位或有关单位依法给予行政处分。对受打击报复的会计人员采取恢复其名誉、职位及级别的补救措施。

3. 上述资料中的第④条还违背了回避制度。根据回避制度，国有企业单位负责人的直系亲属不得担任本单位会计机构负责人。

4. 上述资料中的第⑤条属于授意、指使、强令会计机构和会计人员及其他人员伪造、变造会计凭证、会计账簿，编制虚假财务会计报告的行为，构成犯罪的，依法追究刑事责任；不构成犯罪的，可处5 000元以上5万元以下的罚款；属于国家工作人员的，还应当由其所在单位或者有关单位给予降级、开除的行政处分。

练习题

1. 我国的会计法律制度主要包括哪些内容？它们分别有哪些代表性的文件？

2. 我国对会计工作实行的是什么原则下的政府主导型管理体制？

3. 我国目前的会计行业自律组织主要有哪些机构？

4. 在单位会计工作管理过程中，单位负责人负有哪些职责？应实施怎样的会计人员回避制度？

5. 我国实行“三位一体”会计监督体系的构成内容是什么？它们分别有哪些特征？

6. 单位设置会计工作岗位的基本原则有哪些？哪些工作岗位不属于会计岗位？

7. 关于会计人员工作交接的具体要求是什么？分别由什么人员负责监交？

8. 会计违法行为涉及哪两种类型的责任？对于隐匿或者故意销毁依法应当保存的会计凭证、会计账簿、财务会计报告，尚不构成犯罪的，应该给予怎样的处罚或处分？对于其他的会计违法行为又是怎样处理的？

第二章
结算法律制度

基本要求

- 了解支付结算的相关概念及其法律构成
- 了解银行结算账户的开立、变更和撤销
- 熟悉票据的相关概念
- 熟悉各银行结算账户的概念、使用范围和开户要求
- 掌握现金管理的基本要求和现金的内部控制
- 掌握票据和结算凭证填写的基本要求
- 掌握支票、商业汇票、银行卡、汇兑结算方式的规定，并能综合分析具体案例

第一节 现金结算

一、现金结算的概念

现金是指具备现实购买力或法定清偿力的通货。在金属货币流通条件下，现金是指金属铸币及其他作辅币使用的铸币；在纸币或者信用货币流通的条件下，现金包括铸币、纸币和信用货币。我国的现金是指人民币（包括纸币和金属辅币）。

现金结算与转账结算相对，是指在商品交易、劳务供应等经济往来中，直接使用现金进行应收应付款结算的一种行为，它是货币结算的主要形式之一。在我国，现金结算主要适用于单位与个人之间的款项收付，以及单位之间在转账结算起点金额以下的零星小额收付。

二、现金结算的特点

与转账结算相比，现金结算的特点如下。

1. 直接便利

在现金结算方式下，买卖双方一手交钱，一手交货，当面钱货两清，无须通过中介，因而对买卖双方来说是最为直接和便利的。同样在劳务供应、信贷存放和资金调拨方面，现金结算也最为直接便利，因而广泛地被社会大众所接受。

2. 不安全性

由于现金使用极为广泛和便利，因而便成为不法分子觊觎的主要目标，很容易被偷盗、贪污、挪用。在现实经济生活中，绝大多数的经济犯罪活动都和现金有关。此外，现金还容易因火灾、虫蛀、鼠咬等危害而发生损失。

3. 不易宏观控制和管理

由于现金结算大部分不通过银行进行，因此国家很难对其进行控制。过多的现金结算会使流通中的现钞过多，从而造成通货膨胀，增大国家对物价控制的压力。

4. 费用较高

虽然各单位使用现金结算可以减少银行的手续费用，但现金清点、运送、保管的费用很大。对于国家来说，过多的现金结算会增大国家印制、保管、运送现金和回收废旧现钞等工作的费用和损失，浪费人力、物力和财力。因此，国家实行现金管理，限制现金结算的范围。

三、现金结算的渠道

现金结算主要有付款人直接将现金支付给收款人和付款人委托银行、非银行金融机构或者非金融机构将现金支付给收款人两种渠道。

四、现金结算的范围

根据《现金管理暂行条例》的规定，开户单位可以在下列范围内使用现金：

1. 职工工资、津贴。
2. 个人劳务报酬。
3. 根据国家规定颁发给个人的科学技术、文化艺术、体育等各种奖金。
4. 各种劳保、福利费用以及国家规定的对个人的其他支出。
5. 向个人收购农副产品和其他物资的款项。
6. 出差人员必须随身携带的差旅费。
7. 结算起点以下的零星支出。
8. 中国人民银行确定需要支付现金的其他支出。

除上述情况可以用现金支付外，其他款项的支付应通过银行转账结算。上述结算起点为 1 000 元，需要调整时，由中国人民银行确定，报国务院备案。除上述第 5、第 6 项外，开户单位支付给个人的款项中，支付现金每人一次不得超过 1 000 元，超过限额部分，根据提款人的要求在指定的银行转为储蓄存款或以支票、银行本票支付。确需全额支付现金的，应经开户银行审查后予以支付。

【例 2—1】现金结算起点为 1 000 元，其含义是指开户单位结算金额不足 1 000 元时必须采用转账结算。（　　）

【解析】错。现金结算起点为 1 000 元，是指开户单位结算金额超过 1 000 元时必须采用转账结算。

【例 2—2】下列事项中，单位开户银行可以使用现金的有（　　）。

A. 发给公司甲某的 800 元奖金

B. 支付给公司临时工王某的 2 000 元劳务报酬

C. 向农民收购农产品的 10 000 元收购款

D. 出差人员出差必须随身携带的 2 000 元差旅费

【解析】A、C、D。除向个人收购农副产品和其他物资的款项、出差人员必须随身携带的差旅费这两项外，开户单位支付给个人的款项中，支付现金每人一次不得超过 1 000 元。

五、现金使用的限额与内部控制

1. 现金使用的限额

现金使用的限额是指为了保证开户单位日常零星开支的需要，允许单位留存现金的最高数额。根据《现金管理暂行条例实施细则》的规定，各开户单位的库存现金都要核定限额。库存现金限额由开户单位提出计划，报开户银行审批，经核定的库存现金限额，开户银行必须严格遵守，超过部分应于当日终了前存入银行。

各开户单位的库存现金限额，由于生产或业务变化，需要增加或者减少时，应当向开户银行提出申请，经批准后再行调整。这一限额由开户行根据单位的实际需要核定，一般按照单位 3 ~ 5 天日常零星开支所需确定。边远地区和交通不发达地区的开户单位的库存现金限额，可按多于 5 天但不得超过 15 天的日常零星开支的需要确定。

对没有在银行单独开立账户的附属单位也要实行现金管理，必须保留的现金也要核定限额，其限额包括在开户单位的库存限额之内。

商业和服务行业的找零备用现金也要根据营业额核定定额，但不包括在开户单位的库存现金限额之内。

【例 2—3】对于边远地区和交通不发达地区的开户单位，其库存现金限额可按多于 3 天但不得超过 15 天的日常零星开支的需要确定。（　　）

【解析】错。边远地区和交通不发达地区的开户单位的库存现金限额，可按多于 5 天但不得超过 15 天的日常零星开支的需要确定。

2. 现金的内部控制

现金是各单位流动性最强的资产，加强现金管理对于保护单位资产的安全完整、维护社会经济秩序具有重要的意义。为加强对单位现金的内部控制和管理，保证货币资金的安全，财政部印发了《内部会计控制规范——货币资金（试行）》，对健全现金的内部控制工作提出了具体要求。

其中第四条规定，国务院有关部门可以根据国家有关法律法规和本规范，制定本部门或本系统的货币资金内部控制规定。

各单位应当根据国家有关法律法规和本规范，结合部门或系统的货币资金内部控制规定，建立适合本单位业务特点和管理要求的货币资金内部控制制度并组织实施。

其中第五条规定，单位负责人对本单位货币资金内部控制的建立健全和有效实施以及货币资金的安全完整负责。

各单位应当按照该规范的要求，建立良好的现金内部控制制度，保证现金收支记录及时、准确、完整，全部现金支出均按经批准的用途进行，以使现金得以安全保管。

（1）现金内部控制应包含的要素

良好的现金内部控制应包含以下内容：

1）现金收支与记账岗位的分离。

2）现金收支要有合理、合法的凭据。

3）全部收入及时、准确入账，并且支出要有核准手续。

4）控制现金坐支，当日收入现金应及时送存银行。

5）按月盘点现金，以做到账实相符。

6）加强对现金收支业务的内部审计。

【例 2—4】根据《现金管理暂行条例》的规定，企业一律不得坐支现金。（　　）

【解析】错。企业因特殊情况可以坐支现金，但应当事先报经开户银行审查批准，由开户银行核定坐支范围和限额。坐支单位应当定期向开户银行报送坐支金额和使用情况。

（2）岗位分工与授权批准应遵循的规则

1）单位应当建立货币资金业务的岗位责任制，明确相关部门和岗位的职责权限，确保办理货币资金业务的不相容岗位相互分离、制约和监督。例如，现金收支与记账的岗位应该分离；出纳人员不得兼任稽核、会计档案保管和收入、支

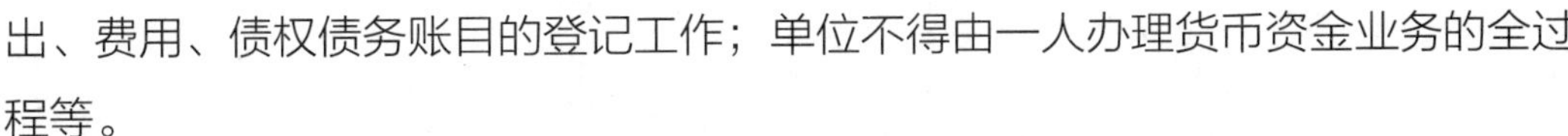

出、费用、债权债务账目的登记工作；单位不得由一人办理货币资金业务的全过程等。

2）单位办理货币资金业务，应当配备合格的人员，并根据单位具体情况进行岗位轮换。办理货币资金业务的人员应当具备良好的职业道德，忠于职守、廉洁奉公、遵纪守法、客观公正，不断提高会计业务素质和职业道德水平。

3）单位应当对货币资金业务建立严格的授权批准制度，明确审批人对货币资金业务的授权批准方式、权限、程序、责任和相关控制措施，规定经办人办理货币资金业务的职责范围和工作要求。

4）审批人应当根据货币资金授权批准制度的规定，在授权范围内进行审批，不得超越审批权限。经办人应当在职责范围内，按照审批人的批准意见办理货币资金业务。对于审批人超越授权范围审批的货币资金业务，经办人有权拒绝办理，并及时向审批人的上级授权部门报告。

5）单位应当按照规定的程序办理货币资金支付业务，具体包括以下要求：

①支付申请。单位有关部门或个人用款时，应当提前向审批人提交货币资金支付申请，注明款项的用途、金额、预算、支付方式等内容，并附有效经济合同或相关证明。

②支付审批。审批人应根据其职责、权限和相应程序对支付申请进行审批。对不符合规定的货币资金支付申请，审批人应当拒绝批准。

③支付复核。复核人应当对批准后的货币资金支付申请进行复核，复核货币资金支付申请的批准范围、权限、程序是否正确，手续及相关单证是否齐备，金额计算是否准确，支付方式、支付单是否妥当等。复核无误后，交由出纳人员办理支付手续。

④办理支付。出纳人员应当根据复核无误的支付申请，按规定办理货币资金支付手续，及时登记现金和银行存款日记账。

6）单位对于重要货币资金支付业务，应当实行集体决策和审批，并建立责任追究制度，防范贪污、侵占、挪用货币资金等行为。

7）严禁未经授权的机构或人员办理货币资金业务或直接接触货币资金。

此外，单位应当建立对现金业务的监督检查制度，明确监督检查机构或人员的职责权限，定期和不定期地进行检查。

【例 2—5】单位财务部门负责人对本单位货币资金内部控制的建立健全和有效实施以及货币资金的安全完整负责。（　　）

【解析】错。单位负责人对本单位货币资金内部控制的建立健全和有效实施以及货币资金的安全完整负责。

第二节　支付结算概述

一、支付结算的概念和特征

1. 支付结算的概念

支付结算是指单位、个人在社会经济活动中使用票据、银行卡、汇兑、托收承付、委托收款等结算方式进行货币给付及其资金清算的行为。银行（含城乡信用合作社，下同）、单位（含个体工商户，下同）和个人是办理支付结算的主体。其中，银行是支付结算和资金清算的中介机构。非银行金融机构和其他单位不得作为中介机构办理支付结算业务。

根据中国人民银行颁布的《支付结算办法》以及有关规范性文件，支付结算方式可以分为票据结算方式和非票据结算方式。其中，票据结算方式使用的支付工具有汇票、本票和支票，非票据结算方式使用的支付工具有现金、汇兑、托收承付、委托收款、银行卡、国内信用证和电子支付。

支付结算的主要支付工具如图 2—1 所示。

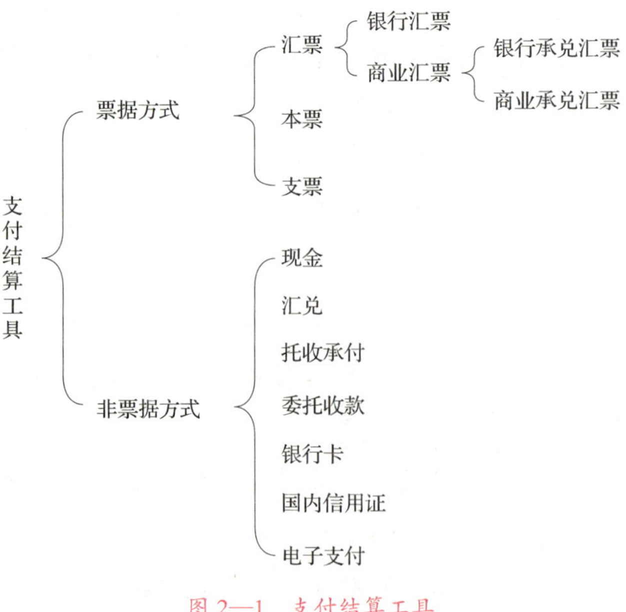

图 2—1　支付结算工具

【例 2—6】下列各项中，属于非票据结算方式的是（　　）。

A. 汇票　　B. 汇兑

C. 支票　　D. 本票

【解析】B。

【例 2—7】支付结算是指单位、个人在社会经济活动中使用（　　）等结算方式进行货币给付及其资金清算的行为。

A. 票据　　B. 信用卡

C. 汇兑　　D. 托收承付

E. 委托收款

【解析】A、B、C、D、E。

2. 支付结算的特征

支付结算具有以下法律特征：

（1）支付结算必须通过中国人民银行批准的金融机构进行

《支付结算办法》第六条规定："银行是支付结算和资金清算的中介机构。未经中国人民银行批准的非银行金融机构和其他单位不得作为中介机构经营支付结算业务。但法律、行政法规另有规定的除外。"

（2）支付结算是一种要式行为

要式行为是指法律规定必须按照一定形式进行的行为，若该行为不符合法定的形式要求，即为无效。《支付结算办法》第九条规定："票据和结算凭证是办理支付结算的工具。单位、个人和银行办理支付结算，必须使用按中国人民银行统一规定印制的票据凭证和统一规定的结算凭证。未使用按中国人民银行统一规定印制的票据，票据无效；未使用中国人民银行统一规定格式的结算凭证，银行不予受理。"中国人民银行除了对票据和结算凭证的格式有统一的要求外，还就正确填写票据和结算凭证作出了基本规定。

（3）支付结算的发生取决于委托人的意志

根据《支付结算办法》第十九条规定，个人在银行开立存款账户的存款，除国家法律、行政法规另有规定外，银行不得为任何单位或者个人查询账户情况；除国家法律另有规定外，银行不代任何单位或者个人冻结、扣划款项，不得停止单位、个人存款的正常支付。这就是说，银行在支付结算中充当中介机构的角色，办理支付结算业务时，银行只需以善意且符合规定的正常操作程序进行审查。

（4）支付结算实行统一和分级管理相结合的管理体制

《支付结算办法》第二十条规定："中国人民银行总行负责制定统一的支付结算制度，组织、协调、管理、监督全国的支付结算工作，调解、处理银行之间的支付结算纠纷。中国人民银行省、自治区、直辖市分行根据统一的支付结算制度制定实施细则，报总行备案；根据需要可以制定单项支付结算办法，报经中国人民银行总行批准后执行。中国人民银行分、支行负责组织、协调、管理、监督本辖区的支付结算工作，调解、处理本辖区银行之间的支付结算纠纷。政策性银行、商业银行总行可以根据统一的支付结算制度，结合本行情况，制定具体管理实施办法，报经中国人民银行总行批准后执行。政策性银行、商业银行负责组织、管理、协调本行内的支付结算工作，调解、处理本行内分支机构之间的支付结算纠纷。"支付结算是一项政策性强、涉及面广、与当事人经济利益密切相关的经济活动，由于我国地域广泛，所以必须实行统一和分级管理相结合的管理体制。

（5）支付结算必须依法进行

《支付结算办法》第五条规定："银行、城市信用合作社、农村信用合作社（以下简称银行）以及单位和个人（含个体工商户），办理支付结算必须遵守国家的法律、行政法规和本办法的各项规定，不得损害社会公共利益。"因此，支付结算的当事人必须严格依法进行支付结算活动。

二、支付结算的主要法律依据

支付结算方面的法律、法规和制度主要包括《中华人民共和国票据法》（以下简称《票据法》）、《票据管理实施办法》《支付结算办法》《现金管理暂行条例》《银行卡业务管理办法》《人民币银行结算账户管理办法》《异地托收承付结算办法》《电子支付指引（第一号）》等。

三、支付结算的基本原则

支付结算的基本原则是指单位、个人和银行在进行支付结算活动时必须遵循的行为准则。经过多年的实践和总结，我国形成了以下与经济活动相适应的支付结算原则。

1. 恪守信用，履约付款

这是办理支付结算应遵守的基本原则，是国际法中"条约必须遵守，合同必

须履行”原则以及《中华人民共和国民法通则》中“诚实守信”原则在支付结算中的具体表现。诚实守信作为各国经济活动和社会交往普遍推崇的原则，有利于促进交易各方之间的相互信赖，便于经济活动的开展，保障经济有序运行。根据该原则，结算当事人必须依照共同约定的民事法律关系内容享受权利和承担义务，严格“遵守信用，依约履行”付款义务，特别是应当按照约定的付款金额和付款日期进行支付。

2. 谁的钱进谁的账，由谁支配

这一原则主要在于维护存款人对存款资金的所有权或经营权，保证其对资金的自主支配权，同时加强银行办理结算的责任。他人支付给存款人的资金，应当收入存款人的银行账户。存款人在银行账户里的资金，其所有权归存款人所有，由其自主支配，其他任何一方都无权擅自动用、处理和任意转移。银行作为办理支付结算业务的中介机构，应严格按客户的委托依法办理款项收付。除法律、法规另有规定外，银行无权在未经存款人授权或委托的情况下，擅自动用存款人在银行账户里的资金。

3. 银行不垫款

这一原则主要在于划清银行资金与存款人资金的界限，从而保护银行资金的所有权或经营权，促使单位和个人以自己所有或经营管理的财产直接对自己的债务承担责任，保证银行资金的安全。在实际工作中，银行资金与存款人资金要严格区分开，不能混淆。银行办理结算只负责办理结算当事人之间的资金转移，当付款人账户内没有资金或资金不足，或者收款人应收的款项由于付款人的原因不能收回时，银行不承担垫付任何款项的责任。但银行与存款人另有约定的除外。

上述三个原则，分别从不同角度强调了付款人、收款人和银行在结算过程中的权利和义务，它们共同构成了一个有机的整体，保障了结算活动的正常进行。

四、支付结算的要求

1. 支付结算的基本要求

（1）单位、个人和银行办理支付结算，必须使用按中国人民银行统一规定印制的票据和结算凭证

票据和结算凭证是办理支付结算的工具。未使用中国人民银行统一规定印制的票据，票据无效；未使用中国人民银行统一规定格式的结算凭证，银行不予受理。

（2）单位、个人和银行应当按照《人民币银行结算账户管理办法》的规定开立、使用账户

在银行开立存款账户的单位和个人办理支付结算时，账户内必须有足够的资金保证支付。银行依法为单位或个人在银行开立的存款账户中的存款保密，维护其资金的自主支配权。除国家法律、行政法规另有规定外，银行不得为任何单位或者个人查询账户情况，不得为任何单位或者个人冻结、扣划款项，不得停止单位、个人存款的正常支付。没有开立存款账户的个人向银行交付款项后，也可以通过银行办理支付结算。

（3）填写票据和结算凭证应当规范，做到要素齐全、数字正确、字迹清晰、不错不漏、不潦草、防止涂改

票据和结算凭证的金额、出票或者签发日期、收款人名称不得更改，更改的票据无效。更改的结算凭证，银行不予受理。对票据和结算凭证上的其他记载事项，原记载人可以更改，更改时应当由原记载人在更改处签章证明。其中，签章是指签名、盖章或者签名加盖章。单位、银行在票据上的签章和单位在结算凭证上的签章，为该单位、银行的盖章加其法定代表人或其授权的代理人的签名或盖章。个人在票据和结算凭证上的签章，为个人本名的签名或盖章。

票据和结算凭证的金额用中文大写和阿拉伯数字同时记载，二者必须一致，否则银行不予受理。少数民族地区和外国驻华使领馆根据实际需要，金额大写可以使用少数民族文字或者外国文字记载。

【例 2—8】单位在结算凭证上的签章，为该单位的公章加其法定代表人或者其授权的代理人的签名或者盖章。（　　）

【解析】对。

【例 2—9】根据《支付结算办法》的规定，下列各项中，不会导致票据无效的是（　　）。

A. 原记载人更改金额，并在更改处签章证明

B. 原记载人更改出票日期，并在更改处签章证明

C. 原记载人更改票据用途，并在更改处签章证明

D. 原记载人更改收款人名称，并在更改处签章证明

【解析】C。票据和结算凭证的金额、出票或者签发日期、收款人名称不得

更改，更改的票据无效。

（4）票据和结算凭证上的签章和其他记载事项应当真实，不得伪造、变造

伪造是指无权限人假冒他人或虚构他人名义签章的行为。变造是指无权更改票据内容的人对票据上签章以外的记载事项加以改变的行为。变造票据的方法多是在合法票据的基础上对票据加以剪接、挖补、覆盖、涂改，从而非法改变票据的记载事项。伪造、变造票据属于欺诈行为，应追究刑事责任。票据上有伪造、变造的签章的，不影响票据上其他当事人真实签章的效力。

2. 支付结算凭证填写的要求

银行、单位和个人填写的各种票据和结算凭证是办理支付结算和现金支付的重要依据，直接关系到支付结算的准确、及时和安全。票据和结算凭证是银行、单位和个人凭以记账的会计凭证，是记载经济业务和明确经济责任的一种书面证明。因此，填写票据和结算凭证必须做到标准化、规范化。

根据《正确填写票据和结算凭证的基本规定》，在填写票据和结算凭证时应符合以下基本要求。

（1）票据的出票日期必须使用中文大写。在填写月、日时，月为壹、贰和壹拾的，日为壹至玖和壹拾、贰拾、叁拾的，应在其前面加“零”；日为拾壹至拾玖的，应在其前面加“壹”。例如，2 月 12 日，应写成零贰月壹拾贰日；10 月 20 日，应写成零壹拾月零贰拾日。日期大写未按要求规范填写的，银行可予受理，但由此造成损失的，由出票人自行承担。票据的出票日期使用小写填写的，银行不予受理。

【例 2—10】某单位于 2013 年 10 月 19 开出一张支票。下列有关支票日期的写法中，符合要求的是（　　）。

A. 贰零壹叁年拾月玖日　　B. 贰零壹叁年壹拾月壹拾玖日

C. 贰零壹叁年零壹拾月拾玖日　　D. 贰零壹叁年零壹拾月壹拾玖日

【解析】D。

（2）中文大写金额数字应用正楷或行书填写，如壹、贰、叁、肆、伍、陆、柒、捌、玖、拾、佰、仟、万、亿、元、角、分、零、整（正）等字样。不得用一、二、三、四、五、六、七、八、九、十、毛、另（或 0）填写，不得自造简化字。如果金额数字书写中使用繁体字，也应受理。

（3）中文大写金额数字前应标明“人民币”字样，大写金额数字应紧接“人民币”字样填写，不得留有空白。大写金额数字前未印“人民币”字样的，应加填“人民币”三个字。

（4）中文大写金额数字到“元”为止的，在“元”之后应写“整”(或“正”)字；到“角”为止的，在“角”之后可以不写“整”（或“正”）字。大写金额数字有“分”的，“分”后面不写“整”（或“正”）字。

【例 2—11】下列各项中，表述正确的有（　　）。

A. 票据中的中文大写金额数字应用正楷或行书填写

B. 票据中的中文大写金额数字前应标明“人民币”字样

C. 票据的出票日期可以使用小写填写

D. 票据中的中文大写金额数字到“元”为止的，在“元”之后，应写“整”或“正”字

【解析】A、B、D。

（5）阿拉伯小写金额数字前面，均应填写人民币符号“¥”。阿拉伯小写金额数字要认真填写，不得连写分辨不清。

（6）阿拉伯小写金额数字中有“0”时，中文大写应按照汉语语言规律、金额数字构成和防止涂改的要求进行书写。举例如下：

1）阿拉伯数字中间有“0”时，中文大写金额要写“零”字，如 ¥1 309.50 应写成人民币壹仟叁佰零玖元伍角。

2）阿拉伯数字中间连续有几个“0”时，中文大写金额中间可以只写一个“零”字，如 ¥6 008.14 应写成人民币陆仟零捌元壹角肆分。

3）阿拉伯数字万位或元位是“0”或者数字中间连续有几个“0”，万位、元位也是“0”，但千位、角位不是“0”时，中文大写金额中可以只写一个“零”字，也可以不写“零”字，如 ¥1 780.32 应写成人民币壹仟柒佰捌拾元零叁角贰分或者写成人民币壹仟柒佰捌拾元叁角贰分，¥109 000.53 应写成人民币壹拾万玖仟元零伍角叁分或者写成人民币壹拾万零玖仟元伍角叁分。

4）阿拉伯金额数字角位是“0”而分位不是“0”时，中文大写金额“元”后面应写“零”字，如 ¥16 509.02 应写成人民币壹万陆仟伍佰零玖元零贰分，¥325.04 应写成人民币叁佰贰拾伍元零肆分。

【例 2—12】A 公司因购货向 B 公司签发了一张汇票，金额记载为 20 万元，签章为 A 公司公章，出票日期填写的是 2 月 12 日。B 公司收到汇票后在规定期限内向付款人银行提示承兑，但银行以票据不符合要求为由拒绝受理。

根据支付结算法律制度和《票据法》的有关规定，回答下列问题：

（1）该汇票上的出票日期的填写是否符合要求？并说明理由。

（2）该汇票上的签章是否符合要求？并说明理由。

（3）银行拒绝受理的行为是否合法？

【解析】（1）不符合要求。根据《支付结算办法》的规定，票据的出票日期必须使用中文大写，规范写法为“零贰月壹拾贰日”。

（2）不符合要求。根据《支付结算办法》的规定，单位在票据上的签章和单位在结算凭证上的签章，为该单位的盖章加其法定代表人或其授权的代理人的签名或盖章。

（3）合法。因票据填写不符合要求，导致票据无效，银行有权不予受理。

第三节 银行结算账户

一、银行结算账户的概念与分类

1. 银行结算账户的概念

银行结算账户是指存款人在经办银行开立的办理资金收付结算的人民币活期存款账户。存款人是指在中国境内开立银行结算账户的机关、团体、部队、企事业单位、其他组织、个体工商户和自然人。经办银行是指在中国境内经中国人民银行批准经营支付结算业务的政策性银行、商业银行（含外资独资银行、中外合资银行、外国银行分行）、城市信用合作社、农村信用合作社等金融机构。

银行结算账户具有以下特点：

（1）可办理人民币业务

这与外币存款账户不同，外币存款账户办理的是外币业务，其开立和使用要遵守国家外汇管理局的有关规定。

（2）可办理资金收付结算业务

这是与储蓄账户的明显区别，储蓄的基本功能是存取本金和支取利息，储蓄账户不具有办理资金收付结算的功能，其开立和使用应遵守《储蓄管理条例》的规定。

（3）是活期存款账户

这与单位的定期存款账户不同，单位定期存款账户不具有结算功能，该类账户的开立和使用应遵守《人民币单位存款管理办法》的规定。

2. 银行结算账户的分类

（1）按存款人不同划分

银行结算账户按存款人不同，可以分为单位银行结算账户和个人银行结算账户。存款人以单位名称开立的银行结算账户为单位银行结算账户。单位银行结算账户按用途不同还可以分为基本存款账户、一般存款账户、专用存款账户和临时存款账户。存款人凭个人身份证件以自然人名称开立的银行结算账户为个人银行结算账户。

（2）按开户地不同划分

银行结算账户根据开户地不同，可以分为本地银行结算账户和异地银行结算账户。其中，本地银行结算账户是指存款人在注册地或住所地开立的银行结算账户；异地银行结算账户是指存款人根据规定的条件在异地（跨省、市、县）开立的银行结算账户。根据《账户管理办法实施细则》的有关解释，这里所指的“注册地”是指存款人的营业执照等开户证明文件上记载的住所地。

3. 银行结算账户的具体种类和规定

（1）基本存款账户

1）基本存款账户的概念及适用范围。基本存款账户是存款人因办理日常转账结算和现金收付需要开立的银行结算账户。基本存款账户是存款人的主办账户，存款人日常经营活动的资金收付及其工资、奖金和现金的支取，应通过该账户办理。存款人只能选择一家金融机构开立一个基本存款账户，不能多头开立基本存款账户。

2）开立基本存款账户的存款人资格。根据规定，下列存款人可以申请开立基本存款账户：①企业法人；②非法人企业；③机关、事业单位；④团级（含）以上军队、武警部队及分散执勤的支（分）队；⑤社会团体；⑥民办非企业组织；⑦异地常设机构；⑧外国驻华机构；⑨个体工商户；⑩居民委员会、村民委员会、社区委员会；⑪单位设立的独立核算的附属机构；⑫其他组织。

由上可见，凡是具有民事权利能力和民事行为能力，并依法独立享有民事权利和承担民事义务的法人和其他组织，均可以开立基本存款账户。同时，有些单位虽然不是法人组织，但具有独立核算资格，有自主办理资金结算的需要，包括非法人企业（如具有营业执照的企业集团下属分公司）、外国驻华机构、个体工商户、单位设立的独立核算的附属机构（单位附属独立核算的食堂、招待所、幼儿园）等，也可以开立基本存款账户。

3）开立基本存款账户所需要的证明文件。存款人申请开立基本存款账户，应当向银行出具下列证明文件：

①企业法人应出具企业法人营业执照正本。

②非法人企业应出具企业营业执照正本。

③机关和实行预算管理的事业单位应出具政府人事部门或编制委员会的批文或登记证书和财政部门同意其开户的证明，非预算管理的事业单位应出具政府人事部门或编制委员会的批文或登记证书。

④军队、武警团级（含）以上单位及分散执勤的支（分）队应出具军队军级以上单位财务部门、武警总队财务部门的开户证明。

⑤社会团体应出具社会团体登记证书，宗教组织应出具宗教事务管理部门的批文或证明。

⑥民办非企业组织应出具民办非企业登记证书。

⑦外地常设机构应出具其驻在地政府主管部门的批文。

⑧外国驻华机构应出具国家有关主管部门的批文或证明，外资企业驻华代表处、办事处应出具国家登记机关颁发的登记证。

⑨个体工商户应出具个体工商户营业执照正本。

⑩居民委员会、村民委员会、社区委员会应出具其主管部门的批文或证明。

⑪独立核算的附属机构应出具其主管部门的基本存款账户开户登记证和批文。

⑫其他组织应出具政府主管部门的批文或证明。

⑬如果上述存款人为从事生产、经营活动的纳税人，还应出具税务部门颁发的税务登记证。税务登记证是指国税登记证或地税登记证。如果存款人为从事生产、经营活动的纳税人，根据国家有关规定无法取得税务登记证的，在申请开立基本存款账户时可不出具税务登记证。

【例2—13】下列对象中，不具备开立基本存款账户资格的存款人是（　　）。

A. 企业法人

B. 民办非法人企业

C. 社区委员会

D. 单位设立的非独立核算的附属机构

【解析】D。凡是具有民事权利能力和民事行为能力，并依法独立享有民事权利和承担民事义务的法人和其他组织，均可以开立基本存款账户。同时，有些单位虽然不是法人组织，但具有独立核算资格，有自主办理资金结算的需要，包括非法人企业（如具有营业执照的企业集团下属分公司）、外国驻华机构、个体工商户、单位设立的独立核算的附属机构（单位附属独立核算的食堂、招待所、幼儿园）等，也可以开立基本存款账户。选项D为非独立核算的机构，不得开立基本存款账户。

（2）一般存款账户

1）一般存款账户的概念及适用范围。一般存款账户是存款人因借款或其他结算需要，在基本存款账户开户银行以外的银行营业机构开立的银行结算账户。一般存款账户用于办理存款人借款转存、借款归还和其他结算的资金收付，该账户可以办理现金缴存，但不得办理现金支取。

2）一般存款账户的开户要求。开立基本存款账户的存款人都可以开立一般存款账户。根据规定，只要存款人具有借款或其他结算需要，都可以申请开立一般存款账户且没有数量限制。

开立一般存款账户应按照规定的程序办理并提交有关证明文件。存款人申请开立一般存款账户，应向银行出具其开立基本存款账户规定的证明文件、基本存款账户开户登记证和下列证明文件：①存款人因向银行借款需要，应出具借款合同；②存款人因其他结算需要，应出具有关证明。

（3）专用存款账户

1）专用存款账户的概念及适用范围。专用存款账户是存款人按照法律、行政法规和规章规定，对其具有特定用途的资金进行专项管理和使用而开立的银行结算账户。

专用存款账户用于办理各项专用资金的收付。根据规定，下列资金的管理与使用，存款人可以申请开立专用存款账户：①基本建设资金；②更新改造资金；③财政预算外资金；④粮、棉、油收购资金；⑤证券交易结算资金；⑥期货交易保证金；⑦信托基金；⑧金融机构存放同业资金；⑨政策性房地产开发资金；⑩单位银行卡备用金；⑪住房基金；⑫社会保障基金；⑬收入汇缴资金和业务支出资金；⑭党、团、工会设在单位的组织机构经费；⑮其他需要专项管理和使用的资金。

收入汇缴资金和业务支出资金是指基本存款账户存款人附属的非独立核算单

位或派出机构发生的收入和支出资金。因收入汇缴资金和业务支出资金开立的专用存款账户应使用隶属单位的名称。

2）专用存款账户的开户要求。存款人申请开立专用存款账户应向银行出具其开立基本存款账户规定的证明文件、基本存款账户开户登记证和下列证明文件：

①基本建设资金、更新改造资金、政策性房地产开发资金、住房基金、社会保障基金，应出具主管部门批文。

②财政预算外资金，应出具财政部门的证明。

③粮、棉、油收购资金，应出具主管部门批文。

④单位银行卡备用金，应按照中国人民银行批准的银行卡章程规定出具有关证明和资料。

⑤证券交易结算资金，应出具证券公司或证券管理部门的证明。

⑥期货交易保证金，应出具期货公司或期货管理部门的证明。

⑦金融机构存放同业资金，应出具其证明。

⑧收入汇缴资金和业务支出资金，应出具基本存款账户存款人有关的证明。

⑨党、团、工会设在单位的组织机构经费，应出具该单位或有关部门的批文或证明。其他按规定需要专项管理和使用的资金，应出具有关法规、规章或政府部门的有关文件。

（4）临时存款账户

1）临时存款账户的概念及使用范围。临时存款账户是存款人因临时需要并在规定期限内使用而开立的银行结算账户。存款人可以申请开立临时存款账户的情况有设立临时机构、异地临时经营活动、注册验资。

2）临时存款账户的开户要求。存款人申请开立临时存款账户，应向银行出具下列证明文件：

①临时机构应出具其驻在地主管部门同意设立临时机构的批文。

②异地建筑施工及安装单位应出具其营业执照正本或其隶属单位的营业执照正本，以及施工及安装地建设主管部门核发的许可证或建筑施工及安装合同。

③异地从事临时经营活动的单位应出具其营业执照正本以及临时经营地工商行政管理部门的批文。

④注册验资资金应出具工商行政管理部门核发的企业名称预先核准通知书或有关部门的批文。

3）临时存款账户使用中应注意的问题。临时存款账户应根据有关开户证明文件确定的期限或存款人的需要确定其有效期限。存款人在账户的使用中需要延长期限的，应在有效期限内向开户银行提出申请，并由开户银行报中国人民银行当地分支行核准后办理展期。临时存款账户的有效期最长不得超过2年。

临时存款账户支取现金，应按照国家现金管理的规定办理。

注册验资的临时存款账户在验资期间只收不付，注册验资资金的汇缴人应与出资人的名称一致。

（5）个人银行结算账户

1）个人银行结算账户的概念及使用范围。个人银行结算账户是指自然人因投资、消费、结算等需要而开立的办理支付结算业务的存款账户。个人银行结算账户用于办理个人转账收付和现金支取，储蓄账户仅限于办理现金存取业务，不得办理转账结算。

下列款项可以转入个人银行结算账户：①工资、奖金收入；②稿费、演出费等劳务收入；③债券、期货、信托等投资的本金和收益；④个人债权或产权转让收益；⑤个人贷款转存；⑥证券交易结算资金和期货交易保证金；⑦继承、赠与款项；⑧保险理赔、保费退还等款项；⑨纳税退还；⑩农、副、矿产品销售收入；⑪其他合法款项。

2）个人银行结算账户开户要求。存款人使用支票、信用卡等信用支付工具的及办理汇兑、定期借记、定期贷记、借记卡等结算业务的可以申请开立个人银行结算账户。自然人可根据需要申请开立个人银行结算账户，也可以在已开立的储蓄账户中选择并向开户银行申请确认为个人银行结算账户。

存款人申请开立个人银行结算账户，应向银行出具下列证明文件：

①中国居民应出具居民身份证或临时身份证。

②中国人民解放军军人应出具军人身份证件。

③中国人民武装警察应出具武警身份证件。

④香港、澳门居民应出具港澳居民来往内地通行证。

⑤台湾居民应出具台湾居民来往大陆通行证或者其他有效旅行证件。

⑥外国公民应出具护照。

⑦法律、法规和国家有关文件规定的其他有效证件。

3）个人银行结算账户使用中应注意的问题。

①从单位银行结算账户向个人银行结算账户支付款项单笔超过5万元人

民币时，应向其开户银行提供下列付款依据：代发工资协议和收款人清单，奖励证明，新闻出版、演出主办等单位与收款人签订的劳务合同或支付给个人款项的证明，证券公司、期货公司、信托投资公司、奖券发行或承销部门支付或退还给自然人款项的证明，债权或产权转让协议，借款合同，保险公司的证明，税收征管部门的证明，农、副、矿产品购销合同，其他合法款项的证明。

②从单位银行结算账户支付给个人银行结算账户的款项应纳税的，税收代扣单位付款时应向其开户银行提供完税证明。

③有下列情形之一的，个人应出具符合规定的有关收款依据：个人持出票人为单位的支票向开户银行委托收款，将款项转入其个人银行结算账户的；个人持申请人为单位的银行汇票和银行本票向开户银行提示付款，将款项转入其个人银行结算账户的。

④个人持出票人（或申请人）为单位，且一手或多手背书人为单位的支票、银行汇票或银行本票，向开户银行提示付款并将款项转入其个人银行结算账户的，应当提供有关最后一手背书人为单位且被背书人为个人的收款依据。

⑤单位银行结算账户支付给个人银行结算账户款项的，银行应按规定认真审查付款依据或收款依据的原件并留存复印件，按会计档案保管。未提供相关依据或相关依据不符合规定的，银行应拒绝办理。

【例 2—14】根据《人民币银行结算账户管理办法》的规定，企业支取现金用于工资、奖金发放，只能通过规定的银行账户办理。该银行账户是（　　）。

A. 一般存款账户　　B. 基本存款账户

C. 临时存款账户　　D. 专用存款账户

【解析】B。《人民币银行结算账户管理办法》第三十三条规定，基本存款账户是存款人的主办账户。存款人日常经营活动的资金收付及其工资、奖金和现金的支取，应通过该账户办理。

【例 2—15】存款人需要办理借款转存、借款归还和其他结算的资金收付业务时，可申请开立（　　）。

A. 基本存款账户　　B. 一般存款账户

C. 临时存款账户　　D. 专用存款账户

【解析】B。一般存款账户主要用于办理存款人借款转存、借款归还和其他结算的资金收付。

【例 2—16】（　　）情况下，存款人可以申请开立临时存款账户。

A. 注册验资　　B. 缴纳住房基金

C. 异地临时经营活动　　D. 清算证券交易结算资金

【解析】A、C。根据《人民币银行结算账户管理办法》第十四条规定，有下列情况的，存款人可以申请开立临时存款账户：①设立临时机构；②异地临时经营活动；③注册验资。

（6）异地银行结算账户

1）异地银行结算账户的使用范围。存款人有下列情形之一的，可以在异地开立银行结算账户：①营业执照注册地与经营地不在同一行政区域（跨省、市、县）需要开立基本存款账户的；②办理异地借款和其他结算需要开立一般存款账户的；③存款人因附属的非独立核算单位或派出机构发生的收入汇缴或业务支出需要开立专用存款账户的；④异地临时经营活动需要开立临时存款账户的；⑤自然人根据需要在异地开立个人银行结算账户的。

2）异地银行结算账户的开立要求。存款人需要在异地开立单位银行结算账户，除出具开立基本存款账户、一般存款账户、专用存款账户和临时存款账户规定的有关证明文件外，还应出具下列相应的证明文件：

①经营地与注册地不在同一行政区域的存款人在异地开立基本存款账户的，应出具注册地中国人民银行分支行的未开立基本存款账户的证明。

②异地借款的存款人在异地开立一般存款账户的，应出具在异地取得贷款的借款合同。

③因经营需要在异地办理收入汇缴和业务支出的存款人在异地开立专用存款账户的，应出具隶属单位的证明。

存款人需要在异地开立个人银行结算账户，应出具上述开立个人银行结算账户规定的证明文件。

二、银行结算账户管理的基本原则

根据《账户管理办法》的有关规定，银行结算账户管理应当遵守以下基本原则。

1. 一个基本账户原则

单位银行结算账户的存款人只能在银行开立一个基本存款账户，不能多头开立基本存款账户。

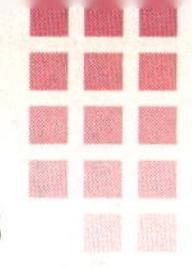

2. 自主选择原则

存款人可以自主选择银行，开立银行结算账户。除国家法律、行政法规和国务院规定外，任何单位和个人不得强令存款人到指定银行开立银行结算账户。

3. 守法合规原则

银行结算账户的开立和使用应当遵守法律、行政法规的规定，不得利用银行结算账户进行偷逃税款、逃避债务、套取现金及从事其他违法犯罪活动。

4. 存款信息保密原则

银行应依法为存款人的银行结算账户信息保密。根据《人民币银行结算账户管理办法》的规定，对单位银行结算账户、个人银行结算账户的存款和有关资料，除国家法律、行政法规另有规定外，银行有权拒绝任何单位或个人查询。

三、银行结算账户的开立、变更与撤销

1. 银行结算账户的开立

存款人应在注册地或住所地开立银行结算账户。符合异地（跨省、市、县）开户条件的，也可以在异地开立银行结算账户。在开立银行结算账户过程中，应当遵循以下程序。

（1）存款人填交开户申请

存款人申请开立银行结算账户时，应填写“开立单位银行结算账户申请书”，并加盖单位公章。存款人有组织机构代码、上级法人或主管单位的，应在“开立单位银行结算账户申请书”上如实填写相关信息。存款人有关联企业的，应填写“关联企业登记表”。申请开立个人银行结算账户时，存款人应填写“开立个人银行结算账户申请书”，并加盖其个人签章。开立银行结算账户时，银行应与存款人签订银行结算账户管理协议，明确双方的权利与义务。

（2）开户银行审查

银行应对存款人开户申请书填写的事项和相关证明文件的真实性、完整性、合规性进行认真审查。符合开立核准类账户条件的，银行应将存款人的开户申请

书、相关证明文件和银行审核意见等开户资料报送中国人民银行当地分支行，经其核准后办理开户手续。需要中国人民银行核准的账户包括基本存款账户、临时存款账户（因注册验资和增资验资开立的除外）、预算单位专用存款账户和合格境外机构投资者在境内从事证券投资开立的人民币特殊账户和人民币结算资金账户（简称 QF Ⅱ专用存款账户）。符合开立一般存款账户、其他专用存款账户和个人银行结算账户条件的，银行应办理开户手续，并于开户之日起 5 个工作日内向中国人民银行当地分支行备案。

（3）核准开户

中国人民银行当地分支行应于 2 个工作日内对开户银行报送的核准类账户开户资料的合规性予以审核，符合开户条件的予以核准，颁发基本（或临时、专用）存款账户开户许可证；不符合开户条件的，应在开户申请书上签署意见，连同有关证明文件一并退回报送银行，由报送银行转送存款人。

开户许可证是中国人民银行依法准予申请人在银行开立核准类银行结算账户的行政许可证件，是核准类银行结算账户合法性的有效证明。开户许可证有正本和副本之分，正本由申请人保管，副本由申请人开户银行留存。开户许可证的记载事项包括“开户许可证”字样、开户许可证编号、开户核准号、中国人民银行当地分支行账户管理专用章、核准日期、存款人名称、存款人的法定代表人或单位负责人姓名、开户银行名称、账户性质、账号。临时存款账户开户许可证还应注明临时存款账户的有效期限。

（4）办理开户手续

银行应建立存款人预留签章卡片，并将签章式样和有关证明文件的原件或复印件留存归档。存款人为单位的，其预留签章为该单位的公章或财务专用章加其法定代表人（单位负责人）或其授权代理人的签名或者盖章。存款人为个人的，其预留签章为个人本名的签名或者盖章。

存款人在申请开立单位银行结算账户时，其申请开立的银行结算账户的账户名称、出具的开户证明文件上记载的存款人名称以及预留银行签章中公章或财务专用章的名称应保持一致，但下列情况除外：

1）因注册验资开立的临时存款账户，其账户名称为工商行政管理部门核发的“企业名称预先核准通知书”或政府有关部门批文中注明的名称，其预留银行签章中公章或财务专用章的名称应是存款人与银行在银行结算账户管理协议中约定的出资人名称。

2）预留银行签章中公章或财务专用章的名称依法可使用简称的，账户名称应与其保持一致。

3）没有字号的个体工商户开立的银行结算账户，其预留签章中公章或财务专用章应是“个体户”字样加营业执照上载明的经营者的签字或盖章。

（5）银行结算账户的使用

存款人开立单位银行结算账户，自正式开立之日起3个工作日后，方可使用该账户办理付款业务，注册验资的临时存款账户转为基本存款账户和因借款转存开立的一般存款账户除外。对于核准类银行结算账户，“正式开立之日”为中国人民银行当地分支行的核准日期；对于非核准类银行结算账户，“正式开立之日”为开户银行为存款人办理开户手续的日期。

银行结算账户的开立流程如图2—2所示。

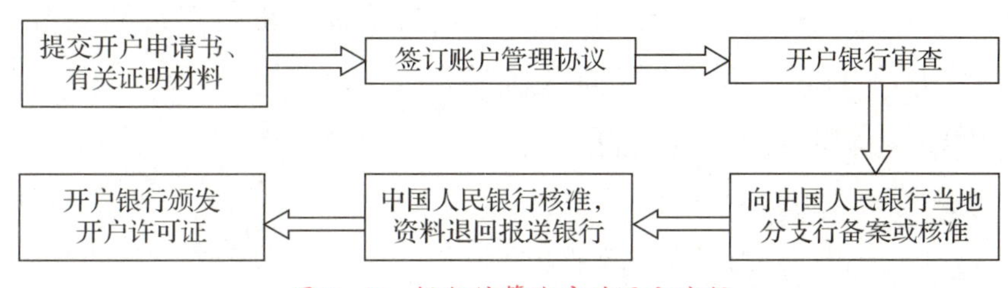

图2—2 银行结算账户的开立流程

2. 银行结算账户的变更

银行结算账户的变更是指存款人的账户信息资料（存款人名称、单位法定代表人或主要负责人、存款人地址及其他开户资料）发生变化。根据账户管理的要求，存款人变更账户信息资料后，应及时向开户银行办理变更手续，填写“变更银行结算账户申请书”。属于申请变更单位银行结算账户的，应加盖单位公章；属于申请变更个人银行结算账户的，应加其个人签章。

存款人更改名称但不改变开户银行及账号的，应于5个工作日内向开户银行提出银行结算账户的变更申请，并出具有关部门的证明文件。

单位的法定代表人或主要负责人、存款人地址及其他开户资料发生变更时，应于5个工作日内书面通知开户银行并提供有关证明。

银行接到存款人有关核准类银行账户的存款人名称、法定代表人或单位负责人的变更申请后，在2个工作日内将存款人的“变更银行结算账户申请书”、开户许可证以及证明文件报送中国人民银行当地分支行。当地分支行对符合变更条件的，核准其变更申请，收回原开户许可证并颁发新的开户许可证；对不符合变更条件的，不核准其变更申请。

3. 银行结算账户的撤销

银行结算账户的撤销是指存款人因开户资格或其他原因终止银行结算账户使用的行为。存款人申请撤销银行结算账户时，应填写“撤销银行结算账户申请书”。属于申请撤销单位银行结算账户的，应加盖单位公章，属于申请撤销个人银行结算账户的，应加其个人签章。银行在收到存款人撤销银行结算账户的申请后，对于符合销户条件的，应在 2 个工作日内办理撤销手续。

存款人撤销银行结算账户，必须与开户银行核对银行结算账户存款余额，交回各种重要空白票据、结算凭证和开户许可证，银行核对无误后方可办理销户手续。

有下列情形之一的，存款人应向开户银行提出撤销银行结算账户的申请：

（1）被撤并、解散、宣告破产或关闭的。

（2）注销、被吊销营业执照的。

（3）因迁址需要变更开户银行的。

（4）其他原因需要撤销银行结算账户的。

存款人有以上第（1）、（2）条情形的，应于 5 个工作日内向开户银行提出撤销银行结算账户的申请。撤销银行结算账户时，应先撤销一般存款账户、专用存款账户、临时存款账户，将账户资金转入基本存款账户后，方可办理基本存款账户的撤销。银行得知存款人有以上第（1）、（2）条情形的，存款人超过规定期限未主动办理撤销银行结算账户手续的，银行有权停止其银行结算账户的对外支付。存款人因以上第（3）、（4）条情形撤销基本存款账户后，需要重新开立基本存款账户的，应在撤销其原基本存款账户后 10 日内申请重新开立基本存款账户。

存款人尚未清偿其开户银行债务的，不得申请撤销该银行结算账户。对于按照账户管理规定应撤销而未办理销户手续的单位银行结算账户，银行应通知该单位银行结算账户的存款人自发出通知之日起 30 日内办理销户手续，逾期视同自愿销户，未划转款项列入久悬未取专户管理。存款人撤销核准类银行结算账户时，应交回开户许可证。

【例 2—17】存款人有下列（　　）情形之一的，应向开户银行提出撤销银行结算账户的申请。

A. 被撤并、解散、宣告破产或关闭的

B. 注销、被吊销营业执照的

C. 因迁址需要变更开户银行的

D. 存款人尚未清偿开户银行债务的

【解析】A、B、C。

【例 2—18】银行对一年内未发生收付活动的单位银行结算账户，应通知单位自发出通知之日起（ ）内办理销户手续，逾期视同自愿销户，未划转款项列入久悬未取账户管理。

A. 60 日　　B. 10 日

C. 30 日　　D. 20 日

【解析】C。

四、违反银行账户管理法律制度的法律责任

1. 对存款人违反银行结算账户管理法律制度的处罚

（1）存款人开立、撤销银行结算账户，如果有下列行为之一的，对于非经营性的存款人给予警告并处以 1 000 元的罚款；对于经营性的存款人给予警告并处以 1 万元以上 3 万元以下的罚款；构成犯罪的，移交司法机关依法追究刑事责任。

1）违反规定开立银行结算账户。

2）伪造、变造证明文件，欺骗银行开立银行结算账户。

3）违反规定不及时撤销银行结算账户。

（2）存款人使用银行结算账户，对于非经营性的存款人有下列第 1）项至第 5）项行为的，给予警告并处以 1 000 元罚款；经营性的存款人有下列第 1）项至第 5）项行为的，给予警告并处以 5 000 元以上 3 万元以下的罚款；存款人有下列第 6）项行为的，给予警告并处以 1 000 元的罚款。

1）违反规定将单位款项转入个人银行结算账户。

2）违反规定支取现金。

3）利用开立银行结算账户逃避银行债务。

4）出租、出借银行结算账户。

5）从基本存款账户之外的银行结算账户转账存入单位信用卡账户或将销货收入、现金存入单位信用卡账户。

6）法定代表人或主要负责人、存款人地址及其他开户资料的变更事项未在规定期限内通知银行。

（3）存款人违反规定，伪造、变造、私自印制开户登记证的，对于非经营性的存款人处以1 000元罚款；对于经营性的存款人处以1万元以上3万元以下的罚款；构成犯罪的，移交司法机关依法追究刑事责任。

【例2—19】下列行为不违反银行结算账户管理法律制度的是（　　）。

A. 出租、出借账户

B. 签发空头支票

C. 收到要求付款的汇票后第二天付款

D. 银行截留客户资金

【解析】C。出租、出借账户，签发空头支票，银行截留客户资金等都是违反银行结算账户管理法律制度的行为。

2. 对开户银行违反银行结算账户管理法律制度的处罚

（1）银行在银行结算账户的开立中，如果有下列行为之一的，给予警告并处以5万元以上30万元以下的罚款；对该银行直接负责的高级管理人员、其他直接负责的主管人员、直接责任人员按规定给予纪律处分；情节严重的，中国人民银行有权停止对其开立基本存款账户的核准，责令该银行停业整顿或者吊销经营金融业务许可证；构成犯罪的，移交司法机关依法追究刑事责任。

1）违反规定为存款人多头开立银行结算账户。

2）明知或应知是单位资金，而允许以自然人名称开立账户存储。

（2）银行在银行结算账户的使用中，如果有下列行为之一的，给予警告并处以5 000元以上3万元以下的罚款；对该银行直接负责的高级管理人员、其他直接负责的主管人员、直接责任人员按规定给予纪律处分；情节严重的，中国人民银行有权停止对其开立基本存款账户的核准；构成犯罪的，移交司法机关依法追究刑事责任。

1）提供虚假开户申请资料，欺骗中国人民银行许可开立基本存款账户、临时存款账户、预算单位专用存款账户。

2）开立或撤销单位银行结算账户时，未按规定在其基本存款账户开户登记证上予以登记、签章或通知相关开户银行。

3）违反规定办理个人银行结算账户转账结算。

4）为储蓄账户办理转账结算。

5）违反规定为存款人支付现金或办理现金存入。

6）超过期限或未向中国人民银行报送账户开立、变更、撤销等资料。

第四节　票据结算方式

一、票据结算概述

1. 票据的概念和种类

票据的概念有广义和狭义之分。广义上的票据包括各种有价证券和凭证，如股票、企业债券、发票、提单等。其中“有价证券”是指设定并证明持券人有权取得一定财产权利的书面凭证。狭义上的票据则仅指我国《票据法》中规定的票据。根据《票据法》的规定，票据是指出票人依法签发的，约定自己或者委托付款人在见票时或指定的日期向收款人或持票人无条件支付一定金额的有价证券。我国《票据法》将票据分为汇票、本票和支票三种。

汇票是指由出票人签发的、委托付款人在见票时或者在指定日期无条件支付确定金额给收款人或者持票人的票据。汇票在出票时有出票人、收款人和付款人三个当事人。出票人是签发汇票的人，收款人是持汇票向付款人请求付款的人，付款人是受出票人的委托向收款人付款的人。我国汇票分为银行汇票和商业汇票。银行汇票是指银行签发的汇票，商业汇票是指银行之外的企事业单位、机关、团体等签发的汇票。

本票是指由出票人签发的、承诺自己在见票时无条件支付确定金额给收款人或者持票人的票据。在我国，本票仅限于银行本票，即银行出票、银行付款。本票在出票时只有出票人和收款人两个当事人。出票人是签发本票并承担付款义务的人，收款人是持本票向出票人请求付款的人。

支票是指由出票人签发的、委托银行或其他法定金融机构在见票时无条件支付一定金额给收款人或者持票人的票据。支票在出票时有出票人、收款人和付款人三个当事人。出票人是签发支票的人，收款人是持支票向付款人请求付款的人，付款人是银行或其他法定金融机构。

2. 票据的特征和功能

（1）票据的特征

1）票据是债券凭证和金钱凭证。票据是以一定金额的金钱给付为目的而创设的证券，在票据上体现的权利性质是财产权而不是其他权利。财产权就是以请求支付一定金钱为内容的权利。

2）票据是设权证券。票据所代表的权利（付款请求权）本来不存在，而是随着票据的制作而产生，即权利的发生是以票据的制作和存在为条件的。

3）票据是文义证券。票据上的一切权利与义务必须严格按照票据记载的文字内容而定，文义之外的任何理由、事项均不得作为主张票据权利的根据，即使文义记载有错，也不得用票据之外的其他证明方法进行变更或者补充。

（2）票据的功能

1）支付功能，体现在票据可以充当支付工具，代替现金使用上。对于当事人来说，用票据支付可以消除现金携带的不便，减少点钞的麻烦，节省计算现金的时间。

2）汇兑功能，体现在票据可以代替货币在不同地方之间运送，方便异地之间的支付上。如果异地之间使用货币进行支付，就需要运送或携带货币，这样不仅费时费力，而且也不安全。如果只拿着一张票据到异地支付，则既安全又方便。

3）信用功能，体现在票据当事人可以凭借自己的信誉，将未来才能获得的金钱作为现在的金钱来使用上。

4）结算功能，即债务抵销功能。简单的结算是互有债务的双方当事人各签发一张本票，待两张本票都到到期日即可互相抵销债务。若有差额，由一方以现金支付。

5）融资功能，即融通资金或调度资金。票据的融资功能是通过票据的贴现、转贴现和再贴现来实现的。

3. 票据行为

票据行为是指能够产生票据权利与义务的法律行为，包括出票、背书、承兑和保证四种。

（1）出票

出票是指出票人签发票据并将其交付给收款人的行为。出票包括两个行为：一是出票人依照《票据法》的规定作成票据，即在原始票据上记载法定事项并签章；二是交付票据，即将作成的票据交付给他人占有，这两者缺一不可。

（2）背书

背书是指收款人或持票人为将票据权利转让给他人或者将一定的票据权利授予他人行使而在票据背面或者粘单上记载有关事项并签章的行为。背书按照目的不同分为转让背书和非转让背书。转让背书是以持票人将票据权利转让给他人为目的的背书，非转让背书是将一定的票据权利授予他人行使的背书，包括委托收款背书和质押背书。无论何种目的，背书人都应当记载背书事项并交付票据。

以背书转让的票据，背书应当连续。背书连续是指在票据转让中，转让票据的背书人与受让票据的被背书人在票据上的签章依次前后衔接，即第一次背书的背书人为票据的收款人，第二次背书的背书人为第一次背书的被背书人，以此类推。

（3）承兑

承兑是指汇票付款人承诺在汇票到期日支付汇票金额并签章的行为。承兑仅适用于商业汇票。

（4）保证

保证是指票据债务人以外的人为担保特定债务人履行票据债务而在票据上记载有关事项并签章的行为。保证适用于汇票和本票，不适用于支票。保证人对合法取得票据的持票人所享有的票据权利承担保证责任。被保证的票据，保证人应当与被保证人对持票人承担连带责任。保证人为两个以上的，保证人之间承担连带责任。票据到期后得不到付款的，持票人有权向保证人请求付款，保证人应当足额付款。保证人清偿票据债务后，可以行使持票人对被保证人及其前手的追索权。

4. 票据当事人

票据当事人也称票据法律关系主体，是指票据法律关系中享有票据权利、承担票据义务的主体。票据当事人可以分为基本当事人和非基本当事人。并非所有的票据当事人一定同时出现在某一张票据上，除基本当事人外，非基本当事人是否出现在票据上完全取决于相应票据行为是否发生。

（1）基本当事人

基本当事人是指在票据作成和交付时就已经存在的当事人，是构成票据法律关系的必要主体，包括出票人、付款人和收款人三种。汇票和支票的基本当事人是出票人、付款人和收款人，本票的基本当事人是出票人和收款人。基本当事人不存在或不完全，票据上的法律关系就不能成立，票据就无效。

1）出票人，即依法定方式签发票据并将票据交付给收款人的人。

2）收款人，即票据到期后有权收取票据所载金额的人，又称票据权利人。

3）付款人，即由出票人委托付款或自行承担付款责任的人。付款人付款后，票据上的一切债务责任解除。

【例 2—20】根据规定，属于票据基本当事人的有（　　）。

A. 付款人　　B. 背书人

C. 承兑人　　D. 保证人

【解析】A。票据基本当事人包括出票人、收款人和付款人。

（2）非基本当事人

非基本当事人是指在票据作成并交付后，通过一定的票据行为加入票据关系而享有一定权利、承担一定义务的当事人，包括承兑人、背书人、被背书人、保证人等。

1）承兑人。承兑人即接受汇票出票人的付款委托，同意承担支付票款义务的人，是汇票的主债务人。

2）背书人与被背书人。背书人是指在转让票据时，在票据背面或粘单上签字或盖章，并将该票据交付给受让人的票据收款人或持有人（称为前手）。被背书人是指被记名受让票据或接受票据转让的人。背书后，被背书人成为票据新的持有人（称为后手），享有票据的所有权利。

3）保证人。保证人即为票据债务提供担保的人，由票据债务人以外的第三人担当。保证人在被保证人不能履行票据付款责任时，以自己的金钱履行票据付款义务，然后取得持票人的权利，向票据债务人追索。

【例 2—21】下列各项中，属于票据当事人的有（　　）。

A. 出票人　　B. 付款人

C. 收款人　　D. 保证人

【解析】A、B、C、D。

5. 票据权利和责任

（1）票据权利的概念和分类

票据权利是指票据持票人向票据债务人请求支付票据金额的权利，包括付款请求权和追索权。

票据付款请求权是指持票人向汇票的承兑人、本票的出票人、支票的付款人出示票据要求付款的权利，是第一顺序权利，又称主票据权利。行使付款请求权的持票人可以是票据记载收款人或最后的被背书人，承担付款请求权付款义务的主要是主债务人。

票据追索权是指票据当事人行使付款请求权遭到拒绝或有其他法定原因存在

时，向其前手请求偿还票据金额及其他法定费用的权利，是第二顺序权利，又称偿还请求权利。行使追索权的当事人除票据记载的收款人和最后被背书人外，还可能是代为清偿票据债务的保证人、背书人。

【例 2—22】票据权利包括（　　）。

A. 姓名权　　B. 付款请求权

C. 收款请求权　　D. 追索权

【解析】B、D。

【例 2—23】下列各项中，可以行使票据追索权的当事人有（　　）。

A. 票据记载的收款人　　B. 代为清偿票据债务的保证人

C. 最后被背书人　　D. 代为清偿票据债务的背书人

【解析】A、B、C、D。

（2）票据权利的取得

从取得方式看，票据权利的取得分为原始取得和继受取得。原始取得是指持票人不经任何其他前手权利人而最初取得票据权利。继受取得是指受让人从有处分权的前手权利人处取得票据权利。通过背书转让、保证、付款等《票据法》规定的转让方式取得票据权利，为《票据法》上的继受取得；通过质押、贴现、继承、赠与、公司合并或分立、清算等方式取得票据权利，为非《票据法》上的继受取得。

票据权利的取得应遵守以下原则：

1）任何人不得对持票人享有的、由出票人给予的票据权利的合法性提出异议。

2）在票据上记名的持票人拥有合法的票据权利，但前提必须是通过连续背书而取得票据。

3）凡是取得票据时是善意或无重大过失的，取得的票据权利就具有合法性。而出于恶意取得票据的，不得享有票据权利。持票人因重大过失取得不符合《票据法》规定的票据的，也不享有票据权利。

4）凡是无对价或不以相当对价取得票据的，所享有的票据权利不得优于其前手。

（3）票据权利的行使与保全

票据权利的行使是指票据债权人请求票据债务人履行其票据债务的行为。票据权利的行使应当在票据债务人的营业场所和营业时间内进行。票据债务人无营业场所的，应当在其住所地进行。票据权利的保全是指票据债权人为防止其票据权利的丧失，依据《票据法》的规定进行票据提示、要求承兑人或付款人提供拒绝承兑或拒绝付款的证明和中断时效的行为。

（4）票据权利时效

票据权利时效是指票据权利在时效期间内不行使，即引起票据权利丧失。票据权利人如果在一定时间内不行使票据权利，票据债务人就可以因票据权利人超过票据权利时效而拒绝履行票据义务。《票据法》规定，票据权利在下列期限内不行使而消灭：

1）持票人对票据的出票人和承兑人的权利自票据到期日起 2 年。见票即付的汇票、本票自出票日起 2 年。

2）持票人对支票出票人的权利，自出票日起 6 个月。

3）持票人对前手的追索权，在被拒绝承兑或者被拒绝付款之日起 6 个月。

4）持票人对前手的再追索权，自清偿日或者被提起诉讼之日起 3 个月。

（5）票据权利丧失补救

票据的丧失是指票据持有人丧失对票据的占有，包括绝对丧失和相对丧失两种。绝对丧失是指票据的灭失，是票据从物质形态上的丧失，如票据被查禁、被毁损等。相对丧失又称票据的遗失，是指持票人非因自己的意志而丧失票据，如票据被盗窃、丢失等。一旦票据丧失特别是相对丧失后，持票人就无从行使票据权利，而且存在着被他人取得票据权利的风险，如支票一旦遗失，就存在着被冒领的风险。为了保护票据权利人的利益，我国法律特别规定了票据丧失的三种补救措施，主要包括挂失止付、公示催告和普通诉讼。

1）挂失止付。挂失止付是指持票人在丧失票据后将票据丧失的情况通告给付款人或代理付款人，由接受通知的付款人或代理付款人审查后暂停支付的一种方式。《票据法》第十五条规定：“票据丧失，失票人可以及时通知票据的付款人挂失止付，但是，未记载付款人或无法确定付款人及其代理付款人的票据除外。收到挂失止付通知的付款人，应当暂停支付。”可以确定付款人及其代理付款人的票据具体包括已承兑的商业汇票、支票、填明“现金”字样和代理付款人的银行汇票，以及填明“现金”字样的银行本票四种。挂失止付并不是票据丧失后采取的必经措施，而只是一种暂时的预防措施，最终要通过申请公示催告或提起普通诉讼来补救票据权利。

2）公示催告。公示催告是指票据丧失后，由失票人向人民法院提出申请，请求人民法院以公告方式通知不确定的利害关系人限期申报权利，逾期未申报者则权利失效，再经法院通过除权判决宣告所丧失的票据无效的一种制度或程序。

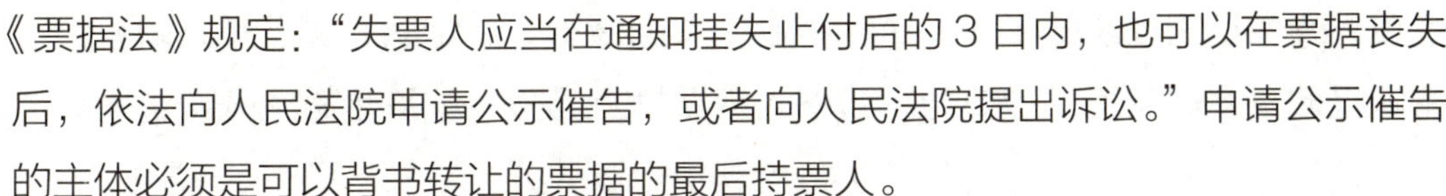

《票据法》规定："失票人应当在通知挂失止付后的3日内，也可以在票据丧失后，依法向人民法院申请公示催告，或者向人民法院提出诉讼。"申请公示催告的主体必须是可以背书转让的票据的最后持票人。

3）普通诉讼。普通诉讼是指以失票人为原告，以承兑人或者出票人为被告，请求人民法院判决其向失票人付款的诉讼活动。如果与票据上的权利有利害关系的人是明确的，无须公示催告，可按一般的票据纠纷向法院提起诉讼。

（6）票据责任

票据责任是指票据债务人向持票人支付票据金额的责任，它是基于债务人特定的票据行为（如出票、背书、承兑等）而应承担的义务，主要包括付款义务和偿还义务。实务中，票据债务人承担票据义务一般有以下四种情况：

1）汇票承兑人因承兑而应承担付款义务。

2）本票出票人因出票而承担自己付款的义务。

3）支票付款人在与出票人有资金关系时承担付款义务。

4）汇票、本票、支票的背书人，汇票、支票的出票人、保证人，在票据不获承兑或不获付款时的付款清偿义务。

【例2—24】甲签发一张汇票给乙，汇票上记载收款人乙、保证人丙等事项。乙在法定时间内向甲提示承兑后将该汇票背书转让给丁。丁又将该汇票背书转让给戊。戊在法定期限内向付款人请求付款，未获付款。根据《票据法》的规定，下列各项中，应承担该汇票责任的有（　　）。

A. 甲　　　　B. 乙

C. 丙　　　　D. 丁

【解析】A、B、C、D。甲、乙、丙、丁分别为汇票的承兑人、背书人、被背书人和保证人，均应承担汇票责任。

6. 票据签章

票据签章是指票据有关当事人在票据上签名、盖章或签名加盖章的行为。票据签章是票据行为生效的重要条件，也是票据行为表现形式中必须记载的事项。如果票据缺少当事人的签章，则该票据或票据行为无效。因票据行为的性质不同，票据上的签章当事人也不相同。票据签发时由出票人签章，票据转让时由背书人签章，票据承兑时由承兑人签章，票据保证时由保证人签章，票据代理时由代理人签章，持票人行使票据权利时由持票人签章。

一般来说，出票人在票据上的签章不符合《票据法》等规定的，票据无效。

承兑人、保证人在票据上的签章不符合《票据法》等规定的，其签章无效，但不影响其他符合规定签章的效力。背书人在票据上的签章不符合《票据法》等规定的，其签章无效，但不影响其前手符合规定签章的效力。

7. 票据记载事项

票据记载事项是指依法在票据上记载票据相关内容的行为。票据记载事项一般分为绝对记载事项、相对记载事项、任意记载事项和非法定记载事项。

（1）绝对记载事项

绝对记载事项是指《票据法》规定必须记载的，如不记载就使得票据无效的事项，如票据种类、票据金额、票据收款人和日期等属于绝对记载事项。

（2）相对记载事项

相对记载事项是指《票据法》规定的应该记载而未记载，但适用法律有关规定而不使票据失效的事项，如《票据法》规定背书由背书人签章并记载背书日期，背书未记载日期的，视为在票据到期日前背书，这里的“背书日期”就属于相对记载事项。

（3）任意记载事项

任意记载事项是指《票据法》规定不强制当事人必须记载而允许当事人自行选择，不记载时不影响票据效力，记载时则产生票据效力的事项，如出票人在汇票上记载“不得转让”字样的，汇票不得转让，其中的“不得转让”事项即为任意记载事项。

（4）非法定记载事项

非法定记载事项是指除了绝对记载事项、相对记载事项和任意记载事项外，票据上还可以记载其他一些事项，但这些事项不具有票据效力，如《票据法》第二十四条规定：“汇票上可以记载本法规定事项以外的其他出票事项，但是该记载事项不具有汇票上的效力。”

二、支票

1. 支票的概念、种类和适用范围

支票是出票人签发的、委托办理支票存款业务的银行或者其他金融机构在见票时无条件支付确定的金额给收款人或持票人的票据。支票的基本当事人包括出票人、付款人和收款人。支票与汇票和本票相比，有两个显著特点，一是以银行

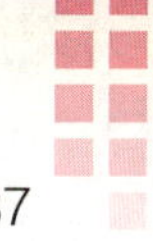

或其他金融机构作为付款人，二是见票即付。

支票按照支付票款方式不同，分为现金支票、转账支票和普通支票。支票可以背书转让，但用于支取现金的支票不能背书转让。

（1）现金支票

支票上印有“现金”字样的为现金支票，现金支票只能用于支取现金。现金支票式样如图 2—3 所示。

中国建设银行
现金支票存根
10501234
01234567
附加信息
出票日期2013年9月2
收款人：辰光家电有限公司
金额：￥2 000.00
用途：备用金
单位主管　会计

中国建设银行 China Construction Bank　现金支票　10501234 01234567
出票日期（大写）贰零壹叁年 玖 月 零贰 日　付款行名称：中国建设银行朝阳支行
收款人：辰光家电有限公司　出票人账号：110010703000590012 34
付款期限自出票之日起十天
人民币（大写）贰仟元整

亿	千	百	十	万	千	百	十	元	角	分
				￥	2	0	0	0	0	0

用途 备用金　密码
上列款项请从
我账户内支付
出票人签章　复核　记账
辰光家电有限公司 财务专用章

图 2—3　现金支票式样

（2）转账支票

支票上印有“转账”字样的为转账支票，转账支票只能用于转账。

（3）普通支票

支票上未印有“现金”或“转账”字样的为普通支票。普通支票可以用于支取现金，也可以用于转账。在普通支票左上角划两条平行线的为划线支票，划线支票只能用于转账，不能支取现金。单位和个人的各种款项结算，均可使用支票。2007 年 7 月 8 日，中国人民银行宣布支票可以实现全国范围内互通使用。

【例 2—25】支票分为现金支票、转账支票和普通支票。现金支票可以用于支取现金，也可以进行转账。转账支票只能用于转账。普通支票可以用于支取现金，也可以用于转账。（　　）

【解析】错。现金支票只能用于支取现金，不能用于转账。

2. 支票的出票

出票人签发支票并交付的行为即为出票。出票人签发支票必须按法定要求记载有关事项。

（1）支票的记载事项

支票记载事项包括绝对记载事项、相对记载事项和非法定记载事项。

1）绝对记载事项包括：①标明“支票”字样；②无条件支付委托；③确定的金额；④付款人名称；⑤出票日期；⑥出票人签章。绝对记载事项是《票据法》规定必填的记载事项，如欠缺某一项记载事项则该票据无效。我国《票据法》和《支付结算办法》规定支票的金额和收款人名称可以由出票人授权补记，未补记前不得背书转让和提示付款。

2）相对记载事项包括：①付款地（如果支票上未记载付款地的，则付款地为付款人的营业场所）；②出票地（支票上未记载出票地的，则出票人的营业场所、住所或者经常居住地为出票地）。相对记载事项是《票据法》规定应当记载而没有记载的事项，如未记载可以通过法律规定进行推定而不会导致票据无效。

3）非法定记载事项包括：①支票的用途；②合同编号；③约定的违约金；④管辖法院等。非法定记载事项并不发生支票上的效力。

【例 2—26】根据《票据法》的规定，支票上可以由出票人授权补记的事项有（　　）。

A. 金额　　B. 收款人名称

C. 付款人名称　　D. 出票日期

【解析】A、B。

（2）出票的效力

出票人作成支票并交付之后，对出票人产生相应的法律效力。依照《票据法》的规定，出票人必须按照签发的支票金额承担保证向该持票人付款的责任。这一责任包括两项：

1）出票人必须在付款人处存有足够可处分的资金，以保证支票票款的支付。

2）当付款人对支票拒绝付款或者超过支票付款提示期限的，出票人应向持票人承担付款责任。

3. 支票的付款

支票的付款是指付款人根据持票人的请求向其支付支票金额的行为。《票据法》第九条规定：“支票限于见票即付，不得另行记载付款日期，另行记载付款日期的，该记载无效。”由于支票属于见票即付的票据，因而没有到期日的规定，支票的出票日实质上就是到期日。

（1）提示付款

支票的持票人应当自出票日起 10 日内提示付款。异地使用的支票，其提示付款的期限由中国人民银行另行规定。超过提示付款期限提示付款的，付款人可

以不予付款，但是付款人不予付款的，出票人仍应当对持票人承担票据责任。

（2）支付票款

出票人必须按照签发的支票金额承担保证向该持票人付款的责任。出票人在付款人处的存款足以支付支票金额时，付款人应当在见票当日足额付款。

（3）付款责任的解除

付款人依法支付支票金额的，对出票人不再承担受委托付款的责任，对持票人不再承担付款的责任，付款人以恶意或者有重大过失付款的除外。

4. 支票的办理要求

（1）签发支票的要求

1）签发支票应当使用碳素墨水或墨汁笔填写，中国人民银行另有规定的除外。

2）签发现金支票和用于支取现金的普通支票，必须符合国家现金管理的规定。

3）支票的出票人签发支票的金额不得超过付款时在付款人处实有的存款金额。禁止签发空头支票。

4）支票的出票人预留银行签章是银行审核支票付款的依据。银行也可以与出票人约定使用支付密码，作为银行审核支付支票金额的条件。

5）支票的出票人不得签发与其预留银行签章不符的支票。使用支付密码的，出票人不得签发支付密码错误的支票。

6）出票人签发空头支票、签章与预留银行签章不符的支票、支付密码错误（使用支付密码的地区）的支票，银行应予以退票，并处以票面金额5%但不低于1 000元的罚款；持票人有权要求出票人赔偿支票金额2%的赔偿金。对屡次签发的，银行应停止其签发支票。

（2）兑付支票的要求

1）持票人可以委托开户银行收款或直接向付款人提示付款。用于支取现金的支票仅限于收款人向付款人提示付款。

2）持票人委托开户银行收款时，应作委托收款背书，在支票背面背书人签章栏签章，记载“委托收款”字样、背书日期，在被背书人栏记载开户银行名称，并将支票和填制的进账单送交开户银行。

3）持票人持用于转账的支票向付款人提示付款时，应在支票背面背书人签章栏签章，并将支票和填制的进账单交送出票人开户银行。

收款人持用于支取现金的支票向付款人提示付款时，应在支票背面“收款人签章”处签章，持票人为个人的还需交验本人身份证件，并在支票背面注明证件名称、号码及发证机关。

三、商业汇票

1. 商业汇票的概念、种类和适用范围

商业汇票是指由出票人签发的委托付款人在指定日期无条件支付确定的金额给收款人或者持票人的票据。商业汇票的付款期限最长不得超过 6 个月。

商业汇票按其承兑人的不同，可以分为商业承兑汇票和银行承兑汇票。商业承兑汇票由银行以外的付款人承兑，银行承兑汇票由银行承兑。商业汇票的付款人为承兑人。商业承兑汇票式样如图 2—4 所示。

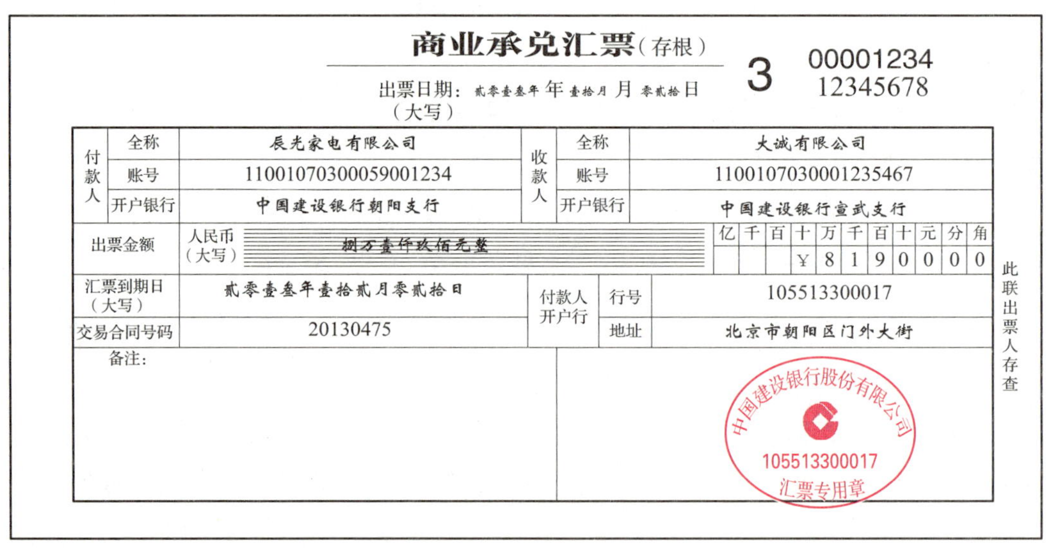

商业承兑汇票（存根） 3 00001234 12345678

出票日期：贰零壹叁年 年 壹拾月 月 零贰拾 日
（大写）

付款人	全称	辰光家电有限公司	收款人	全称	大诚有限公司
	账号	110010703000590012 34		账号	1100107030001235467
	开户银行	中国建设银行朝阳支行		开户银行	中国建设银行宣武支行

出票金额	人民币（大写）	捌万壹仟玖佰元整

亿	千	百	十	万	千	百	十	元	分	角
			¥	8	1	9	0	0	0	0

汇票到期日（大写）	贰零壹叁年壹拾贰月零贰拾日	付款人开户行	行号	105513300017
交易合同号码	20130475		地址	北京市朝阳区门外大街

备注：

中国建设银行股份有限公司 105513300017 汇票专用章

此联出票人存查

图 2—4 商业承兑汇票式样

在银行开立存款账户的法人以及其他组织之间，必须具有真实的交易关系或债权债务关系，才能使用商业汇票。出票人不得签发无对价的商业汇票用以骗取银行或者其他票据当事人的资金。

【例 2—27】下列各项中，不符合《票据法》规定的是（　　）。

A. 商业承兑汇票属于商业汇票

B. 商业承兑汇票的承兑人是银行以外的付款人

C. 银行承兑汇票属于商业汇票

D. 银行承兑汇票属于银行汇票

【解析】D。

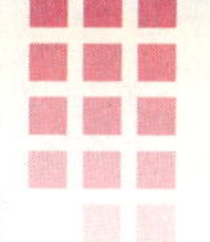

2. 商业汇票的出票

（1）出票人的确定

商业汇票的出票人是在银行开立存款账户的法人以及其他组织，与付款人具有真实的委托付款关系，具有支付汇票金额的可靠资金来源。

（2）商业汇票的绝对记载事项

签发商业汇票必须记载下列事项：①标明“商业承兑汇票”或“银行承兑汇票”的字样；②无条件支付的委托；③确定的金额；④付款人名称；⑤收款人名称；⑥出票日期；⑦出票人签章。欠缺记载上列事项之一的，商业汇票无效。

（3）商业汇票的相对记载事项

签发商业汇票的相对记载事项主要包括付款日期（未记载付款日期的，视为见票即付）、付款地（未记载付款地的，付款人的营业场所、住所或者经常居住地为付款地）、出票地（未记载出票地的，出票人的营业场所、住所或者经营居住地为出票地）。相对记载事项未在汇票上记载，并不影响汇票本身的效力，汇票仍然有效。

此外，汇票上可以记载非法定记载事项，如签发票据的原因或用途、该票据项下交易的合同号码等，但这些事项不具有汇票上的效力。

（4）出票的效力

出票是以创设票据权利为目的的票据行为。出票人依照《票据法》的规定完成出票行为之后即产生票据上的效力，这一效力表现为创设票据权利和引起票据债务的发生，这种权利义务因汇票当事人的地位不同而不相同。

1）对收款人的效力。收款人取得出票人发出的汇票后，即取得票据权利，一方面就票据金额享有付款请求权，另一方面，在该请求权不能满足时，即享有追索权。

2）对付款人的效力。出票行为是单方行为，付款人并不因此而有付款义务，只是基于出票人的付款委托使其具有承兑人的地位，在付款人对汇票进行承兑后，即成为汇票上的主债务人。

3）对出票人的效力。出票人委托他人付款，一旦该行为成立，就必须保证该付款能得以实现。如果付款人不予付款，出票人就应该承担票据责任。

3. 商业汇票的承兑

承兑是指汇票付款人承诺在汇票到期日支付汇票金额的票据行为。需要注意的是，商业承兑汇票可以由付款人签发并承兑，也可以由收款人签发交由付款人承兑。

（1）承兑的程序

1）提示承兑。定日付款或者出票后定期付款的商业汇票，持票人应当在汇票到期日前向付款人提示承兑。见票后定期付款的汇票，持票人应当自出票日起1个月内向付款人提示承兑。汇票未按照规定期限提示承兑的，持票人丧失对其前手的追索权。见票即付的汇票无须提示承兑。

2）承兑成立。承兑成立需注意处理以下实务：

①承兑时间。持票人向付款人提示承兑后，付款人应当自收到提示承兑的汇票之日起3日内承兑或者拒绝承兑。如果付款人在3日内不作承兑与否表示的，则视为拒绝承兑。持票人可以请求其作出拒绝承兑证明，向其前手行使追索权。

②接受承兑。接受承兑是指持票人向付款人提示承兑时，付款人需要向持票人办理的收取汇票的手续。付款人收到持票人提示承兑的汇票时，应当向持票人签发收到汇票的回单。回单上应当记明汇票提示承兑日期并签章。回单是付款人向持票人出具的已收到请求承兑汇票的证明。

③承兑的样式。付款人承兑汇票，应在汇票正面记载“承兑”字样和承兑日期并签章。见票后定期付款的汇票，应当在承兑时记载付款日期。汇票上未记载承兑日期的，以3天承兑期的最后一日为承兑日期。以上记载事项必须记载于汇票正面。

④退回已承兑的汇票。付款人依承兑格式填写完毕应记载事项后，并不意味着承兑生效，只有在其将已承兑的汇票退回持票人后才产生承兑的效力。

（2）承兑的效力

承兑生效后即对付款人产生相应的效力。承兑生效需要注意以下几点：

1）承兑人于汇票到期日必须向持票人无条件地支付汇票上的金额，否则其必须承担迟延付款的责任。

2）承兑人必须对汇票上的一切权利人承担责任，权利人包括付款请求权人和追索权人。

3）承兑人不得以其与出票人之间的资金关系对抗持票人，拒绝支付汇票金额。

4）承兑人的票据责任不因持票人未在法定期限提示付款而解除。

（3）承兑不得附有条件

付款人承兑商业汇票不得附有条件，承兑附有条件的视为拒绝承兑。银行承兑汇票的承兑银行，应按票面金额向出票人收取万分之五的手续费。

4. 商业汇票的付款

商业汇票的付款是指付款人依据票据文义支付票据金额以消灭票据关系的行为。

（1）提示付款

提示付款是指持票人向付款人或承兑人出示票据请求付款的行为。持票人应在提示付款期限内通过开户银行委托收款或直接向付款人提示付款，持票人只有在法定期限内为付款提示才产生法律效力。持票人应当按照下列期限提示付款：

1）见票即付的汇票，自出票日起 1 个月内向付款人提示付款。

2）定日付款、出票后定期付款或者见票后定期付款的汇票，自到期日起 10 日内向承兑人提示付款。

持票人未按照上述规定期限提示付款的，在做出说明后，承兑人或者付款人仍应当继续对持票人承担付款责任。

（2）支付票款

持票人向付款人或承兑人提示付款，付款人或承兑人依法审查无误后，必须无条件地在当日按票据金额足额支付给持票人，否则应承担迟延付款的责任。

1）商业承兑汇票的付款。商业承兑汇票的付款人开户银行收到通过委托收款寄来的商业承兑汇票，应将商业承兑汇票留存并及时通知付款人。付款人收到开户银行的付款通知，应在当日通知银行付款。付款人在接到通知日的次日起 3 日内（遇法定休假日顺延，下同）未通知银行付款的，视同付款人承诺付款。银行应于付款人接到通知日的次日起第 4 日（法定休假日顺延，下同）上午开始营业时，将票款划给持票人。付款人提前收到由其承兑的商业汇票，应通知银行于汇票到期日付款，银行应于汇票到期日将票款划给持票人。

付款人存在合法抗辩事由拒绝支付的，应自接到通知日的次日起 3 日内，做出拒绝付款证明送交开户银行，银行将拒绝付款证明和商业承兑汇票邮寄给持票人开户银行转交持票人。

2）银行承兑汇票的付款。银行承兑汇票的出票人应于汇票到期前将票款足额交存其开户银行。承兑银行应在汇票到期日或到期日后的见票当日支付票款。承兑银行存在合法抗辩事项拒绝支付的，应自接到商业汇票的次日起3日内，作成拒绝付款证明，连同银行承兑汇票邮寄给持票人开户银行转交持票人。

银行承兑汇票的出票人于汇票到期日未能足额交存票款时，承兑银行除凭票向持票人无条件付款外，对出票人尚未支付的汇票金额按照每天万分之五计收利息。

（3）付款的效力

付款人依法足额付款后，全体汇票债务人的责任解除。

5. 商业汇票的背书

商业汇票的背书是指持票人以转让商业汇票权利或将一定的商业汇票权利授予他人行使为目的，按照法定的事项和方法在商业汇票背面或者粘单上记载有关事项并签章的票据行为。

若出票人在汇票上记载“不得转让”字样，则汇票不得转让。被拒绝承兑、被拒绝付款或者超过付款提示期限三种情形下的汇票，不得背书转让。背书转让的，背书人应当承担汇票责任。背书人通过背书转让汇票后，即承担保证其后手所持汇票承兑和付款的责任。背书人在汇票得不到承兑或者付款时，应当向持票人清偿法律规定的金额和费用。

6. 商业汇票的保证

票据保证的作用在于加强持票人票据权利的实现，确保票据付款义务的履行，促进票据流通。

（1）保证的当事人

保证的当事人为保证人与被保证人。商业汇票的债务可由保证人承担保证责任。保证人是指票据债务人以外的，为票据债务的履行提供担保而参与票据关系中的第三人。商业汇票债务人一旦由他人为其提供保证，在保证关系中被称为被保证人。

（2）保证的格式

办理保证手续时，保证人必须在汇票或粘单上记载下列事项：①标明“保证”的字样；②保证人名称和住所；③被保证人的名称；④保证日期；⑤保证人签章。

票据保证记载的事项有绝对记载事项和相对记载事项。绝对记载事项包括保证文句和保证人签章，相对记载事项包括被保证人的名称、保证日期和保证人住所。

《票据法》第四十八条规定：“保证不得附有条件；附有条件的，不影响对汇票的保证责任。”这表明，保证不得附加任何条件。如果保证附有条件的，所附条件无效，保证本身仍然具有效力，保证人应向持票人承担保证责任。

（3）保证的效力

保证一旦成立，即在保证人与被保证人之间产生法律效力，保证人必须对保证行为承担相应的责任。

1）保证人的责任。保证人对合法取得汇票的持票人所享有的汇票权利，承担保证责任，被保证人的债务因汇票记载事项欠缺而无效的除外。被保证的汇票，保证人应当与被保证人对持票人承担连带责任。汇票到期后得不到付款的，持票人有权向保证人请求付款，保证人应当足额付款。

2）共同保证人的责任。共同保证是指保证人为两人以上的保证。保证人为两人以上的，保证人之间承担连带责任。也就是说，在共同保证的情况下，持票人可以不分先后向保证人中的一人或者数人或者全体，就全部票据金额及有关费用行使票据权利，共同保证人不得拒绝。

3）保证人的追索权。保证人在向持票人清偿债务后，可以行使持票人对被保证人及其前手的追索权。

四、银行汇票

1. 银行汇票的概念和适用范围

银行汇票是由出票银行签发的，在见票时按照实际结算金额无条件支付给收款人或持票人的票据。

单位和个人在异地、同城或同一票据交换区域的各种款项结算，均可使用银行汇票。银行汇票有使用灵活、兑现性强等特点，适用于先收款后发货或钱货两清的商品交易。

2. 银行汇票的记载事项

签发银行汇票必须记载下列事项：①标明“银行汇票”的字样；②无条件支付的承诺；③确定的金额；④付款人名称；⑤收款人名称；⑥出票日期；⑦出票人签章。汇票上未记载上述事项之一的，汇票无效。

【例 2—28】下列事项中，不属于银行汇票上必须记载的事项是（　　）。

A. 无条件支付的承诺　　B. 付款日期

C. 确定的金额　　D. 付款人名称

【解析】B。

3. 银行汇票的基本规定

（1）银行汇票可以用于转账，标明“现金”字样的银行汇票也可以提取现金。

（2）银行汇票的付款人为银行汇票的出票银行，银行汇票的付款地为代理付款人或出票人所在地。

（3）银行汇票的出票人在票据上的签章，应为经中国人民银行批准使用的该银行汇票专用章加其法定代表人或其授权经办人的签名或者盖章。

（4）银行汇票的提示付款期限是自出票日起 1 个月内。持票人超过付款期限提示付款的，代理付款人（银行）不予受理。

（5）银行汇票可以背书转让，但标明“现金”字样的银行汇票不得背书转让。银行汇票的背书转让以不超过出票金额的实际结算金额为准。未填写实际结算金额或实际结算金额超过出票金额的银行汇票不得背书转让。

（6）标明“现金”字样和代理付款人的银行汇票丧失，可以由失票人通知付款人或者代理付款人挂失止付。

（7）银行汇票丧失，失票人可以凭人民法院出具的其享有票据权利的证明向出票银行请求付款或退款。

4. 申办银行汇票的基本程序和规定

（1）申请人使用银行汇票，应向出票银行填写“银行汇票申请书”，在“银行汇票申请书”上逐项填明收款人名称、汇票金额、申请人名称、申请日期等事项并签章，签章为其预留银行的签章。申请人或收款人为单位的，不得在“银行汇票申请书”上填明“现金”字样。

（2）出票银行受理“银行汇票申请书”，收妥款项后签发银行汇票，并用压数机压印出票金额，将银行汇票和解讫通知一并交给申请人。

（3）签发转账银行汇票，不得填写代理付款人名称，由中国人民银行代理兑付银行汇票的商业银行向设有分支机构地区签发转账银行汇票的除外。申请人或者收款人为单位的，银行不得为其签发现金银行汇票。

（4）申请人应将银行汇票和解讫通知一并交付给汇票上记明的收款人。

（5）银行汇票的实际结算金额低于出票金额的，其多余金额由出票银行退交申请人。

（6）申请人因银行汇票超过付款提示期限或其他原因要求退款时，应将银行汇票和解讫通知同时提交到出票银行。申请人为单位的应出具该单位的证明，申请人为个人的应出具本人的身份证件。申请人缺少解讫通知要求退款的，出票银行应于银行汇票提示付款期满1个月后办理。

5. 兑付银行汇票的基本程序和规定

（1）收款人受理银行汇票

收款人受理银行汇票时，应审查下列事项：①银行汇票和解讫通知是否齐全，汇票号码的记载内容是否一致；②收款人是否确为本单位或本人；③银行汇票是否在提示付款期限内；④必须记载的事项是否齐全；⑤出票人签章是否符合规定，是否有压数机压印的出票金额，是否与大写出票金额一致；⑥出票金额、出票日期、收款人名称是否更改，更改的其他记载事项是否由原记载人签章证明。

被背书人受理银行汇票时，除按照规定审查收款人应审查的六大事项外，还应审查以下事项：①银行汇票是否记载实际结算金额，有无更改，其金额是否超过出票金额；②背书是否连续，背书人签章是否符合规定，背书使用粘单的是否按规定签章；③背书人为个人的，应验证其个人身份证件。

（2）办理银行汇票结算

收款人对申请人交付的银行汇票审查无误后，应根据实际需要的款项办理结算，并将实际结算金额和多余金额准确、清晰地填入银行汇票和解讫通知的有关栏内。未填明实际结算金额和多余金额或实际结算金额超过出票金额的，银行不予受理。银行汇票的实际结算金额已经填写不得更改，更改实际结算金额的银行汇票无效。

（3）银行汇票提示付款

持票人向银行提示付款时，必须同时提交银行汇票和解讫通知，缺少任何一联，银行不予受理。在银行开立存款账户的持票人向开户银行提示付款时，应在银行汇票背面“持票人向银行提示付款签章”处签章，签章必须与预留银行签章相同，并将银行汇票和解讫通知、进账单送交开户银行，银行审查无误后办理转账。

（4）银行汇票请求付款

持票人超过提示付款期限向代理付款银行提示付款不获付款的，必须在票据权利时效内向出票银行做出说明，提供本人身份证件或单位证明，持银行汇票和解讫通知向出票银行请求付款。

五、银行本票

1. 银行本票的概念和适用范围

银行本票是出票人签发的、承诺自己在见票时无条件支付确定的金额给收款人或者持票人的票据。银行本票按照其金额是否固定可分为不定额银行本票和定额银行本票两种。不定额银行本票是指凭证上金额栏是空白的，签发时根据实际需要填写金额（起点金额为 5 000 元），并用压数机压印金额的银行本票。定额银行本票是指凭证上预先印有固定面额（1 000 元、5 000 元、10 000 元或 50 000 元）的银行本票。不定额银行本票式样如图 2—5 所示。

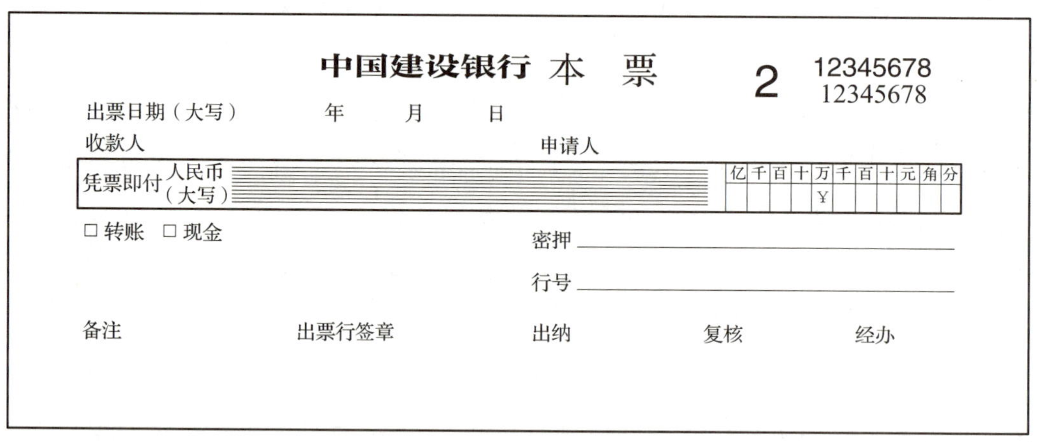

中国建设银行　本　票　　2　12345678
12345678

出票日期（大写）　年　月　日

收款人　　申请人

凭票即付	人民币（大写）	亿	千	百	十	万	千	百	十	元	角	分
						¥						

□转账　□现金　　密押

行号

备注　出票行签章　出纳　复核　经办

图 2—5　不定额银行本票式样

单位和个人在同一票据交换区域需要支付的各种款项，均可使用银行本票。银行本票可用于转账，标明“现金”字样的银行本票也可用于支取现金。

2. 银行本票的记载事项

银行本票必须记载下列事项：①标明“银行本票”的字样；②无条件支付的承诺；③确定的金额；④收款人名称；⑤出票日期；⑥出票人签章。欠缺记载上述六项内容之一的，银行本票无效。申请人或收款人为单位的，不得申请签发现金银行本票。

3. 银行本票的提示付款期限

银行本票的提示付款期限自出票日起最长不得超过 2 个月。持票人超过付款期限提示付款的，代理付款人不予受理。本票的持票人未按照规定期限提示见票的，丧失对出票人以外的前手的追索权。

第五节 银 行 卡

一、银行卡的概念和分类

1. 银行卡的概念

银行卡是指经批准由商业银行（含邮政金融机构）向社会发行的具有消费信用、转账结算、存取现金等全部或部分功能的信用支付工具。

银行卡作为支付工具的一种，具有使用方便、集多功能于一体的特点。近年来，我国银行卡的使用量越来越大。目前，借记卡（没有透支功能的银行卡）在我国已广泛使用，随着社会信用程度逐渐提高，贷记卡（具有透支功能的银行卡）的使用也呈上升趋势。

2. 银行卡的分类

按不同的标准，可以对银行卡进行不同的分类。

（1）按发行主体是否在境内划分

银行卡按发行主体是否在境内划分，可分为境内卡和境外卡。境内卡是指由境内商业银行发行的，既可以在境内使用，也可以在境外使用的银行卡。境外卡是指由境外设立的外资金融机构或外资非金融机构发行的，可以在境内使用的银行卡。

（2）按是否给予持卡人授信额度划分

银行卡按是否给予持卡人授信额度划分，可分为信用卡和借记卡。前者具有透支功能，后者则不具备。

1）信用卡按是否向发卡银行交存备用金划分，可分为贷记卡和准贷记卡。

贷记卡是指发卡银行给予持卡人一定的信用额度，持卡人可在信用额度内先消费、后还款的信用卡。准贷记卡是指持卡人先按银行要求交存一定金额的备用金，当备用金账户余额不足支付时，可在发卡银行规定的信用额度内透支的信用卡。

2）借记卡按功能不同可分为转账卡（含储蓄卡）、专用卡和储值卡。转账卡是实时扣款的借记卡，具有转账结算、存取现金和消费功能。专用卡是在特定区域、专用用途（是指百货、餐饮、娱乐行业以外的用途）使用的借记卡，具有转账结算、存取现金的功能。储值卡是发卡银行根据持卡人要求将资金转至卡内储存，交易时直接从卡内扣款的借记卡。

（3）按账户币种的不同划分

银行卡按账户币种不同划分，可分为人民币卡、外币卡和双币种卡。人民币卡是指存款、信用额度均为人民币，并且应当以人民币偿还的银行卡。外币卡是指存款、信用额度均为外币，并且应当以外币偿还的银行卡。双币种卡是指存款、信用额度可使用人民币和外币的银行卡。

（4）按信息载体不同划分

银行卡按信息载体不同划分，可分为磁条卡和芯片（IC）卡。磁条卡是以液体磁性材料或磁条为信息载体，将液体磁性材料涂覆在卡片上（如存折）或将宽 6 ～ 14 mm 的磁条压贴在卡片上（如常见的银联卡）的银行卡，它通过磁性载体记录英文与数字信息，用来标识身份或其他用途。芯片卡即 IC 卡，是以芯片作为交易介质的银行卡，分为纯芯片卡和磁条芯片复合卡。芯片卡容量大，其工作原理类似于微型计算机，能够同时具备多种功能。

（5）按发行对象的不同划分

银行卡按发行对象不同划分，可分为个人卡和单位卡（商务卡）。个人卡是指发卡银行向个人发行的银行卡。单位卡是指发卡银行向企业、机关、事业单位和社会团体签发的，并由法人授权特定人使用的银行卡。

二、银行卡账户与交易

1. 银行卡交易的基本规定

（1）单位人民币卡可办理商品交易和劳务供应款项的结算，但不得透支。单位卡不得支取现金。

（2）发卡银行对贷记卡的取现应当每笔授权，每卡每日累计取现不得超过限定额度。

（3）发卡银行应当依照法律规定遵守信用卡业务风险控制指标。

（4）准贷记卡的透支期限最长为 60 天。贷记卡的首月最低还款额不得低于其当月透支余额的 10%。

（5）发卡银行通过下列途径追偿透支款项和诈骗款项：①扣减持卡人保证金、依法处理抵押物和质押物；②向保证人追索透支款项；③通过司法机关的诉讼程序进行追偿。

2. 银行卡的资金来源

单位卡账户的资金一律从其基本存款账户转账存入，不得交存现金，不得将销货收入的款项存入其账户。

个人卡在使用过程中需要向其账户续存资金的，只限于其持有的现金存入、工资性款项以及属于个人的劳务报酬收入转账存入。严禁将单位的款项存入个人卡账户。

3. 银行卡计息和收费

（1）计息

1）发卡银行对准贷记卡及借记卡（不含储值卡）账户内的存款，按照中国人民银行规定的同期同档次存款利率及计息办法计付利息。

2）发卡银行对贷记卡账户的存款、储值卡（含 IC 卡的电子钱包）内的币值不计付利息。

3）贷记卡持卡人非现金交易享受如下优惠条件：

①免息还款期待遇。银行记账日至发卡银行规定的到期还款日之间为免息还款期，免息还款期最长为 60 天。持卡人在到期还款日前偿还所使用全部银行款项即可享受免息还款期待遇，无须支付非现金交易的利息。

②最低还款额待遇。持卡人在到期还款日前偿还所使用全部银行款项有困难的，可按照发卡银行规定的最低还款额还款。

贷记卡持卡人选择最低还款额方式或超过发卡银行批准的信用额度用卡时，不再享受免息还款期待遇，而应当支付未偿还部分自银行记账日起按规定利率计算的透支利息。贷记卡持卡人支取现金、准贷记卡透支，不享受免息还款期和最低还款额待遇，应当支付现金交易额或透支额自银行记账日起按规定利率计算的透支利息。贷记卡透支按月计收复利，准贷记卡透支按月计收单利，透支利率为日利率的0.05%，并根据中国人民银行的此项利率调整而调整。

【例 2—29】根据《银行卡业务管理办法》的规定，发卡银行对（　　）银行卡账户内的存款，不计付利息。

A. 准贷记卡　　B. 借记卡

C. 贷记卡　　D. 储值卡内的币值

【解析】C、D。发卡银行对准贷记卡和借记卡（不含储值卡）账户内存款计付利息，对贷记卡、储值卡内的币值不计付利息。

（2）收费

收费是指商业银行办理银行卡收单业务向商户收取结算手续费。

银行卡收单业务是指签约商业银行向商户提供的本、外币资金结算服务。

（3）违约金和服务费用

对信用卡持卡人违约逾期未还款的行为，发卡机构应与持卡人通过协议约定是否收取违约金及相关收取方式和标准。发卡机构对向持卡人收取的违约金和年费、取现手续费、货币兑换费等服务费用不得计收利息。

（4）信用卡预借现金业务

信用卡预借现金业务包括现金提取、现金转账和现金充值。持卡人通过自助存取款机办理现金提取业务，每卡每日累计不得超过人民币1万元（银行有特殊规定的除外）。

（5）非本人授权交易的处理

持卡人提出伪卡交易和账户盗用等非本人授权交易时，发卡机构应及时引导持卡人留存证据，按照相关规则进行差错争议处理，并定期向持卡人反馈处理进度。

4. 银行卡申领、注销和挂失

（1）银行卡的申领

单位或个人申领信用卡应按规定填制申请表，连同有关资料一并送交发卡银行。发卡银行可根据申请人的资信程度，要求其提供担保。担保的方式有保证、抵押和质押三种。单位或个人申领银行卡的相关规定见表 2—1。

表 2—1 银行卡的申领规定

类别	申领	规定
单位卡	凡在中国境内金融机构开立基本存款账户的单位，可凭中国人民银行核发的开户许可证申领单位卡	可认领若干张，持卡人资格由申领单位法定代表人或其委托的代理人书面指定和注销
个人卡	凡具有完全民事行为能力的公民，可凭本人有效身份证件及发卡银行规定的相关证明文件申领个人卡	个人卡的主卡持卡人可为其配偶及年满18周岁的亲属申领附属卡，申领的附属卡最多不得超过两张，也有权要求注销其附属卡

注：①银行卡及其账户只限经发卡银行批准的持卡人本人使用，不得出租和转借；
②严禁将单位的款项转入个人卡账户存储。

（2）银行卡的注销

持卡人在还清全部交易款项、透支本息和有关费用后，可申请办理销户。

信用卡持卡人还清透支本息后，属于下列情况之一的，可申请办理销户：

1）信用卡有效期满45天后，持卡人不更换新卡的。

2）信用卡挂失满45天后，没有附属卡又不更换新卡的。

3）信用卡被列入止付名单，发卡银行已收回其信用卡45天的。

4）持卡人死亡，发卡银行已收回其信用卡45天的。

5）持卡人要求销户或担保人撤销担保，并已交回全部信用卡45天的。

6）信用卡账户两年（含）以上未发生交易的。

7）持卡人违反其他规定，发卡银行认为应该取消资格的。

发卡机构调整信用卡利率标准的，应至少提前45天通知持卡人。持卡人有权在新利率标准生效之日前选择销户，并按照已签订的协议偿还相关款项。

发卡银行办理销户应当收回信用卡，有效信用卡无法收回的，应当将其止付。

（3）销户时账户余额的处理

销户时，单位卡账户余额转入其基本存款账户，不得提取现金。个人卡账户可以转账结清，也可以提取现金。

（4）银行卡的挂失

持卡人丧失银行卡，应立即持本人身份证件或其他有效证明，并按规定提供有关情况，向发卡银行或代办银行申请挂失。

第六节 其他结算方式

一、汇兑

1. 汇兑的概念和分类

汇兑是指汇款人委托银行将其款项支付给收款人的结算方式。汇兑结算适用于各种经济内容的异地提现和结算。单位和个人各种款项的结算，均可使用汇兑结算方式。

汇兑根据划转款项方法的不同以及传递方式的不同可以分为电汇和信汇两种，汇款人可自行选择汇兑的方式。

（1）电汇

电汇是汇款人将一定款项交存汇款银行，汇款银行通过电报或电传传给目的地的分行或代理行（汇入行），指示汇入行向收款人支付一定金额的一种汇款方式。

（2）信汇

信汇是汇款人向银行提出申请，同时交存一定金额及手续费，汇出行将信汇委托书以邮寄方式寄给汇入行，授权汇入行向收款人解付一定金额的一种汇兑结算方式。

在这两种汇兑结算方式中，信汇费用较低，但速度相对较慢，而电汇具有速度快的优点，但汇款人要负担较高的电报、电传费用，因而通常只在紧急情况下或者金额较大时适用。另外，为了确保电报的真实性，汇出行必须在电报上加注双方约定的密码，而信汇则无须加密码，签字即可。

汇兑结算适用于各种经济内容的异地提现和结算，可以广泛用于企业向外地的单位、个体工商户和个人支付各种款项。

2. 办理汇兑的程序

（1）签发汇兑凭证

签发汇兑凭证必须记载下列事项：①标明“信汇”或“电汇”的字样；②无

条件支付的委托；③确定的金额；④收款人名称；⑤汇款人名称；⑥汇入地点、汇入行名称；⑦汇出地点、汇出行名称；⑧委托日期；⑨汇款人签章。汇兑凭证上欠缺上述记载事项之一的，银行不予受理。

需要注意的是，汇兑凭证记载的汇款人名称、收款人名称，其在银行开立存款账户的，必须记载其账号。委托日期是指汇款人向汇出银行提交汇兑凭证的当日。

汇兑凭证上记载收款人为个人的，收款人需要到汇入银行领取汇款，汇款人应在汇兑凭证上注明“留行待取”字样。留行待取的汇款，需要指定单位的收款人领取汇款的，应注明收款人的单位名称。信汇凭收款人签章支取的，应在信汇凭证上预留其签章。如果汇款人确定不得转汇的，应在汇兑凭证备注栏注明“不得转汇”字样。电汇凭证式样如图 2—6 所示。

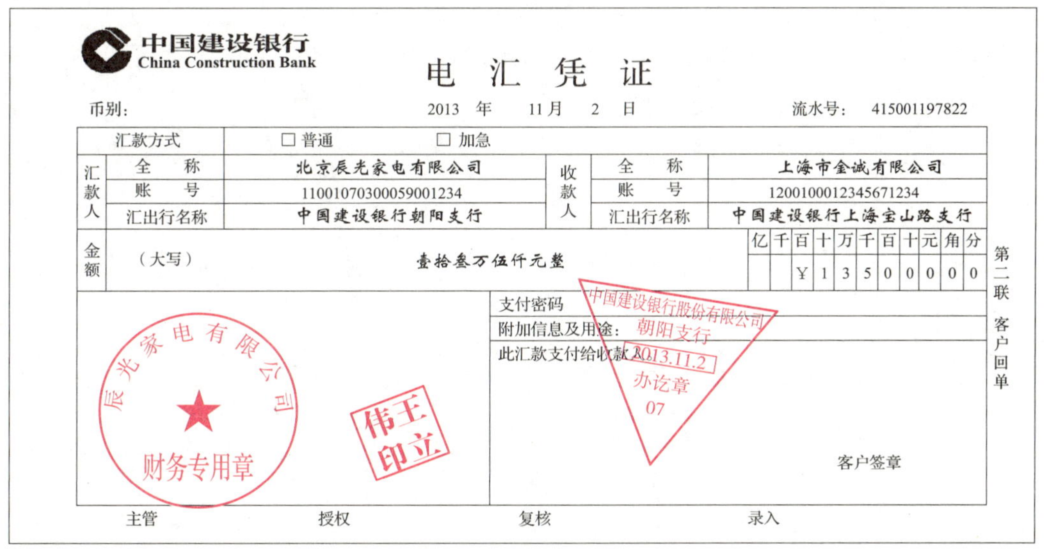

中国建设银行 China Construction Bank

电 汇 凭 证

币别： 2013 年 11月 2 日 流水号： 415001197822

汇款方式	□普通 □加急			
汇款人	全称	北京辰光家电有限公司	收款人 全称	上海市金诚有限公司
	账号	11001070300059001234	账号	1200100012345671234
	汇出行名称	中国建设银行朝阳支行	汇出行名称	中国建设银行上海宝山路支行
金额	（大写）	壹拾叁万伍仟元整	亿千百十万千百十元角分	¥ 1 3 5 0 0 0 0 0

支付密码

附加信息及用途：

此汇款支付给收款人。

客户签章

主管 授权 复核 录入

第二联 客户回单

图 2—6 电汇凭证式样

（2）银行受理

汇出银行受理汇款人签发的汇兑凭证，应按规定进行审查。审查的内容包括信、电汇凭证填写的各项内容是否齐全、正确，汇款人账户内是否有足够支付的存款余额，汇款人盖的印章是否与预留银行印鉴相符等。汇出银行经审查无误后应及时向汇入银行办理汇款，并向汇款人签发汇款回单。汇款回单只能作为汇出银行受理汇款的依据，不能作为该笔汇款已转入收款人账户的证明。

（3）汇入处理

汇入银行对开立存款账户的收款人，应将汇入款直接转入收款人账户，并向其发出收账通知。收账通知是银行将款项确已收入收款人账户的凭据。

需要在汇入银行支取现金的，信、电汇凭证上必须有按规定标明的“现金”字样才能办理。未标明“现金”字样需要支取现金的，由汇入银行按照国家现金管理规定审查支付。

3. 汇兑的撤销和退汇

（1）汇兑的撤销

汇款人对汇出银行尚未汇出的款项可以向汇出银行申请撤销。申请撤销时，汇款人应出具正式函件或本人身份证件及原信、电汇回单。汇出银行只有在查明确实未汇出款项，并收回原信、电汇回单时，方可办理撤销手续。转汇银行不得受理汇款人或汇出银行对汇款的撤销。

（2）汇兑的退汇

汇款人对汇出银行已经汇出的款项可以申请退汇。对在汇入银行开立存款账户的收款人，由汇款人与收款人自行联系退汇。如果汇款人与收款人不能达成一致的退汇意见，则不能办理退汇。

汇入银行对于收款人拒绝接受的汇款，应立即办理退汇。汇入银行对于向收款人发出取款通知，经过 2 个月无法交付的汇款，应主动办理退汇。

【例 2—30】根据支付结算法律制度的规定，下列有关汇兑的表述中，不正确的是（　　）。

A. 汇兑分为信汇和电汇两种

B. 汇兑每笔金额起点是 1 万元

C. 汇兑适用于单位和个人各种款项的结算

D. 汇兑是汇款人委托银行将其款项支付给收款人的结算方式

【解析】B。汇兑不受金额起点的限制。

二、委托收款

1. 委托收款的概念

委托收款是指收款人委托银行向付款人收取款项的结算方式。单位和个人凭已承兑商业汇票、债券、存单等付款人债务证明办理款项的结算，均可使用委托收款结算方式。

委托收款在同城、异地均可以使用。按结算款项的划回方式，可以分为邮寄和电报两种，由收款人选用。前者是以邮寄方式由收款人开户银行向付款人开户银行转送委托收款凭证、提供收款依据的方式，后者则是以电报方式由收款人开户银行向付款人开户银行转送委托收款凭证、提供收款依据的方式。

在同城范围内，收款人收取公用事业费可以使用同城特约委托收款。同城特约委托收款是指收款人按照合同约定，在特定期间内委托开户行向同城的付款人收取特定款项，付款人开户行根据付款人的授权，直接从付款人账户支付款项的结算方式。

【例 2—31】下列结算方式中，由收款人选用邮寄和电报划回款项的有（　　）。

A. 汇兑　　　　B. 托收承付

C. 委托收款　　D. 信用证

【解析】B、C。

2. 委托收款的记载事项

签发委托收款凭证，必须记载下列事项，凡欠缺以下记载事项之一的，银行不予受理：①标明“委托收款”的字样；②确定的金额；③付款人名称；④收款人名称；⑤委托收款凭据名称及附寄单证张数；⑥委托日期；⑦收款人签章。

如果委托收款以银行以外的单位为付款人的，委托收款凭证必须记载付款人开户银行名称；以银行以外的单位或在银行开立存款账户的个人为收款人的，委托收款凭证必须记载收款人开户银行名称；以未在银行开立存款账户的个人为收款人的，委托收款凭证必须记载被委托银行名称。

【例 2—32】根据《支付结算办法》的规定，当事人签发委托收款凭证时，下列选项中，属于必须记载的事项有（　　）。

A. 确定的金额和付款人名称

B. 委托收款凭据名称及附寄单证张数

C. 收款人名称和收款人签章

D. 收款日期

【解析】A、B、C。当事人签发委托收款凭证时必须记载的事项包括委托日期而并非收款日期。

3. 委托收款的结算规定

（1）委托收款办理方法

收款人办理委托收款应向银行提交委托收款凭证和有关的债务证明，银行接到寄来的委托收款凭证及债务证明审查无误后办理付款。

1）以银行为付款人的，银行应在当日将款项主动支付给收款人。

2）以单位为付款人的，银行通知付款人后，付款人应于接到通知当日书面通知银行付款。

银行在办理划款时，付款人存款账户不能足额支付的，应通知被委托银行向收款人发出未付款项通知书。

（2）委托收款的注意事项

1）付款人审查有关债务证明后，对收款人委托收取的款项有法定拒绝付款情形时，有权拒绝付款。

2）收款人收取公用事业费，必须具有收付双方事先签订的经济合同，由付款人向开户银行授权并经开户银行同意，报经中国人民银行当地分支行批准，可以使用同城特约委托收款。

三、托收承付

1. 托收承付的概念

托收承付是指根据购销合同由收款人发货后委托银行向异地付款人收取款项，由付款人向银行承付的结算方式。

根据《支付结算办法》的规定，托收承付的适用范围如下：

（1）使用托收承付结算方式的收款单位和付款单位，必须是国有企业以及经营管理较好并经开户银行审查同意的城乡集体所有制工业、企业。

（2）办理托收承付结算的款项，必须是商品交易以及因商品交易而产生的劳务供应款项，代销、寄销、赊销商品的款项不得办理托收承付结算。

（3）托收承付结算每笔的金额起点为10 000元，新华书店系统每笔的金额起点为1 000元。

【例2—33】下列企业中，可以在银行办理托收承付结算的有（　　）。

A. 个体工商户　　B. 有限合伙企业

C. 有限责任公司　　D. 国有独资企业

【解析】D。

2. 托收承付的结算规定

签发托收承付凭证必须记载以下事项：①标明“托收承付”的字样；②确定

的金额；③付款人名称及账号；④收款人名称及账号；⑤付款人开户银行名称；⑥收款人开户银行名称；⑦托收附寄单证张数或册数；⑧合同名称、号码；⑨委托日期；⑩收款人签章。托收承付凭证上欠缺记载上述事项之一的，银行不予受理。

3. 托收承付的办理方法

（1）托收

收款人按照签订的购销合同发货后，应将托收承付凭证并附发运凭证或其他符合托收承付结算的有关证明和交易单证送交银行。收款人开户银行接到托收承付凭证及其附件后，应当按照托收的范围、条件和托收承付凭证记载的要求对其进行审查，必要时还应查验收、付款人签订的购销合同。

（2）承付

承付是指购货单位（即付款单位）在承付期限内，向银行承认付款的行为。付款人开户银行收到托收承付凭证及其附件后，应及时通知付款人。付款人应在承付期内审查核对，安排资金。

购货单位承付货款有验单承付和验货承付两种方式，由收付双方商量选用，并在合同中明确规定。验单承付是指付款方接到其开户银行转来的承付通知和相关凭证，并与合同核对相符后，就必须承认付款的结算方式。验单承付期为 3 天，从购货单位开户银行发出承付通知的次日算起，遇假日顺延。验货承付是指付款单位除了验单外，还要等商品全部运达并验收入库后才承付货款的结算方式。验货付款的承付期为 10 天，从运输部门向付款人发出提货通知的次日算起，遇假日顺延。付款人在承付期内未向开户银行表示拒绝付款，银行即视作承付，并在承付期满的次日（遇假日顺延）上午将款项划给收款人。

（3）逾期付款

付款人在承付期满日银行营业终了时，如无足够资金支付，其不足部分即为逾期未付款项，按逾期付款处理。

（4）拒绝付款

付款人在承付期内，有正当理由，可向银行提出全部或部分拒绝付款。依照《支付结算办法》规定，理由包括以下几项：

1）没有签订购销合同或购销合同未订明托收承付结算方式的款项。

2）未经双方事先达成协议收款人提前交货，或因逾期交货付款人不再需要该项货物的款项。

3）未按合同规定的到货地址发货的款项。

4）代销、寄销、赊销商品的款项。

5）验单付款，发现所列货物的品种、规格、数量、价格与合同规定不符的款项。

6）验货付款，经查验货物与合同规定或与发货清单不符的款项。

7）货款已经支付或计算有错误的款项。

不属上述情况的，付款人不得向银行提出拒绝付款。

（5）重办托收

收款人对被无理拒绝付款的托收款项，在收到退回的结算凭证及其所附单证后，需要委托银行重办托收。经过开户银行审查，确属无理拒绝付款，可以重办托收。

4. 托收承付使用中需注意的问题

（1）付款人不得在承付货款中，扣抵其他款项或以前托收的货款。

（2）付款人逾期付款，付款人的开户银行将对付款人予以处罚。

（3）付款人在承付期可以向银行提出全部拒付和部分拒付，但必须填写“拒付理由书”并签章，注明拒付理由。

（4）收款人对被无理拒付的托收款项，在收到退回的结算凭证及其所附单证后，需要委托银行重办托收，应当填写四联“重办托收理由书”，将其中三联连同购销合同、有关证据和退回的原托收凭证及交易单证一并送交银行。

四、国内信用证

1. 国内信用证的概念

国内信用证（简称信用证）是适用于国内贸易的一种支付结算方式，是开证银行依照申请人（购货方）的申请向受益人（销货方）开出的有一定金额、在一定期限内凭信用证规定的单据支付款项的书面承诺。

根据《国内信用证结算办法》的规定，我国信用证为不可撤销、不可转让的跟单信用证。不可撤销信用证是指信用证开具后在有效期内，非经信用证各有关当事人（即开证银行、开证申请人和受益人）的同意，开证银行不得修改或者撤销的信用证。不可转让信用证是指受益人不能将信用证的权利转让给他人的信用证。

2. 国内信用证的结算方式

国内信用证结算方式只适用于国内企业之间商品交易产生的货款结算，并且只能用于转账结算，不得支取现金。

3. 国内信用证的办理程序

（1）开证

1）开证申请。开证申请人使用信用证时，应委托其开户银行办理开证业务。开证申请人申请办理开证业务时，应当填制开证申请书、信用证申请人承诺书并提交有关购销合同。

2）受理开证。开证行根据申请人提交的开证申请书、信用证申请人承诺书及购销合同决定是否受理开证业务。开证行在决定受理该项业务时，应向申请人收取不低于开证金额 20% 的保证金，并可根据申请人资信情况要求其提供抵押、质押或由其他金融机构出具保函。

（2）通知

通知行收到信用证之后应认真审核，审核无误的，应填制信用证通知书，连同信用证交付受益人。

（3）议付

议付是指信用证指定的议付行在单证相符条件下，扣除议付利息后向受益人给付对价的行为。议付行必须是开证行指定的受益人开户行。议付仅限于延期付款信用证。受益人可以在交单期或信用证有效期内向议付行提示单据、信用证正本及信用证通知书，并填制信用证议付 / 委托收款申请书和议付凭证请求议付。

（4）付款

受益人在交单期或信用证有效期内向开证行交单收款时，应向开户银行填制委托收款凭证和信用证议付 / 委托收款申请书，并出具单据和信用证正本。开户银行收到凭证和单证审查齐全后，应及时为其向开证行办理交单和收款。

申请人交存的保证金和其存款账户余额不足支付的，开证行仍应在规定的付款时间内进行付款，对不足支付的部分做逾期贷款处理。对申请人提供抵押、质押、保函等担保的，按《中华人民共和国担保法》的有关规定索偿。

第七节 网上支付

网上支付是电子支付的一种形式，是指电子交易的当事人，包括消费者、商户、银行或者支付机构，使用电子支付手段通过信息网络进行的货币支付或资金流转。网上支付的主要方式是网上银行支付和第三方支付。

与传统的支付方式相比，网上银行支付具有方便、快捷、高效、经济的优势。

一、网上银行

1. 网上银行的概念

网上银行简称网银，是银行在互联网上设立虚拟银行柜台，使开户、查询、对账、转账、信贷、网上证券、投资理财等传统银行服务不再通过物理的银行分支机构来实现，而是借助于网络与信息技术手段在互联网上实现。

与传统银行业务相比，网上银行业务具有无可比拟的竞争优势。开办网上银行业务主要利用公共网络资源，可以大大降低银行的经营成本，有效提高银行的盈利能力。网上银行业务打破了传统银行业务的时空限制，非常方便、快捷、高效，既有利于吸引和保留优质客户，又能主动扩大客户群，开辟新的利润来源。

2. 网上银行的分类

（1）按经营模式分为单纯网上银行和分支型网上银行

单纯网上银行是完全依赖于互联网的虚拟电子银行，它没有实际的物理柜台，一般只有一个办公地址，没有分支机构，也没有营业网点，采用互联网等高科技服务手段与客户建立密切的联系，为客户提供全方位的金融服务。

分支型网上银行是指现有的传统银行利用互联网开展传统的银行业务，即传统银行利用互联网作为新的服务手段为客户提供在线服务，实际上是传统银行服务在互联网上的延伸，这是当前网上银行的主要形式。

（2）按主要服务对象分为企业网上银行和个人网上银行

企业网上银行主要服务于企事业单位，企事业单位可以通过企业网络银行实

时了解财务状况，及时调度资金，轻松处理工资发放和大批量的网络支付业务。

个人网上银行主要服务于个人，个人可以通过个人网上银行实时查询、转账，进行网络支付和汇款业务。

3. 网上银行的主要功能

（1）企业网上银行的功能

1）账户信息查询。账户信息查询业务能够为企业客户提供账户信息的网上在线查询、网上下载和电子邮件发送账务信息等服务，包括账户的昨日余额、当前余额、当日明细和历史明细等。

2）支付指令。支付指令业务能够为客户提供企业内部各分支机构之间的账务往来，同时也能提供企业之间的账务往来，并且支持企业向他行账户进行付款。

3）B2B（Business to Business）网上支付。B2B 即企业之间进行的电子商务活动。B2B 网上支付业务能够为客户提供网上 B2B 支付平台。

4）批量支付。批量支付业务能够为企业客户提供批量付款（包括同城、异地及跨行转账业务）、代发工资、一付多收等批量支付功能。企业客户负责按银行要求的格式生成数据文件，通过安全通道传送给银行，银行负责系统安全及业务处理，并将处理结果反馈给客户。

（2）个人网上银行的功能

1）账户信息查询。个人网上银行为客户提供信息查询功能，能够查询银行卡的人民币余额和活期一本通的不同币种的钞、汇余额，提供银行卡在一定时间段内的历史明细数据查询，下载包含银行卡、活期一本通一定时间段内的历史明细数据的文本文件，查询使用信用卡进行网上支付后的支付记录。

2）人民币转账业务。个人网上银行能够提供客户本人的或与他人的银行卡之间的卡卡转账服务。个人网上银行在转账功能上严格控制了单笔转账最大限额和当日转账最大限额，使客户的资金安全有一定的保障。

3）银证转账业务。客户通过个人网上银行能够进行银证转账，可以实现银行转证券、证券转银行、查询证券资金余额等功能。

4）外汇买卖业务。客户通过个人网上银行能够进行外汇买卖，主要可以实现外汇即时买卖、外汇委托买卖、查询委托明细、查询外汇买卖历史明细、撤销委托等功能。

5）账户管理业务。个人网上银行提供客户对本人网上银行各种权限功能、客户信息的管理以及账户的挂失业务。

6）B2C（Business to Customer）网上支付。B2C 即商业机构对消费者的电子商务，是企业与消费者之间进行的在线式零售商业活动（包括网上购物和网上拍卖等）。个人客户在申请开通网上支付功能后，能够使用本人的银行卡进行网上购物后的电子支付。

4. 网上银行主要业务流程及交易时的身份认证

（1）客户开户流程

客户开通网上银行有前往银行柜台办理和先网上自助申请后到柜台签约两种方式。开户时，客户必须出具身份证或有关证件，并遵守有关实名制的规定。

（2）网上交易

网上银行的具体交易流程如下：

1）客户使用浏览器通过互联网连接到网银中心，发出网上交易请求。

2）网银中心接收并审核客户的交易请求，并转发给相应成员行的业务主机。

3）成员行业务主机完成交易处理，并将处理结果返回网银中心。

4）网银中心对交易结果进行再处理后，返回相应信息给客户。

（3）交易时的身份认证

交易时，银行采用下列方式验证用户的身份：

1）密码。密码和账号相符即可成功交易。

2）文件数字证书。文件数字证书安装在计算机中，已安装的用户只需输入密码即可，未安装的客户则无法付款。

3）动态口令卡。交易时，银行会随机询问口令卡上某行某列的数字，正确地输入对应的数字便可成功付款。

4）动态手机验证码。交易时，银行会向客户预留的手机发送短信，输入收到的短信便可成功付款。

5）移动口令牌。交易时，客户只需按移动口令牌上的按键，就会出现当前代码，代码有效时间为一分钟，一分钟内可以凭此代码在网上银行付款。

6）移动数字证书。移动数字证书是指用 USBkey 作为存储介质的高安全强度证书，如工商银行的 U 盾、农业银行的 K 宝、建设银行的网银盾、光大银行的阳光网盾等。

二、第三方支付

1. 第三方支付的概念

第三方支付是指经过中国人民银行批准从事第三方支付业务的非银行支付机构，借助通信、计算机和信息安全技术，采用与各大银行签约的方式，在用户与银行支付结算系统间建立连接的电子支付模式（其中通过手机端进行的称为移动支付）。目前国内的第三方支付品牌主要有支付宝、银联商务、拉卡拉、财付通、盛付通、易票联支付、易宝支付、快钱、捷诚宝等。

非金融机构提供支付服务，应当取得支付业务许可证，成为支付机构。未经中国人民银行批准，任何非金融机构和个人不得从事或变相从事支付业务。

使用第三方支付，可以有效规避交易双方付款而收不到货物或者收到的货物不符合要求或者发货后收不到货款的风险。对银行而言，也可以借以迅速扩展业务范围，节省为大量中、小企业提供网关接口的开发和维护费用。

2. 第三方支付方式的种类

（1）线上支付

广义的线上支付包括直接使用网上银行进行的支付，以及通过第三方支付平台间接使用网上银行进行的支付。狭义的线上支付仅指通过第三方支付平台实现的互联网在线支付，包括网上支付和移动支付中的远程支付。

（2）线下支付

线下支付是指通过非线上支付方式进行的支付行为，新兴线下支付的具体表现形式包括 POS 机刷卡支付、自助终端支付、电话支付、手机近端支付等。

3. 第三方支付交易流程及其身份验证

（1）开户

使用第三方支付，客户必须在支付机构平台上开立账户，向支付机构平台提供银行卡、身份证等有关信息。

（2）账户充值

客户开户后需将银行卡和支付账户绑定，付款前将银行卡中的资金转入支付账户即可充值。

（3）收、付款

客户付款时，通过支付平台将自己支付账户中的虚拟资金划转到支付平台暂存，待客户收到商品并确认后，支付平台会将款项划转到商家的支付账户中完成支付行为。收款人需要资金时，可以将账户中的虚拟资金再转入银行，兑成实体的银行存款。

（4）交易时的身份认证

支付机构可以组合选用下列三类要素对客户使用支付账户付款进行身份验证：

1）仅客户本人知悉的要素，如静态密码等。

2）仅客户本人持有并特有的不可复制或者不可重复利用的要素，如经过安全认证的数字证书、电子签名，以及通过安全渠道生成和传输的一次性密码等。

3）客户本人生理特征要素，如指纹等。

支付机构应当确保采用的要素相互独立，部分要素的损坏或者泄露不应导致其他要素损坏或者泄露。

练习题

1. 我国规定单位可用现金支付的款项有哪些？对现金使用的限额有哪些规定？

2. 票据和结算凭证是办理支付结算的工具，对此，我国都有哪些基本的使用规定？

3. 我国规定了单位、个人和银行办理支付结算必须遵守哪些原则？

4. 根据《正确填写票据和结算凭证的基本规定》，在填写票据和结算凭证时应符合哪些基本要求？

5. 银行结算账户有哪四种类型？在适用范围方面分别有哪些区别？

6. 对银行结算账户的管理应当遵守哪些基本原则？

7. 票据具有哪些特征和功能？我国《票据法》将票据分为哪三种？其中，支票按照支付票款方式不同，可以分为哪三种，在使用上分别有哪些规定？

8. 我国票据的基本当事人与非基本当事人分别是哪些？相关条款对票据的权利和责任是怎样规定的？票据权利丧失之后的补救措施有哪几种？

第三章
税收法律制度

基本要求

- 了解税收的概念及其分类
- 了解税法及其构成要素
- 熟悉税收征管的具体规定
- 掌握增值税、消费税、企业所得税和个人所得税的相关原理及应纳税额的计算

第一节 税收概述

一、税收的概念及分类

1. 税收的概念

税收是国家为了满足一般的社会共同需要，凭借政治的权力，按照国家法律规定的标准，强制地、无偿地取得财政收入的一种分配形式。税收体现了国家与纳税人在征税、纳税的利益分配上的一种特殊关系，是一定社会制度下的一种特定分配关系。

税收的概念可以从以下三个方面来理解：

（1）税收与国家存在直接联系，两者密不可分，税收是政府机器赖以生存并实现其职能的物质基础。

（2）税收属于分配范畴，是国家参与并调节国民收入分配的一种手段，是国家财政收入的主要形式。

（3）税收是国家在征税过程中形成的一种特殊分配关系，即以国家为主体的分配关系，因而税收的性质取决于社会经济制度的性质。

2. 税收的作用

税收的作用主要体现在以下几个方面：

（1）税收是国家组织财政收入的主要形式和工具。

（2）税收是国家调控经济运行的重要手段。

（3）税收具有维护国家政权的作用。

（4）税收是国际经济交往中维护国家利益的可靠保证。

3. 税收的特征

（1）强制性

强制性是指国家以社会管理者身份，凭借国家权力，通过颁布法律或法规，按照一定的征收标准进行强制征税。任何纳税人都必须依法纳税，否则就要受到

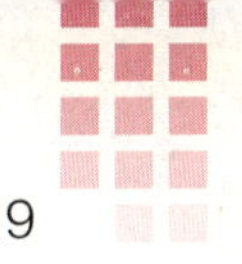

法律的制裁。

（2）无偿性

无偿性是指国家征税之后，税款即成为财政收入，不再归还纳税人，也不支付任何报酬。正如列宁所说的："所谓赋税，就是国家不付任何报酬而向居民取得的东西。"税收的这种无偿性，同债务收入必须按期归还本息有根本的区别。

（3）固定性

固定性是指在征税之前，国家以法律的形式预先规定了课税对象、课税额度和课税方法等。税收的这种固定性，使征纳双方都有法可依。但是税收的固定性不是一成不变的，国家根据政治、经济环境的变化，可以修改现行税法，调整税收的有关规定。

税收的上述特征是一个统一的整体，相互联系，缺一不可。无偿性是税收这种特殊分配手段最本质、最核心的内容，强制性是实现税收无偿征收的重要保证，固定性是无偿性和强制性的必然要求。三者相互配合，保证了政府财政收入的稳定。

【例 3—1】税收"三性"的核心是（　　）。

A. 无偿性　　B. 固定性　　C. 收益性　　D. 强制性

【解析】A。税收的无偿性至关重要，体现了财政分配的本质，是税收"三性"的核心。

4. 税收的分类

（1）按征税对象分类

按征税对象分类，税收可分为流转税类、所得税类、财产税类、资源税类和行为税类五种类型。

1）流转税类。流转税是指以纳税人货物或者劳务的流转额即交易额或者收入额为课税对象的一类税收，主要代表税种有增值税、消费税、关税等。

2）所得税类。所得税是指以纳税人在一定期间的各种所得额为课税对象的一类税收，主要有企业所得税、个人所得税。

3）财产税类。财产税是指以纳税人所拥有或支配的财产数量或者财产价值为课税对象的一类税收，主要有房产税、契税、车船税、船舶吨税等。

4）资源税类。资源税是对资源的开采或者利用所征收的一种税，主要有资源税、城镇土地使用税等。

5）行为税类。行为税是指以纳税人的某些特定行为为课税对象的一类税收，主要有城市维护建设税、印花税、车辆购置税等。

【例 3—2】根据规定，按照征税对象划分税种体系，房产税属于（　　）。

A. 资源税类　　B. 所得税类

C. 财产税类　　D. 行为税类

【解析】C。房产税属于财产税类。

【例 3—3】下列各项中，属于流转税类的有（　　）。

A. 增值税　　B. 消费税

C. 企业所得税　　D. 契税

【解析】A、B。我国现行的增值税、消费税、关税等都属于流转税类。

【例 3—4】下列税种中，属于行为税的有（　　）。

A. 印花税　　B. 房产税

C. 车辆购置税　　D. 土地增值税

【解析】A、C。印花税、车辆购置税属于行为税，房产税属于财产税。

（2）按征收管理的分工体系分类

按征收管理的分工体系分类，可将税收分为工商税类、关税类。

1）工商税类。工商税绝大部分由税务机关负责征收管理，是指以从事工业、商业和服务业的单位和个人为纳税人的各种税的总称，是我国现行税制的主体部分，具体包括增值税、消费税、资源税、企业所得税、个人所得税、城市维护建设税、房产税、土地增值税、印花税等。工商税的征收范围较广，既涉及社会再生产的各个环节，也涉及生产、流通、分配、消费的各个领域，是筹集国家财政收入、调节宏观经济最主要的税收工具，占税收总额的 90% 以上。

2）关税类。关税由海关负责征收管理，是对进出境的货物、物品征收的税收总称，主要是指进出口关税以及对入境旅客行李物品和个人邮递物品征收的进口税，不包括由海关代征的进口环节增值税、消费税和船舶吨税。关税是中央财政收入的重要来源，也是国家调节进出口贸易的主要手段。

（3）按税收征收权限和收入支配权限分类

按税收征收权限和收入支配权限分类，可将税收分为中央税、地方税和中央地方共享税。

1）中央税。中央税是指由中央政府征收和管理使用或者地方政府征税后全部划解中央，由中央所有和支配的税收。中央税属于中央政府的财政收入，由国家税务总局负责征收管理，主要包括关税、消费税、海关代征的进口环节增值税等。

2）地方税。地方税属于地方各级政府的财政收入，由地方税务局负责征收管理，主要包括城镇土地使用税、耕地占用税、土地增值税、房产税、车船使用税、契税等。

3）中央地方共享税。中央地方共享税属于中央政府和地方政府财政的共同收入，由中央、地方政府按一定的比例分享税收收入，目前由国家税务总局负责征收管理，如增值税、资源税、企业所得税、个人所得税等。

【例 3—5】下列各项中，属于中央税的税种是（　　）。

A. 关税　　B. 增值税　　C. 营业税　　D. 契税

【解析】A。关税属于中央税，契税、营业税属于地方税，增值税属于中央地方共享税。

（4）按计税标准不同分类

1）从价税。从价税是以征税对象价格为计税依据，一般实行比例税率和累进税率，其应纳税额随商品价格的变化而变化，税收负担比较合理，因而大部分税种均采用这一计税方法，如我国现行的增值税、房产税、企业所得税、个人所得税等税种。计算公式为：

应纳税额 = 课税对象的价格 × 比例税率

2）从量税。从量税是以征税对象的数量、重量、体积等作为计税依据，其课税数额与征税对象数量相关而与价格无关的一种税，如资源税、车船税、城镇土地使用税及消费税中对啤酒、黄酒等征收的消费税。从量税实行定额税率，不受征税对象价格变动的影响，税负水平较为固定，计算简便。计算公式为：

应纳税额 = 课税对象的重量、件数、容积、面积 × 单位税额

3）复合税。复合税是对某一进出口货物或物品既征收从价税，又征收从量税，即采用从量税和从价税同时征收的一种方法，如消费税中对卷烟和白酒等征收的消费税。计算公式为：

应纳税额 = 从量税额 + 从价税额

二、税法及其构成要素

1. 税法的概念

税法即税收法律制度，是国家权力机关和行政机关制定的用以调整国家与纳税人之间在征、纳税方面的权利义务关系的法律规范的总称，是国家法律的重要

组成部分。税法的调整对象是税收分配中形成的权利义务关系，不直接调整税收分配关系。

2. 税收与税法的关系

税收和税法存在着密切的联系。税收依据税法的规定进行，税法是税收的法律保障。此外，税收作为一种经济活动，属于经济基础范畴，而税法是一种法律制度，属于上层建筑范畴。国家和社会对税收收入和税收活动的客观需要，决定了与税收相对应的税法的存在，而税法则对税收的有序进行和税收目的的有效实现起着重要的法律保障作用。

3. 税法的分类

（1）按税法的功能作用不同划分

按照税法的功能作用不同划分，税法可分为税收实体法和税收程序法。

1）税收实体法主要是指确定税种的立法，具体规定各税种的征收对象、征收范围、税目、税率、纳税地点等，如《中华人民共和国增值税暂行条例》（以下简称《增值税暂行条例》）、《中华人民共和国企业所得税法》（以下简称《企业所得税法》）、《中华人民共和国个人所得税法》（以下简称《个人所得税法》）等。

2）税收程序法是指税务管理方面的法律，主要包括税收管理法、发票管理法、税务机关法、税务机关组织法、税务争议处理法等，如《中华人民共和国税收征收管理法》（以下简称《税收征收管理法》）、《中华人民共和国海关法》等。

【例 3—6】根据税法功能作用的不同，税法可以分为（　　）。

A. 税收实体法　　B. 税收程序法

C. 税收法律　　D. 税收行政法规

【解析】A、B。

（2）按主权国家行使税收管辖权不同划分

按照主权国家行使税收管辖权不同划分，税法可分为国内税法、国际税法和外国税法。

1）国内税法一般是按照属人或属地原则，规定一个国家的内部税收制度。

2）国际税法是指国家间形成的税收制度，主要包括双边或多边国家间的税收协定、条约和国际惯例等。

3）外国税法是指外国各个国家制定的税收制度。

（3）按税法法律级次划分

按照税法法律级次划分，税法可分为税收法律、税收行政法规、税收规章和税收规范性文件。

1）税收法律（狭义的税法）由全国人民代表大会及其常务委员会制定，如《税收征收管理法》《个人所得税法》《企业所得税法》等。

2）税收行政法规是指由国务院制定的税收法律规范的总称，如《中华人民共和国个人所得税法实施条例》（以下简称《个人所得税法实施条例》）等。

3）税收规章和税收规范性文件由国务院财税主管部门（财政部、国家税务总局、海关总署和国务院关税税则委员会）根据法律和国务院行政法规或者规范性文件的要求，在本部门权限范围内发布的有关税收事项的规章和规范性文件，包括命令、通知、公告、通告、批复、意见、函等文件形式。例如，《增值税暂行条例实施细则》为税收规章，《增值税专用发票使用规定》为税收规范性文件。

4. 税法的构成要素

税法的构成要素是指各种单行税法具有的共同的基本要素的总称，一般包括征税人、纳税义务人、征税对象、税目、税率、计税依据、纳税环节、纳税申报期限、纳税地点、减免税和法律责任等项目。其中，纳税义务人、征税对象、税率是构成税法的三个最基本的要素。

（1）征税人

征税人即征税的主体，是指税法赋予的有权向纳税人征收税款的国家机构，包括各级税务机关、财政机关和海关等。

（2）纳税义务人

纳税义务人即纳税主体，是指税法上一切有纳税义务的法人、自然人及其他组织。

（3）征税对象

征税对象即纳税客体或者权利客体，是指税收法律关系中征纳双方权利义务所指向的对象。征税对象是税法最基本的要素，是区分不同税种的主要标志。我国现行税收法律、法规都有自己特定的征税对象，如所得税的征税对象是应税所得，增值税的征税对象是商品或者劳务在生产和流通过程中的增值额。

（4）税目

税目即征税对象的具体化，是各个税种所规定的具体征税项目，它体现了征税的广度。不同税目的税率及征免规定也不尽相同，制定税目的目的一是明确征税的具体范围，二是制定不同的税率。

（5）税率

税率是指应纳税额与计税金额（或数量单位）之间的比例，它是计算税额的尺度，反映了征税的强度。每种税的税率高低，直接关系到国家财政收入的多少和纳税人的税收负担的大小。因此，税率是体现税收政策的中心环节，是构成税制的基本要素。目前我国现行的税率主要有比例税率、定额税率、累进税率等。

1）比例税率。比例税率是指对同一征税对象，不论金额大小，都按照同一比例纳税的税率形式。税额和纳税对象之间的比例是固定的，如企业所得税基本税率为 25%。比例税率具体分为三种，即单一比例税率、差额比例税率和幅度比例税率。

①单一比例税率，即对同一征税对象的所有纳税人都适用同一比例税率。

②差额比例税率，即对同一征税对象的不同纳税人适用不同的比例征税。根据我国现行税法，又分别因产品、行业和地区的不同将差别比例税率分为产品差别比例税率、行业差别比例税率和地区差别比例税率。

③幅度比例税率，即税法只规定一个具有上下限的幅度税率，具体税率授权地方根据本地实际情况在该幅度内予以确定。

2）定额税率。定额税率是指按照纳税对象的一定计量单位直接规定固定的税额，而不是规定纳税比例的税率形式，因此又称为“固定税额”。目前采用定额税率的有资源税、城镇土地使用税、车船税等。

定额税率在具体运用上，又分为地区差别定额税率、幅度定额税率、分类分级定额税率和地区差别、分类分级与幅度相结合的定额税率，如城镇土地使用税采用分类分级的幅度定额税率，耕地占用税采用地区差别的幅度定额税率等。

3）累进税率。累进税率是指按照纳税对象数额的大小，规定不同等级的税率，一般多在收益课税中使用。累进税率有全额累进税率、超额累进税率、超率累进税率和超倍累进税率四种形式。我国现行税法体系采用的累进税率形式只有超额累进税率和超率累进税率。

①超额累进税率，即将应税所得额按照税法规定分解为若干段，每一段按其对应的税率计算出该段应缴纳的税额，然后再将计算出来的各段税额相加，即为应税所得额应缴纳的税款。例如，目前我国工资薪金所得应缴纳的个人所得税的税率是执行 3% ~ 45% 的七级超额累进税率。

②超率累进税率，即以征税对象数额的相对率划分若干级距，分别规定相应的差别税率，相对率每超过一个级距的，对超过的部分就按高一级的税率计算征税。目前采用这种税率的是土地增值税。

【例 3—7】下列各项中，反映征税强度的是（　　）。

A. 征税对象　　B. 计税依据

C. 税目　　D. 税率

【解析】D。

【例 3—8】税率是税收法律制度中的核心要素，一般分为（　　）。

A. 比例税率　　B. 定额税率

C. 累进税率　　D. 单一税率

【解析】A、B、C。

（6）计税依据

计税依据又称为“税基”，是计算应纳税额所依据的标准，其所解决的是在确定了征税对象之后应如何计量的问题。计税依据一般有以下三种类型：

1）从价计征。从价计征以计税金额为计税依据，除了一些特殊性质的税种外，绝大多数的税种都采取从价计征，如企业所得税是以应纳税所得额的多少作为计税依据，消费税中的大部分应税消费品以销售额作为计税依据。从价计征的计税方式为：

应纳税额＝计税金额 × 适用税率

2）从量计征。从量计征以征税对象的重量、体积、数量为计税依据，如消费税中的黄酒、啤酒以吨数为计税依据，汽油、柴油以升数为计税依据。从量计征的计税方式为：

应纳税额＝计税数量 × 单位适用税额

3）复合计征。复合计征既包括从量计征又包括从价计征，如我国现行的消费税中的卷烟、白酒等。复合计征的计税方式为：

应纳税额＝计税数量 × 单位适用税额＋计税金额 × 适用税率

（7）纳税环节

纳税环节是指税法规定的征税对象在从生产到消费的流转过程中应当缴纳税款的环节。按照纳税环节的多少，可以将税收课征制度划分为一次课征制和多次课征制两类。一次课征制是指同一税种在商品流转的全过程中只选择某一环节课征的制度，如消费税。多次课征制是指同一税种在商品流转全过程中选择两个或两个以上环节课征的制度，如增值税。增值税多次课征不等于重复征税，因为增值税仅对增值部分进行征税。

（8）纳税申报期限

纳税申报期限是指纳税人在发生纳税义务后，应向税务机关申报纳税的起止时间，是税收的强制性、固定性在时间上的体现。不同税种、不同纳税人的具体纳税申报期限不同。纳税申报一般分为按期申报和按次申报两种类型。纳税人应在纳税申报期限内进行纳税申报，超过期限未申报纳税的，属于税收违法行为，应该受到相应的处罚。

（9）纳税地点

纳税地点是指法律、行政法规规定的纳税人申报缴纳税款的地点。一般实行属地管辖，纳税地点为纳税人的所在地。但在有些情况下，纳税地点为口岸地、营业行为地、财产所在地等。

（10）减免税

减免税是国家对某些纳税人和征税对象给予鼓励和照顾的一种特殊规定，体现了税收的统一性和必要的灵活性。

1）减税和免税。减税是指对应纳税额少征一部分税款；免税是指对应纳税额全部免征税款。减税免税的类型有一次性减税免税、一定期限的减税免税、困难照顾性减税免税和扶持发展性减税免税。

2）起征点。起征点是指税法规定的对征税对象开始征税的起点数额。征税对象的数额未达到起征点的不征税，达到或超过起征点的，则就其全部数额征税。

3）免征额。免征额是指征税对象总额中免予征税的数额，免征额的部分不征税，只就其超过免征额的部分征税。

【例 3—9】某类税种起征点为 2 000 元，超过起征点税率为 10%。纳税人 A、B、C、D 的征税对象数额分别为 1 999 元、2 000 元、2 001 元、3 000 元。计算纳税人 A、B、C、D 的应纳税额。

【解析】纳税人 A：应纳税额 = 0（元）

纳税人 B：应纳税额 =2 000×10%=200（元）

纳税人 C：应纳税额 =2 001×10%=200.10（元）

纳税人 D：应纳税额 =3 000×10%=300（元）

【例 3—10】假设上例中，2 000 元是免征额，计算纳税人 A、B、C、D 的应纳税额。

【解析】纳税人 A：应纳税额 =0（元）

纳税人 B：应纳税额 =0（元）

纳税人 C：应纳税额 =（2 001−2 000）×10%=0.10（元）

纳税人 D：应纳税额 =（3 000−2 000）×10%=100（元）

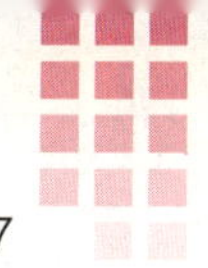

（11）法律责任

法律责任是指对违反国家税法规定的行为人采取的处罚措施。主要包括以下两种：

1）纳税主体（纳税人和扣缴义务人）因违反税法而应承担的法律责任。

2）作为征税主体的国家机关，主要是实际履行税收征收管理职能的税务机关等，因违反税法而应承担的法律责任。

第二节 主要税种

一、增值税

1. 增值税的概念与分类

（1）增值税的概念

按照我国增值税税法的规定，增值税是对我国境内销售货物或者提供加工、修理修配劳务以及进口货物的企业单位和个人，就其货物销售或者提供劳务的增值额和货物进口金额为计税依据而征收的一种流转税。

（2）增值税的分类

按照对外购固定资产已纳税款处理方式的不同划分，增值税可分为生产型增值税、收入型增值税和消费型增值税。

1）生产型增值税。这种类型的增值税，纳税人外购固定资产的价款及已经缴纳的税额不能扣除，其税基范围最大，可以保证财政收入，但是对固定资产存在重复征税的问题，不利于企业固定资产投资。

2）收入型增值税。这种类型的增值税在计算税基时，外购固定资产价款允许以计提折旧的方式从同一期间销售或者提供劳务所得收入中减去。

3）消费型增值税。这种类型的增值税，其税基范围最小，纳税人外购全部生产资料包括固定资产已缴纳的税额都允许扣除，这样可以彻底消除重复征税问题，有利于促进技术进步。消费型增值税是世界上实行增值税的国家普遍采用的一种类型。

我国增值税以前一直为生产型增值税，2009 年 1 月 1 日起全面转型为消费型增值税。

2. 增值税的征收范围

（1）增值税征收范围的一般规定

1）销售或者进口的货物。货物是指有形动产，电力、热力、气体也属于货物。销售货物是指有偿转让货物的所有权。

2）提供的加工、修理修配劳务。加工是指受托加工货物，即委托方提供原料及主要材料，受托方按照委托方的要求制造货物并收取加工费的业务。修理修配是指受托方对损伤和丧失功能的货物进行修复，使其恢复原状和功能的业务。

提供加工、修理修配劳务是指有偿提供加工、修理修配劳务，单位或者个体工商户聘用的员工为本单位或者雇主提供的加工、修理修配劳务不包括在内。

3）提供的应税服务。应税服务是指陆路运输服务、水路运输服务、航空运输服务、管道运输服务、邮政普通服务、邮政特殊服务、邮政其他服务、研发和技术服务、信息技术服务、文化创意服务、物流辅助服务、有形动产租赁服务、鉴证咨询服务、广播影视服务等。

提供应税服务是指有偿提供应税服务，但不包括非营业活动中提供的应税服务。

（2）应税服务的具体内容

1）交通运输业。交通运输业是指使用运输工具将货物或者旅客送达目的地，使其空间位置得到转移的业务活动，包括陆路运输服务、水路运输服务、航空运输服务和管道运输服务。

2）邮政业。邮政业是指中国邮政集团公司及其所属邮政行业提供邮件寄递、邮政汇兑机要通信和邮政代理等邮政基本服务的业务活动，包括邮政普通服务、邮政特殊服务和邮政其他服务。

3）部分现代服务业。部分现代服务业是指围绕制造业、文化产业、现代物流产业等提供技术性、知识性服务的业务活动，具体包括研发和技术服务、信息技术服务、文化创意服务、物流辅助服务、有形动产租赁服务、鉴证咨询服务、广播影视服务。

（3）征收范围的特殊规定

1）视同销售货物行为。单位或者个体工商户的下列行为，视同销售货物行为：

①将货物交付其他单位或者个人代销。

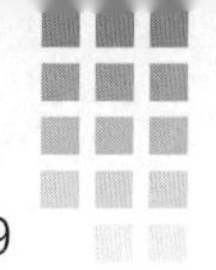

②销售代销货物。

③设有两个以上机构并实行统一核算的纳税人，将货物从一个机构移送至其他机构用于销售，但相关机构设在同一县（市）的除外。

④将自产或者委托加工的货物用于非增值税应税项目。

⑤将自产、委托加工的货物用于集体福利或者个人消费。

⑥将自产、委托加工或者购进的货物作为投资，提供给其他单位或者个体工商户。

⑦将自产、委托加工或购进的货物分配给股东或投资者。

⑧将自产、委托加工或购进的货物无偿赠送给其他单位或个人。

2）视同提供应税服务。单位和个体工商户的下列情形，视同提供应税服务：

①向其他单位或者个人无偿提供交通运输业和部分现代服务业服务，但是以公益活动为目的或者以社会公众为对象的除外。

②财政部和国家税务总局规定的其他情形。

3）混合销售行为。混合销售行为是指一项销售行为既涉及货物销售又涉及提供非增值税应税劳务。从事货物的生产、批发或者零售企业、企业性单位以及个体工商户的混合销售行为可视为销售货物，应缴纳增值税。

“非增值税应税劳务”是指属于应缴税的建筑业、电信业、文化体育业、娱乐业、部分服务业税目征收范围的劳务。“从事货物的生产、批发或者零售企业、企业性单位和个体工商户”包括以从事货物的生产、批发或者零售为主，并兼营非增值税应税劳务的单位和个体工商户在内。

纳税人销售自产货物并同时提供建筑、安装服务的，按照销售货物16%的税率计征增值税。

4）兼营非增值税应税劳务行为。兼营非增值税应税劳务是指纳税人的经营活动既有销售货物、提供增值税应税劳务，又有提供非增值税应税劳务。

纳税人兼营非增值税应税项目的，应当分别核算货物或者应税劳务的销售额和非增值税应税项目的营业额。未分别核算的，由主管税务机关核定货物或者应税劳务的销售额，其他兼营行为均一并征收增值税。

5）混业经营。纳税人兼有不同税率或者征收率的销售货物、提供加工修理修配劳务或者应税服务的，应当分别核算适用不同税率或征收率的销售额，未分别核算销售额的，从高适用税率或征收率。

【例3—11】下列各项中，属于应纳增值税混合销售行为的是（　　）。

A. 建材商店在销售建材的同时又为其他客户提供装饰服务

B. 汽车制造公司在生产销售汽车的同时又为客户提供修理服务

C. 塑钢门窗销售商店在销售产品的同时又为客户提供安装服务

D. 电信局为客户提供电话安装服务的同时又销售所安装的电话机

【解析】C。A 属于兼营非增值税应税劳务。B 中两项同属于增值税征收范围，不属于混合销售。D 属于应纳营业税混合销售行为。

3. 增值税的纳税人

增值税实行凭专用发票抵扣税款的制度，客观上要求纳税人具备健全的会计核算制度和能力。我国增值税纳税人众多，会计核算水平差异较大，大量的小企业和个人还不具备用发票抵扣税款的条件，为了简化增值税的计算和征收，减少税收征管漏洞，我国将增值税纳税人按会计核算水平和经营规模分为小规模纳税人和一般纳税人两类，分别采取不同的增值税计税方法。

（1）小规模纳税人的认定标准

小规模纳税人是指年销售额在规定标准以下，并且会计核算不健全，不能按照规定报送有关税务资料的增值税纳税人。会计核算不健全是指不能正确核算增值税的销项税额、进项税额和应纳税额。根据《增值税暂行条例》及《增值税暂行条例实施细则》的规定，小规模纳税人的认定标准如下：

1）从事货物生产或者提供应税劳务的纳税人，以及以从事货物生产或者提供应税劳务为主，并兼营货物批发或者零售的纳税人，年应征增值税销售额（以下简称应税销售额）在 50 万元以下（含本数，下同）的。“以从事货物生产或者提供应税劳务为主”是指纳税人的年货物生产或者提供应税劳务的销售额占年应税销售额的比重在 50% 以上。

2）对上述规定以外的纳税人，年应税销售额在 80 万元以下的。

3）对提供应税服务的，年应税服务销售额在 500 万元以下的。

4）年应税销售额超过小规模纳税人标准的其他个人按小规模纳税人纳税。非企业性单位、不经常发生应税行为的企业，可选择按小规模纳税人纳税。

5）小规模纳税人会计核算健全（能够按照国家统一的会计制度规定设置账簿，根据合法、有效的会计凭证进行会计处理），能够提供准确税务资料的，可以向主管税务机关申请资格认定，不作为小规模纳税人。

（2）一般纳税人的认定标准

一般纳税人是指年应征增值税销售额（以下简称年应税销售额，包括一个公历年度内的全部应税销售额），超过《增值税暂行条例实施细则》规定的小规模纳税人标准的企业和企业性单位（以下简称企业）。下列纳税人不属于一般纳税人：

1）年应税销售额未超过小规模纳税人标准的企业。

2）个人（除个体经营者以外的其他个人）。

3）非企业性单位。

4）不经常发生应税行为的企业。

除国家税务总局另有规定外，纳税人一经认定为增值税一般纳税人，不得再转为小规模纳税人。

4. 增值税的扣缴义务人

中华人民共和国境外（以下简称境外）的单位或者个人在境内提供应税服务，在境内未设有经营机构的，以其代理人为增值税扣缴义务人。在境内没有代理人的，以接受方为增值税扣缴义务人。

境外单位或者个人在境内提供应税服务，在境内未设有经营机构的，扣缴义务人按照下列公式计算应扣缴税额：

应扣缴税额＝接受方支付的价款 ÷（1＋税率）× 税率

5. 税率与征收率

由于增值税的纳税人分为两类，因此对这两类不同的纳税人采用不同的税率计税。绝大多数一般纳税人适用基本税率、低税率或零税率，小规模纳税人和采用简易方法征税的一般纳税人适用征收率。

（1）基本税率

增值税一般纳税人销售或者进口货物，提供加工、修理修配劳务，除低税率适用范围和销售个别旧货适用低税率外，税率一律为16%，这就是通常所说的基本税率。

（2）低税率

1）增值税一般纳税人销售或者进口下列货物，按低税率计征增值税，税率为10%：

①农产品（含粮食）、食用植物油、食用盐。

②自来水、暖气、石油液化气、二甲醚、天然气、冷气、热水、煤气、沼气、居民用煤炭制品。

③图书、报纸、杂志、音像制品、电子出版物等。

④饲料、化肥、农药、农机（不包括农机零部件）、农膜。

⑤交通运输、邮政、基础电信。

⑥不动产租赁、销售不动产、转让工地使用权。

⑦国务院及有关部门规定的其他货物。

2）下列应税服务按照低税率征收增值税，税率为6%：

①销售无形资产，包括转让商标、商誉、特许权等。

②提供销售服务（金融、现代服务、生活服务）。

（3）零税率

1）纳税人出口货物，税率为零，但是国务院另有规定的除外。

2）单位和个人提供的国际运输服务、向境外单位提供的研发服务和设计服务以及财政部和国家税务总局规定的其他应税服务，税率为零。

（4）征收率

考虑到小规模纳税人经营规模小且会计核算不健全，难以按照上述增值税税率计税和使用增值税专用发票抵扣进项税额，因此实行按照销售额与征收率计算应纳税额的简易办法。自2009年1月1日起，小规模纳税人增值税征收率一律为3%。

纳税人提供适用不同税率或者征收率的应税服务，应当分别核算适用不同税率或者征收率的销售额，未分别核算的，从高适用税率。

6. 一般纳税人应纳税额的计算

增值税一般纳税人销售货物或者提供应税劳务的应纳税额，应该等于当期销项税额抵扣当期进项税额后的余额。计算公式为：

当期应纳税额＝当期销项税额－当期进项税额

＝当期销售额×适用税率－当期进项税额

（1）销项税额的计算

销项税额是指纳税人销售货物或者提供应税劳务，按照销售额或提供应税劳务收入和规定的税率计算并向购买方收取的增值税税额。计算公式为：

销项税额＝销售额×适用税率

（2）一般销售方式下的销售额

销售额是指纳税人销售货物或者提供应税劳务向购买方（承受应税劳务也视为购买方）收取的全部价款和价外费用，但不包括向购买方收取的销项税额，这表明增值税是一种价外税。

价外费用是指向购买者收取的手续费、补贴、基金、集资费、返还利润、奖励费、违约金、滞纳金、延期付款利息、赔偿金、代收款项、代垫款项、包装费、包装物租金、储备费、优质费、运输装卸费及其他各种性质的价外收费。

凡是价外费用，不论会计准则、制度如何规定，均应并入销售额计算销项税额。销售额应以人民币计算，如果纳税人以外汇结算销售额的，应当按外汇价格折合成人民币计算。销售额的人民币折合率，可以选择销售额发生的当天或当月1日中国人民银行公布的市场汇价。纳税人应在事先确定采用何种汇率，一旦确定后，在一个纳税年度内不得变更。

（3）含税销售额的换算

销售额不包括向购买方收取的销项税额，但在实际工作中常常会出现一般纳税人将销售货物的销售额和销项税额合并定价，成为含税销售额。如果不将含税销售额换算为不含税销售额直接计税，会造成计税环节上的重复纳税现象。因此，应将含税销售额换算为不含税销售额后，再计算增值税税额。计算公式为：

销售额 = 含税销售额 ÷（1+ 增值税税率）

【例 3—12】某商场向消费者销售电视机，某月销售 100 台，每台含税销售价为 1 160 元，增值税税率为 16%。则该商场这个月的销售额和销项税额分别是多少？

【解析】不含税销售额 =（100×1 160）÷（1+16%）=100 000（元）

销项税额 =100 000×16%=16 000（元）

或　销项税额 =（100×1 160）−100 000=16 000（元）

（4）增值税进项税的计算

纳税人购进货物、固定资产、接受应税劳务所支付或者所负担的增值税额，称为进项税额。进项税额实际上是购货方支付给销货方的税额，对购货方来说是进项税额，而对销货方来说，则是在价外收取的销项税额。增值税的核心就是用纳税人收取的销项税额抵扣其支付的进项税额，其余额为纳税人实际应缴纳的增值税税额。

当纳税人购进的货物或者接受的应税劳务不是用于增值税应税项目，而是用于非应税项目、免税项目或者用于集体福利、个人消费等情况时，其支付的进项税额就不能从销项税额中抵扣。

1）准予从销项税额中抵扣的进项税额。根据《增值税暂行条例》的规定，准予从销项税额中抵扣的进项税额，限于下列增值税扣税凭证上注明的增值税税额和规定的扣除率计算的进项税额：

①从销售方取得的增值税专用发票上注明的增值税额。一般纳税人取得的增值税专用发票，必须在规定的时间内进行比对认证并申报抵扣。

②从海关取得的海关进口增值税专用缴款书上注明的增值税额。

③购进农产品，除取得增值税专用发票或者海关进口增值税专用缴款书外，按照农产品收购发票或者销售发票上注明的农产品买价和10%的扣除率计算进项税额。农产品买价包括纳税人在农产品收购发票或者销售发票上注明的价款和按规定缴纳的烟叶税。进项税额的计算公式为：

进项税额＝买价 × 扣除率

④接受境外单位或者个人提供的应税服务，从税务机关或者境内代理人取得的解缴税款的中华人民共和国税收缴款凭证（以下简称税收缴款凭证）上注明的增值税额。

纳税人取得的增值税扣税凭证不符合法律、行政法规或者国家税务总局有关规定的，其进项税额不得从销项税额中抵扣。增值税扣税凭证是指增值税专用发票、海关进口增值税专用缴款书、农产品收购发票、农产品销售发票、税收缴款凭证。

纳税人凭税收缴款凭证抵扣进项税额的，应当具备书面合同、付款证明和境外单位的对账单或者发票。资料不全的，其进项税额不得从销项税额中抵扣。

2）不得从销项税额中抵扣的进项税额

①用于简易计税方法计税项目、非增值税应税项目、免征增值税项目、集体福利或者个人消费的购进货物以及接受加工、修理修配劳务或者应税服务的进项税额。

②非正常损失的购进货物及相关应税劳务的进项税额。

③非正常损失的在产品、产成品所耗用的购进货物或者应税劳务的进项税额。

④一般纳税人兼营免税项目或者非增值税应税劳务而无法划分不得抵扣的进项税额的，按下列公式计算不得抵扣的进项税额：

不得抵扣的进项税额＝当月无法划分的全部进项税额 × 当月免税项目销售额、非增值税应税劳务营业额合计 ÷ 当月全部销售额、营业额合计

⑤纳税人从海关取得的完税凭证上注明的增值税额准予从销项税额中抵扣。因此，纳税人进口货物取得的合法海关完税凭证，是计算增值税进项税额的唯一依据，其进口货物向境外实际支付的货款低于进口报关价格的差额部分，以及从境外供应商取得的退还或者返还的资金，不作进项税额转出处理。

【例 3—13】某企业为增值税一般纳税人，适用增值税税率为 16%，2018 年 5 月份的有关生产经营业务如下：

（1）销售甲产品给新华公司，开具增值税专用发票，取得含税销售额 100 万元，另外开具普通发票，取得销售甲产品的送货运输费收入 7.02 万元。

（2）销售乙产品，开具普通发票，取得不含税销售额 30 万元。

（3）将试制的一批应税产品无偿捐赠给某单位，成本价为 30 万元，成本利润率为 10%，该产品无同类产品市场销售价格。

（4）购进货物取得增值税专用发票，注明支付的价款为 80 万元，进项税额 12.8 万元，另外支付购货的运输费用 8 万元，取得运输公司开具的增值税发票。

（5）向农业生产者购进免税农产品一批，支付收购价 50 万元，支付给运输单位的费用为 6 万元，取得相关的合法票据。本月下旬将购进的农产品的 30% 用于本企业职工福利。

以上相关票据均符合税法的规定。请计算该企业 5 月份应缴纳的增值税税额（保留两位小数点）。

【解析】（1）销售甲产品的销项税额 = 100÷（1+16%）×16%+7.02÷（1+10%）×10%=14.43（万元）

（2）销售乙产品的销项税额 =30×16%=4.8（万元）

（3）自制产品无偿捐赠的销项税额 =30×（1+10%）×16%=5.28（万元）

（4）外购货物应抵扣的进项税额 =12.8+8÷（1+10%）×10%=13.53（万元）

（5）外购免税农产品应抵扣的进项税额 =［50×10%+6÷（1+10%）×10%）］×（1−30%）=3.88（万元）

5 月份该企业应缴纳的增值税税额 =14.43+4.8+5.28−13.53−3.88=7.1（万元）

7. 小规模纳税人应纳税额的计算

（1）应纳税额的计算公式

小规模纳税人销售货物或者提供应税劳务，实行按照销售额和征收率计算应纳税额的简易办法，并不得抵扣进项税额，其应纳税额计算公式为：

应纳税额 = 销售额 × 征收率

（2）含税销售额的换算

由于小规模纳税人在销售货物或者提供应税劳务时，一般只能开具普通发票，取得收入一般情况下都是含税销售额。根据规定，小规模纳税人的销售额不包括其应纳税额。当小规模纳税人销售货物或者提供应税劳务采用销售额和应纳税额合并定价方法的，按照下列公式计算销售额：

销售额 = 含税销售额 ÷（1+ 征收率）

【例 3—14】某企业为小规模纳税人，2017 年 4 月取得销售收入为 14.42 万元，当月购进货物支付价款 5.08 万元。计算该企业 4 月份应缴纳的增值税税额。

【解析】4 月份取得的不含税销售额 = 14.42÷（1+3%）=14（万元）

4 月份应缴纳增值税税额 =14×3%=0.42（万元）

8. 增值税的征收管理

（1）纳税义务发生时间

一般来说，确认收入就发生纳税义务，而收入需结合权责发生制来确定。在处理过程中，纳税义务发生时间分为以下几种情况：

1）采取直接收款方式销售货物，不论货物是否发出，均为收到销售款或者取得索取销售款凭据，并将提货单交给买方的当天，先开具发票的为开具发票的当天。纳税人提供应税服务的，为收讫销售款或者取得索取销售款项凭据的当天，先开发票的为开具发票的当天。收讫销售款项是指纳税人提供应税服务过程中或者完成后收到款项。取得索取销售款项凭证的当天是指书面合同确定的付款日期，未签订书面合同或者书面合同未确定付款日期的，应为应税服务完成的当天。

2）采取托收承付和委托银行收款方式销售货物，为发出货物并办妥托收手续的当天。

3）采取赊销和分期收款方式销售货物，为书面合同约定的收款当天，无书面合同或者书面合同没有约定收款日期的，为货物发出的当天。

4）采取预收货款方式销售货物，为货物发出的当天，对于生产销售工期超过 12 个月的大型机械设备、船舶、飞机等货物，为收到预收款或者书面合同约定的收款日期的当天。

纳税人提供有形动产租赁服务采取预收款方式的，其纳税义务发生时间为收到预收款的当天。

5）委托其他纳税人代销货物，为收到代销单位的代销清单或者收到全部或者部分货款的当天。未收到代销清单及货款的，为发出代销货物满 180 天的当天。

6）销售应税劳务，为提供劳务同时收讫销售款或者取得索取销售款凭据的当天。

7）纳税人发生视同销售货物行为的，为货物移送的当天。纳税人发生视同提供应税服务行为的，其纳税义务发生时间为应税服务完成的当天。

8）纳税人进口货物，纳税义务发生时间为报关进口的当天。

9）增值税扣缴义务发生时间为纳税人增值税纳税义务发生的当天。

（2）纳税期限

增值税的纳税期限分别为1日、3日、5日、10日、15日、1个月或1个季度。纳税人具体纳税期限，由主管税务机关根据纳税人应纳税额的大小分别核定。以1个季度为纳税期限的规定适用于小规模纳税人以及财政部和国家税务总局规定的其他纳税人，不能按照固定期限纳税的，可以按次纳税。

纳税人以1个月或1个季度为1个纳税期的，自纳税期满之日起15日内申报纳税，以1日、3日、5日、10日或15日为1个纳税期的，自期满之日起5日内预缴税款，于次月1日起15日内申报纳税并结清上月应纳税款。

纳税人进口货物，应当自海关填发海关进口增值税专用缴款书之日起15日内缴纳税款。

（3）纳税地点

固定业户应当向其机构所在地主管税务机构申报纳税。固定业户到外县（市）销售货物或者提供应税劳务，应当向其机构所在地主管税务机关申请开具外出经营活动税收管理证明，并向其机构所在地主管税务机关申报纳税。未开具该证明的，应当向销售地或者劳务发生地的主管税务机关申报纳税。

非固定业户销售货物或者提供应税劳务，应当向销售地或者劳务发生地的主管税务机关申报纳税。进口货物向报关地海关申报纳税。

扣缴义务人应当向其机构所在地或者居住地主管税务机关申报缴纳其扣缴的税款。

二、消费税

1. 消费税的概念

消费税是对在我国境内从事生产、委托加工和进口应税消费品的单位和个人征收的一种流转税，是对特定的消费品和消费行为在特定的环节征收的一个税种。

2. 消费税的征税范围

（1）生产应税消费品

生产应税消费品在生产销售环节征税。纳税人将生产的应税消费品换取生产资料、消费资料、投资入股、偿还债务，以及用于继续生产应税消费品以外的其他方面都应缴纳消费税。

（2）委托加工应税消费品

委托加工应税消费品是指委托方提供原料和主要材料，受托方只收取加工费和代垫部分辅助材料加工费的应税消费品。由受托方提供原材料或其他情形的一律不能视同加工应税消费品。委托加工的应税消费品，除受托方为个人外，由受托方在向委托方交货时代收代缴税款。委托个人加工的应税消费品，由委托方收回后缴纳消费税。

委托加工的应税消费品，委托方用于连续生产应税消费品的，所纳税款准予按规定抵扣，直接出售的，不再缴纳消费税。委托方将收回的应税消费品，以不高于受托方的计税价格出售的，为直接出售，不再缴纳消费税。委托方以高于受托方的计税价格出售的，不属于直接出售，需按照规定申报缴纳消费税，在计税时准予扣除受托方已代收代缴的消费税。

（3）进口应税消费品

单位和个人进口应税消费品，于报关进口时由海关代征消费税。

（4）批发、零售应税消费品

经国务院批准，自 1995 年 1 月 1 日起，金银首饰消费税由生产销售环节征收改为零售环节征收。改在零售环节征收消费税的金银首饰仅限于金基、银基合金首饰以及金、银和金基、银基合金的镶嵌首饰，适用税率为 5%，其计税依据是不含增值税的销售额。

对既销售金银首饰，又销售非金银首饰的生产、经营单位，应将两类商品划分清楚，分别核算销售额。凡划分不清楚或不能分别核算的，在生产环节销售的，一律从高适用税率征收消费税，在零售环节销售的，一律按金银首饰征收消费税。

金银首饰与其他产品组成成套消费品销售的，应按销售额全额征收消费税。

金银首饰连同包装物一起销售的，无论包装物是否单独计价，也无论会计上如何核算，均应并入金银首饰的销售额计征消费税。

带料加工的金银首饰，应按受托方销售的同类金银首饰的销售价格确定计税依据征收消费税。没有同类金银首饰销售价格的，按照组成计税价格计算应纳税额。

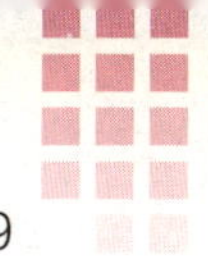

纳税人采用以旧换新（含翻新改制）方式销售的金银首饰，应按实际收取的不含增值税的全部价款确定计税依据征收消费税。

3. 消费税纳税人

消费税纳税人是指在中华人民共和国境内（起运地或者所在地在境内）生产、委托加工和进口《中华人民共和国消费税暂行条例》(以下简称《消费税暂行条例》) 规定的消费品的单位和个人，以及国务院确定的销售《消费税暂行条例》规定的消费品的其他单位和个人。

4. 消费税税目与税率

根据《消费税暂行条例》的规定，确定征收消费税的只有烟、酒、化妆品等14个税目（见表3—1），有的税目还进一步划分为若干子目。消费税属于价内税，并实行单一环节征收，一般在应税消费品的生产、委托加工和进口环节缴纳，在以后的批发、零售等环节中，由于价款中已经包含消费税，因此不必再缴纳消费税。

表3—1 消费税税目、税率（税额）表

税目	税率
一、烟	
1. 卷烟	
（1）甲类卷烟	56%加0.003元/支（生产环节）
（2）乙类卷烟	36%加0.003元/支（生产环节）
（3）批发环节	5%
2. 雪茄烟	36%
3. 烟丝	30%
二、酒及酒精	
1. 白酒	20%加0.5元/500克（或者500毫升）
2. 黄酒	240元/吨
3. 啤酒	
（1）甲类啤酒	250元/吨
（2）乙类啤酒	220元/吨
4. 其他酒	10%
5. 酒精	5%
三、化妆品	30%
四、贵重首饰及珠宝玉石	
1. 金银首饰、铂金首饰和钻石及钻石饰品	5%
2. 其他贵重首饰和珠宝玉石	10%

续表

税目	税率
五、鞭炮、焰火	15%
六、成品油	
1. 汽油	
（1）含铅汽油	1.40 元 / 升
（2）无铅汽油	1.00 元 / 升
2. 柴油	0.80 元 / 升
3. 航空煤油	0.80 元 / 升
4. 石脑油	1.00 元 / 升
5. 溶剂油	1.00 元 / 升
6. 润滑油	1.00 元 / 升
7. 燃料油	0.80 元 / 升
七、汽车轮胎	3%
八、摩托车	
1. 气缸容量在 250 毫升（含 250 毫升）以下的	3%
2. 气缸容量在 250 毫升以上的	10%
九、小汽车	
1. 乘用车	
（1）气缸容量在 1.0 升（含 1.0 升）以下的	1%
（2）气缸容量在 1.0 升以上至 1.5 升（含 1.5 升）的	3%
（3）气缸容量在 1.5 升以上至 2.0 升（含 2.0 升）的	5%
（4）气缸容量在 2.0 升以上至 2.5 升（含 2.5 升）的	9%
（5）气缸容量在 2.5 升以上至 3.0 升（含 3.0 升）的	12%
（6）气缸容量在 3.0 升以上至 4.0 升（含 4.0 升）的	25%
（7）气缸容量在 4.0 升以上的	40%
2. 中轻型商用客车	5%
十、高尔夫球及球具	10%
十一、高档手表	20%
十二、游艇	10%
十三、木制一次性筷子	5%
十四、实木地板	5%

注：①甲类卷烟是指每标准条（200 支）调拨价 70 元以上（含 70 元，不含增值税）的卷烟，乙类卷烟是指每标准条（200 支）调拨价 70 元以下（不含增值税）的卷烟。

②甲类啤酒是指每吨出厂价格（含包装物及包装物押金，不含增值税）为 3 000 元（含）以上的啤酒，乙类啤酒是指每吨出厂价格（含包装物及包装物押金，不含增值税）为 3 000 元（含）以下的啤酒。

5. 消费税应纳税额的计算

（1）从价定率征收

根据不同的应税消费品确定不同的比例税率，应纳税额等于应税消费品的销售额乘以比例税率。计算公式为：

应纳税额 = 应税消费品的销售额 × 比例税率

销售额为纳税人销售应税销售品向购买方收取的全部价款和价外费用，但下列项目不包括在内：

1）同时符合以下条件的代垫运输费用：①承运部门的运输费用发票开具给购买方的；②纳税人将该项发票转交给购买方的。

2）同时符合下列条件代为收取的政府性基金或者行政事业性收费：①由国务院或者财政部批准设立的政府性基金，由国务院或者省级人民政府及其财政、价格主管部门批准设立的行政事业性收费；②收取时开具省级以上财政部门印制的财政票据；③所收款项全额上缴财政。

应税消费品的销售额不包括向购货方收取的增值税税款，但在实际工作中，销售额中往往含有增值税税款。因此，应将含税销售额换算为不含增值税销售额后，再计算应纳消费税税额。计算公式为：

销售额 = 含税销售额 ÷（1+ 增值税税率或者征收率）

【例 3—15】某化妆品生产企业为增值税一般纳税人，某月销售化妆品一批，开具增值税专用发票，取得不含增值税销售额 20 万元，增值税税额 3.4 万元。当月又向某单位销售化妆品一批，开具增值税专用发票，取得含税销售额 7.02 万元。计算该化妆品生产企业上述业务应缴纳的销售税额（化妆品适用消费税税率为 30%）。

【解析】化妆品的应税销售额 =20+7.02÷（1+16%）=26.05（万元）

应缴纳的消费税税额 =26.05×30%=7.82（万元）

（2）从量定额征收

根据不同的应税消费品确定不同的单位税额，应纳税额等于应税消费品的销售数量乘以单位税额。我国目前只有啤酒、黄酒及成品油采用从量计征方法。计算公式为：

应纳税额 = 应税消费品的销售数量 × 单位税额

应税消费品销售数量是指纳税人生产、加工和进口应税消费品的数量，具体规定如下：

1）销售应税消费品的，为应税消费品的销售数量。

2）自产自用应税消费品的，为应税消费品的移送使用数量。

3）委托加工应税消费品的，为纳税人收回的应税消费品数量。

4）进口的应税消费品，为海关核定的应税消费品进口征税数量。

【例 3—16】某酒厂销售部门销售黄酒 120 吨，每吨 1 000 元，收取增值税 170 元。该酒厂门市部直接向外零售黄酒 40 吨，每吨 1 700 元（含税）。此外，企业发给职工每人 0.025 吨黄酒，全厂职工共 200 人。已知黄酒的消费税为 240 元 / 吨，计算该企业本月应纳消费税税额。

【解析】该企业本月应纳消费税税额 = 销售数量 × 单位税额

= （120+40+0.025×200）×240

=165×240

=39 600（元）

（3）从价定率和从量定额复合征收

复合征收即以两种方法计算的应纳税额之和为该应税消费品的应纳税额。我国对卷烟和白酒（薯类白酒、粮食白酒）采用复合征收方法。计算公式为：

应纳税额 = 应税消费品的销售额 × 比例税率 +

应税消费品的销售数量 × 单位税额

【例 3—17】某烟厂为增值税一般纳税人，某月销售甲类卷烟 1 000 标准条，取得销售收入（含增值税）93 600 元。已知该批卷烟适用的消费税比例税率为 56%，定额税率为 0.003 元 / 支，1 标准条有 200 支。计算该烟厂本月应纳消费税税额。

【解析】该烟厂本月应纳消费税税额 =93 600÷（1+16%）×56%+0.003×200×1 000=45 786.21（元）

【例 3—18】某白酒生产企业为增值税一般纳税人，某月销售薯类白酒 60 吨，取得不含税的销售额 160 万元。计算该白酒企业本月应纳税额（白酒适用比例税率为 20%，定额税率为每 500 克 0.5 元）。

【解析】该白酒生产企业本月应纳消费税税额 =60×2 000×0.5÷10 000+160×20%=38（万元）

（4）应税消费品已纳税款扣除

应税消费品若是用外购已缴纳消费税的应税消费品连续生产出来的，在对这些连续生产出来的应税消费品征税时，应按当期生产领用数量计算准予扣除的外购应税消费品已缴纳的消费税税款。

当期准予扣除外购应税消费品已缴纳消费税税款的计算公式为：

当期准予扣除的外购应税消费品已缴纳税款 = 当期准予扣除的外购应税消费品买价 × 外购应税消费品适用税率

当期准予扣除的外购应税消费品买价 = 期初库存的外购应税消费品的买价 + 当期购进的应税消费品的买价 − 期末库存的外购应税消费品的买价

【例 3—19】某化妆品厂用外购已缴纳消费税的化妆品继续生产加工成化妆品销售，已知期初库存外购化妆品 3 万元，本期外购化妆品 8 万元（不含税价），本期月末库存外购化妆品 2 万元，月销售加工完成的化妆品取得不含税销售额 25 万元。计算该化妆品厂当月应纳消费税税额。

【解析】当月准予扣除外购化妆品已缴纳消费税 =（3+8−2）×30%=2.7（万元）

应纳消费税税额 =25×30%−2.7=4.8（万元）

（5）自产自用应税消费品应纳税额

纳税人自产自用应税消费品用于连续生产应税消费品的不纳税，凡用于其他方面的，应按照纳税人生产的同类消费品的销售价格计算纳税，没有同类消费品销售价格的，按照组成计税价格计算纳税。

实行从价定率办法计算纳税的组成计税价格计算公式为：

组成计税价格 =（成本 + 利润）÷（1− 比例税率）

实行复合计税办法计算纳税的组成计税价格计算公式为：

组成计税价格 =（成本 + 利润 + 自产自用数量 × 定额税率）÷（1− 比例税率）

【例 3—20】某摩托车生产企业为一般增值税纳税人，某月向 A 企业销售一批摩托车（排量 500 毫升）100 辆，单价 4 000 元（不含税），向 B 企业销售同类摩托车 100 辆，单价 4 200 元（不含税），用 6 辆同类摩托车与 C 企业换入原材料。计算该摩托车生产企业本月应纳税额（该类摩托车适用的消费税税率为 10%）。

【解析】销售给 A 企业应纳消费税税额 =100×4 000×10%=40 000（元）

销售给 B 企业应纳消费税税额 =100×4 200×10%=42 000（元）

与 C 企业换入原材料应纳消费税税额 =6×［（4 000×100+4 200×100）÷200］×10%=2 460（元）

该企业本月应纳消费税税额 =40 000+42 000+2 460=84 460（元）

【例 3—21】某化妆品厂为增值税一般纳税人，某月将一批自产的化妆品用作工人福利，化妆品的成本为 8 000 元，该化妆品无同类产品市场销售价格，已知其成本利率为 5%，消费税税率为 30%。计算该批化妆品应纳消费税税额和增值税销项税额。

【解析】组成计税价格 =8 000×（1+5%）÷（1−30%）=12 000（元）

应纳消费税税额 =12 000×30%=3 600（元）

应纳销项税额 =12 000×16%=1 920（元）

【例 3—22】某酒厂将自产的白酒（1 000 毫升）用于广告样品，每毫升白酒成本 10 元，无同类产品售价，成本利润率假设为 5%。计算该酒厂应纳消费税税额和应纳销项税额。

【解析】从量征收的消费税 =1 000×0.5=500（元）

从价征收的消费税组成的计税价格 =［10×1 000×（1+5%）+500］÷（1−20%）=13 750（元）

从价征收的消费税 =13 750×20%=2 750（元）

应纳消费税税额 =500+2 750=3 250（元）

应纳销项税额 =13 750×16%=2 200（元）

（6）委托加工应税消费品应纳税额

委托加工的应税消费品，按照受托方的同类消费品的销售价格计算纳税，没有同类消费品销售价格的，按照组成计税价格计算纳税。

实行从价定率办法计算纳税的组成计税价格计算公式为：

组成计税价格 =（材料成本 + 加工费）÷（1 − 比例税率）

实行复合计税办法计算纳税的组成计税价格计算公式为：

组成计税价格 =（材料成本 + 加工费 + 委托加工数量 × 定额税率）÷（1− 比例税率）

【例 3—23】某企业为增值税一般纳税人，某月从农业生产者处收购粮食 30 吨，收购价为 2 000 元 / 吨，支付价款为 60 000 元。企业将收购的粮食直接运往异地某酒厂生产药酒，酒厂在工程中代垫辅助材料款 10 000 元。药酒加工完毕，企业收回药酒时，取得酒厂开具的增值税专用发票注明加工费 20 000 元，加工药酒无同类产品售价。计算酒厂代收代缴消费税税额（税率为 10%）。

【解析】酒厂代收代缴消费税税额 =［60 000×（1−13%）+10 000+20 000］÷（1−10%）×10%=9 133.33（元）

6. 消费税征收管理

（1）纳税义务发生时间（货款结算方式或行为发生时间）

1）纳税人销售应税消费品的，纳税义务发生时间按不同的销售结算方式分

别为：

①采取赊销和分期收款结算方式的，为书面合同约定的收款日期的当天，书面合同没有约定收款日期或者无书面合同的，为发出应税消费品的当天。

②采取预收货款结算方式的，为发出应税消费品的当天。

③采取托收承付和委托银行收款方式的，为发出应税消费品并办妥托收手续的当天。

④采取其他结算方式的，为收讫销售款或者取得索取销售款凭据的当天。

2）纳税人自产自用应税消费品的，为移送使用的当天。

3）纳税人委托加工应税消费品的，为纳税人提货的当天。

4）纳税人进口应税消费品的，为报关进口的当天。

（2）消费税纳税期限

消费税纳税期限分别为1日、3日、5日、10日、15日、1个月或者1个季度。纳税人的具体纳税期限，由主管税务机关根据纳税人应纳税额的大小分别核定，不能按照固定期限纳税的，可以按次纳税。纳税人以1个月或者1个季度为一个纳税期的，自期满之日起15日内申报纳税。纳税人以1日、3日、5日、10日、15日为一个纳税期的，自期满之日起5日内预缴税款，于次月1日起15日内申报纳税并结清上月应纳税款。进口货物自海关填发税收专用缴款书之日起15日内缴纳。

（3）消费税纳税地点

1）纳税人销售的应税消费品，以及自产自用的应税消费品，除国务院财政、税务主管部门另有规定外，应当向纳税人机构所在地或者居住地的主管税务机关申报纳税。

2）委托加工的应税消费品，除受托方为个人外，由受托方向机构所在地或者居住地主管税务机关解缴消费税税款。委托个人加工的应税消费品，由委托方向其机构所在地或者居住地主管税务机关申报纳税。

3）进口的应税消费品，由进口人或者其代理人向报关地海关申报纳税。

4）纳税人到外县（市）销售或者委托外县（市）代销自产应税消费品的，于应税消费品销售后，向机构所在地或居住地主管税务机关申报纳税。

5）纳税人销售的应税消费品，如因质量等原因由购买者退回时，经由所在地主管税务机关审核批准后，可退还已征收的消费税税款，但不能自行直接抵减应纳税款。

三、企业所得税

1. 企业所得税的概念

企业所得税是对在我国境内企业和其他组织的生产经营所得和其他所得征收的一种税。

2. 企业所得税的纳税人与征税对象

企业所得税的纳税义务人是指在中华人民共和国境内的企业和其他取得收入的组织。个人独资企业、合伙企业不适用企业所得税法。企业所得税纳税人分为居民企业和非居民企业两类。

（1）居民企业

居民企业是指依法在中国境内成立，或者依照外国（地区）法律成立但实际管理机构在中国境内的企业，包括国有企业、集体企业、私营企业、联营企业、股份制企业、外商投资企业、外国企业以及有生产经营所得和其他所得的其他组织。有生产经营所得和其他所得的其他组织是指经国家有关部门批准，依法注册、登记的事业单位、社会团体等组织。

居民企业就来源于中国境内、境外的全部所得作为征税对象。所得包括销售货物所得、提供劳务所得、转让财产所得、股息红利等权益性投资所得、利息所得、租金所得、特许权使用费所得、接受捐赠所得和其他所得。

（2）非居民企业

非居民企业是指依照外国（地区）法律成立且实际管理机构不在中国境内，但在中国境内设立机构、场所的，或者在中国境内未设立机构、场所，但有来源于中国境内所得的企业。

非居民企业在中国境内设立机构、场所的，应当就其所设机构、场所取得的来源于中国境内的所得，以及发生在中国境外但与其所设机构、场所有实际联系的所得缴纳企业所得税。非居民企业在中国境内未设立机构、场所的，或者虽设立机构、场所，但取得的所得与其所设机构、场所没有实际联系的，应当就其来源于中国境内的所得缴纳企业所得税。

3. 企业所得税的税率

企业所得税实行比例税率，现行规定如下：

（1）基本税率为 25%。适用于居民企业和在中国境内设有机构、场所且所得与机构、场所有关联的非居民企业。

（2）优惠税率。对符合条件的小型微利企业，减按 20% 的税率征收企业所得税。对国家需要重点扶持的高新技术企业，减按 15% 的税率征收企业所得税。

4. 企业所得税应纳税所得额

企业所得税应纳税所得额是企业所得税的计税依据。应纳税所得额为企业每一个纳税年度的收入总额减去不征税收入、免税收入、各项扣除，以及弥补以前年度的亏损之后的余额，应纳税所得额有两种计算方法。

直接计算法下的计算公式为：

应纳税所得额 = 收入总额 − 不征税收入额 − 免税收入额 − 各项扣除额 − 准予弥补的以前年度亏损额

间接计算法下的计算公式为：

应纳税所得额 = 利润总额 + 纳税调整项目金额

（1）收入总额

企业以货币形式和非货币形式从各种来源取得的收入为收入总额，包括销售货物收入，提供劳务收入，转让财产收入，股息、红利等权益性投资收益，利息收入，租金收入，特许权使用费收入，接受捐赠收入及其他收入。

企业取得收入的货币形式包括现金、存款、应收账款、应收票据、准备持有至到期的债券投资以及债务的豁免等。纳税人以非货币形式取得的收入，包括固定资产、生物资产、无形资产、股权投资、存货、不准备持有投资到期的债券投资、劳务以及有关权益等。

（2）不征税收入

不征税收入是指从性质和根源上不属于企业营利性活动带来的经济利益、不负有纳税义务并不作为应纳税所得额组成部分的收入，主要包括以下几方面。

1）财政拨款。财政拨款是指各级人民政府对纳入预算管理的事业单位、社会团体等组织拨付的财政资金，但国务院和国务院财政、税务主管部门另有规定的除外。

2）依法收取并纳入财政管理的行政事业性收费、政府性基金。行政事业性收费是指依照法律、法规等有关规定，按照国务院规定程序标准，在实施社会公共管理，以及在向公民、法人或者其他组织提供特定公共服务过程中，向特定对象收取并纳入财政管理的费用。政府性基金是指企业依照法律、行政法规等有关规定，代政府收取的具有专项用途的财政资金。

3）国务院规定的其他不征税收入。国务院规定的其他不征税收入是指企业取得的由国务院财政、税务主管部门规定专项用途并经国务院批准的财政性资金。

（3）免税收入

免税收入是指属于企业的应税所得但按照税法规定免予征收企业所得税的收入。免税收入包括国债利息收入，符合条件的居民企业之间的股息、红利收入，在中国境内设立机构、场所的非居民企业从居民企业取得与该机构、场所有实际联系的股息、红利收入，符合条件的非营利组织的收入等。

（4）准予扣除的项目及扣除范围

1）税前扣除项目的原则。企业申报的扣除项目和金额要真实、合法。真实是指能提供证明有关支出确属已经实际发生。合法是指符合国家税法的规定，若其他法规规定与税收法规规定不一致，应以税收法规的规定为标准。

2）扣除项目的范围。《企业所得税法》规定，企业实际发生的与取得收入有关的、合理的支出，包括成本、费用、税金、损失和其他支出等，准予在计算应纳税所得额时扣除。实际业务中计算应纳税所得额时还应注意以下三方面的内容：

①企业发生的支出应当区分收益性支出和资本性支出。收益性支出在发生当期直接扣除，资本性支出应当分期扣除或者计入有关资产成本，不得在发生当期直接扣除。

②企业的不征税收入用于支出所形成的费用或者财产，不得扣除或者计算对应的折旧、摊销扣除。

③除《企业所得税法》和实施条例另有规定外，企业实际发生的成本、费用、税金、损失和其他支出，不得重复扣除。

3）职工福利费、工会经费和职工教育经费支出的税前扣除。企业发生的职工福利费、工会经费和职工教育经费按照标准扣除，未超过标准的按实际数扣除，超过标准的只能按照标准扣除。

①企业发生的职工福利费支出，不超过工资薪金总额14%的部分，准予扣除。

②企业拨缴的工会经费，不超过工资薪金总额 2% 的部分，准予扣除。

③除国务院财政、税务主管部门另有规定外，企业发生的职工教育经费支出，不超过工资薪金总额 2.5% 的部分，准予扣除，超过部分准予在以后纳税年度结转扣除。

【例 3—24】某公司 2016 年实际支付工资总额为 200 万元，发生职工福利费支出 32 万元，职工工会经费 3 万元，职工教育经费 6 万元，为职工支付商业保险费 18 万元。计算职工福利费、工会经费、职工教育经费、职工保险费纳税调整金额。

【解析】福利费扣除限额 =200×14%=28（万元）

调增利润总额 =32−28=4（万元）

工会经费扣除限额 =200×2%=4（万元）

实际支出小于限额，据实扣除不作调整。

职工教育经费 =200×2.5%=5（万元）

调增利润总额 =6−5=1（万元）

这 1 万元可以结转在以后纳税年度扣除。

支付商业保险费不得扣除，调增利润总额 18 万元。

合计调增利润总额 =4+1+18=23（万元）

（5）不得扣除的项目

1）向投资者支付的股息、红利等权益性投资收益款项。

2）企业所得税税额。

3）税收滞纳金，即纳税人违反税收法律规定，被税务机关处以的滞纳金。

4）罚金、罚款和被没收财物的损失，即纳税人违反国家相关法律、法规规定，被有关部门处以的罚款，以及被司法机关处以的罚金和被没收的财物。

5）企业发生的公益性捐赠支出以外的捐赠支出。企业发生的公益性捐赠支出在年度利润总额 12% 以内的部分，准予在计算应纳税所得额时扣除。

6）赞助支出，即企业发生的与生产经营活动无关的各种广告性支出。

7）企业之间支付的管理费用、企业内营业机构之间支付的租金和特许权使用费，以及非银行企业内营业机构之间支付的利息。

8）未经核定的准备金支出，即不符合国务院财政、税务主管部门规定的各项资产减值准备、风险等准备金支出。

9）与取得收入无关的其他支出。

（6）亏损弥补

亏损是指企业按照《企业所得税法》及其暂行条例的规定，将每一纳税年度的收入总额减除不征税收入、免税收入和各项扣除后小于零的数额。税法规定，企业某一纳税年度发生的亏损可以用下一年度的所得弥补，下一年度所得不足以弥补的，可以逐年延续弥补，但是最长不得超过5年。而且，企业在汇总缴纳企业所得税时，其境外营业机构的亏损不得抵减境内营业机构的盈利。

【例3—25】某企业2010—2016年的盈亏情况见表3—2，该企业适用的企业所得税税率为25%，则该企业2016年应纳所得税税额为（　　）万元。

表3—2　　企业2010—2016年盈亏表

年度	2010	2011	2012	2013	2014	2015	2016
盈亏（万元）	-120	-50	10	30	30	40	70

【解析】2010年亏损120万元，逐年弥补，在第5年也就是2015年时，仍有亏损10万元无法弥补，因为弥补期结束，所以不再弥补。2011年亏损50万元，后延续弥补5年，第5年是2016年，2016年的盈利70万元弥补2011年的亏损50万元，这样2016年弥补亏损后仍有盈利20万元。

因此，该企业2016年应纳所得税税额为20×25%=5（万元）。

5. 企业所得税征收管理

（1）纳税地点

1）除税法、行政法规另有规定外，居民企业以企业登记注册地为纳税地点。登记注册地在境外的，以企业实际管理机构所在地为纳税地点。企业注册登记地是指企业依照国家有关规定登记注册的住所地。

2）居民企业在中国境内设立不具有法人资格的营业机构的，应当汇总计算并缴纳企业所得税。企业汇总计算并缴纳企业所得税时，应当统一核算应缴纳所得税税额，具体办法由国务院财政、税务主管部门另行规定。

3）非居民企业在中国境内设立机构、场所的，应当就其所设机构、场所取得的来源于中国境内的所得，以及发生在中国境外但与其所设机构、场所有实际联系的所得，以机构、场所所在地为纳税地点。非居民企业在中国境内设立两个或者两个以上机构、场所的，经税务机关审核批准，可以选择其主要机构、场所汇总缴纳企业所得税。

4）非居民企业在中国境内未设立机构、场所的，或者虽然设立机构、场所，但所取得的所得与其所设机构、场所没有实际联系的，以扣缴义务人所在地为纳税地点。

（2）纳税期限

企业所得税实行按年计算、分月或分季预缴、年终汇算清缴、多退少补的征纳方法。具体纳税期限由主管税务机关根据纳税人应纳税额的大小予以核定。

企业所得税的纳税年度，自公历 1 月 1 日起到 12 月 31 日止。纳税人在一个年度中间开业，或者由于合并、关闭等原因终止经营活动，使该纳税年度的实际经营期不足 12 个月的，应当以其实际经营期为一个纳税年度。

（3）纳税申报

根据《企业所得税法》第五十四条规定，企业应当自月份或者季度终了之日起十五日内，向其机构所在地主管税务机关报送预缴企业所得税纳税申报表，并在规定期限内预缴税款。企业应当自年度终了之日起五个月内，向税务机关报送年度企业所得税纳税申报表，并汇算清缴，结清应缴应退税款。

根据《企业所得税法》第五十五条规定，企业应当在办理注销登记前，就其清算所得向税务机关申报并依法缴纳企业所得税。

根据《企业所得税法》第五十六条规定，依法缴纳的企业所得税应以人民币计算。所得以人民币以外的货币计算的，应当折合成人民币计算并缴纳税款。

企业在纳税年度内无论盈利或者亏损，都应当依照《企业所得税法》第五十四条规定的期限，向税务机关办理纳税申报。

四、个人所得税

1. 个人所得税的概念

个人所得税是以自然人取得的各类应税所得为征税对象而征收的一种所得税，是政府利用税收对个人收入进行调节的一种手段。个人所得税的征税对象不仅包括个人，还包括具有自然人性质的企业（个人独资企业、合伙企业）。

2. 个人所得税的纳税义务人

个人所得税的纳税义务人以住所和居住时间为标准，分为居民纳税义务人和非居民纳税义务人，分别承担不同的纳税义务。

（1）居民纳税义务人

根据《中华人民共和国个人所得税法》（以下简称《个人所得税法》）规定，

居民纳税义务人是指在中国境内有住所或者无住所而在中国境内居住满一年的个人。

在境内居住满一年是指在一个纳税年度里在中国境内居住 365 日，临时离境的不扣减日数。纳税年度自公历 1 月 1 日起至 12 月 31 日止。临时离境是指在一个纳税年度中一次不超过 30 日或者多次累计不超过 90 日的离境。

居民纳税义务人负有无限纳税义务，其所取得的应纳税所得，无论是来源于中国境内还是中国境外任何地方，都要缴纳个人所得税。

（2）非居民纳税义务人

《个人所得税法》规定，非居民纳税义务人是指在中国境内有住所又不居住或者无住所而在境内居住不满一年的个人。

非居民纳税义务人承担有限纳税义务，仅就其来源于中国境内的所得，向中国缴纳个人所得税。

3. 个人所得税的应税项目、税率与费用扣除标准

现行个人所得税共有 11 个应税项目：①工资、薪金所得；②个体工商户的生产、经营所得；③对企事业单位的承包经营、承租经营所得；④劳务报酬所得；⑤稿酬所得；⑥特许权使用费所得；⑦利息、股息、红利所得；⑧财产租赁所得；⑨财产转让所得；⑩偶然所得；⑪经国务院财政部门确定征税的其他所得。

（1）工资、薪金所得

工资、薪金所得是指个人任职或者受雇而取得的工资、薪金、奖金、年终加薪、劳动分红、津贴、补贴以及与任职或者受雇有关的其他所得。自 2011 年 9 月 1 日起，我国个人所得税税率适用七级超额累进税率，税率为 3% ~ 45%（见表 3—3）。

表 3—3　工资、薪金所得税税率表

级数	全月应纳税所得额（含税级距）	全月应纳税所得额（不含税级距）	税率（%）	速算扣除数
1	不超过 1 500 元	不超过 1 455 元	3	0
2	超过 1 500 元至 4 500 元的部分	超过 1 455 元至 4 155 元的部分	10	105
3	超过 4 500 元至 9 000 元的部分	超过 4 155 元至 7 755 元的部分	20	555
4	超过 9 000 元至 35 000 元的部分	超过 7 755 元至 27 255 元的部分	25	1 005

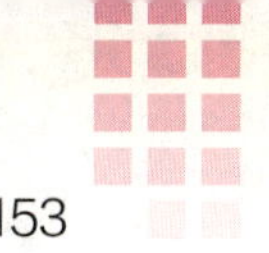

续表

级数	全月应纳税所得额（含税级距）	全月应纳税所得额（不含税级距）	税率（%）	速算扣除数
5	超过 35 000 元至 55 000 元的部分	超过 27 255 元至 41 255 元的部分	30	2 755
6	超过 55 000 元至 80 000 元的部分	超过 41 255 元至 57 505 元的部分	35	5 505
7	超过 80 000 元的部分	超过 57 505 元的部分	45	13 505

注：①本表所列含税级距与不含税级距，均为按照税法规定减除有关费用后的所得额；②含税级距适用于由纳税人负担税款的工资、薪金所得；不含税级距适用于由他人（单位）代付税款的工资、薪金所得。

工资、薪金所得以每月收入额减除费用 3 500 元后的余额为应纳税所得额。应纳个人所得税税额的计算公式为：

应纳个人所得税税额 = 应纳税所得额 × 适用税率 − 速算扣除数

= （每月收入额 −3 500 元）× 适用税率 − 速算扣除数

【例 3—26】小王 2017 年 3 月取得薪金收入 5 500 元，计算小王当月应纳税所得额和应纳个人所得税税额。

【解析】应纳税所得额 =5 500−3 500=2 000（元）

应纳个人所得税税额 =2 000×10%−105=95（元）

（2）个体工商户的生产、经营所得和对企事业单位的承包经营、承租经营所得

个体工商户的生产、经营所得是指以下几方面：

1）个体工商户从事工业、手工业、建筑业、交通运输业、商业、饮食业、服务业、修理业及其他行业取得的所得。

2）个人经政府有关部门批准取得执照，从事办学、医疗、咨询以及其他有偿服务活动取得的所得。

3）上述个体工商户和个人取得的与生产、经营有关的各项应税所得。

4）个人因从事彩票代销业务而取得的所得，应按照“个体工商户的生产、经营所得”项目计征个人所得税。

5）其他个人从事个体工商业生产、经营取得的所得。

对企事业单位的承包经营、承租经营所得，是指个人承包经营或者承租经营以及转包、转租取得的所得，承包项目可分为多种，如生产经营、采购、销售、建筑安装等各种承包。转包包括全部转包和部分转包。

个体工商户的生产经营所得和对企事业单位承包经营、承租经营所得，适用5%～35%的超额累进税率（见表3—4）。

表3—4　个体工商户的生产经营所得和对企事业单位的承包经营、承租经营所得税税率表

级数	全年应纳税所得额	税率（%）	速算扣除数
1	不超过15 000元	5	0
2	超过15 000元至30 000元的部分	10	750
3	超过30 000元至60 000元的部分	20	3 750
4	超过60 000元至100 000元的部分	30	9 750
5	超过100 000元的部分	35	14 750

对企事业单位的承包经营、承租经营所得，以每一纳税年度的收入总额减除必要费用后的余额为应纳税所得额。每一纳税年度的收入总额是指纳税义务人按照承包经营、承租经营合同规定分得的经营利润和工资、薪金性质的所得。减除必要费用是指按月减除3 500元。

（3）劳务报酬所得

劳务报酬所得是指个人独立从事非雇佣的各种劳务所取得的所得，其适用税率为20%。对劳务报酬所得一次收入畸高的，可以实行加成征收，具体办法由国务院规定。

根据《中华人民共和国个人所得税法实施条例》(以下简称《个人所得税法实施条例》)规定，“劳务报酬所得一次收入畸高”是指个人一次取得的劳务报酬，其应纳税所得额超过20 000元。对应纳税所得额超过20 000元至50 000元的部分，依照税法规定计算应纳税额后再按照应纳税额加征五成。超过50 000元的部分，加征十成。因此，劳务报酬所得实际适用20%、30%、40%的三级超额累进税率（见表3—5）。

表3—5　劳务报酬所得税税率表

级数	每次应纳税所得额（含税级距）	税率（%）	速算扣除数
1	不超过20 000元	20	0
2	超过20 000元至50 000元的部分	30	2 000
3	超过50 000元的部分	40	7 000

劳务报酬所得每次不超过4 000元的，减除费用800元，4 000元以上的，减除20%的费用，其余额为应纳税所得额。计算公式为：

①每次收入不足4 000元的：

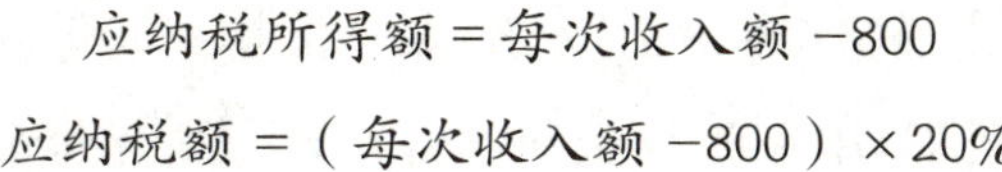

应纳税所得额 = 每次收入额 −800

应纳税额 =（每次收入额 −800）×20%

②每次收入超过 4 000 元的：

应纳税所得额 = 每次收入额 ×（1−20%）

应纳税额 = 每次收入额 ×（1−20%）× 适用税率 − 速算扣除数

【例 3—27】歌唱家王某一次取得表演收入 60 000 元，扣除 20% 费用后，应缴纳的税额为 48 000 元。计算王某应缴纳的个人所得税税额。

【解析】应纳税额 = 每次收入额 ×（1−20%）× 适用税率 − 速算扣除数

=60 000×（1−20%）×30%−2 000=12 400（元）

（4）稿酬所得

稿酬所得是指个人因其作品以图书、报刊形式出版、发表而取得的所得。《个人所得税法》第六条规定，稿酬所得每次收入不超过 4 000 元的，减除费用 800 元，4 000 元以上的，减除 20% 的费用，其余额为应纳税所得额。

该条款中所指的“每次”，按照以下方法确定：

1）以每次出版、发表取得的收入为一次。

2）同一作品再版取得的所得，应视作另一次稿酬所得计征个人所得税。

3）同一作品先在报刊上连载然后再出版，或者先出版再在报刊上连载的，应视为两次稿酬所得征税，即连载作为一次，出版作为另一次。

4）同一作品在报刊上连载取得收入的，以连载完成后取得的所有收入合并为一次计征个人所得税。

5）同一作品在出版和发表时，以预付稿酬或分次支付稿酬等形式取得的稿酬收入，应合并计算为一次。

6）同一作品出版、发表后，因添加印数而追加稿酬的，应与以前出版、发表时取得的稿酬合并计算为一次计征个人所得税。

稿酬所得适用比例税率，税率为 20%，并按应纳税额减征 30%，故其实际税率为 14%。稿酬所得应纳税额的计算公式为：

①每次收入不足 4 000 元的：

应纳税额 =（每次收入额 −800）×20%×（1−30%）

=（每次收入额 −800）×14%

②每次收入超过 4 000 元的：

应纳税额 = 每次收入额 ×（1−20%）×20%×（1−30%）

= 每次收入额 ×（1−20%）×14%

【例 3—28】某作家 2016 年 3 月份出版一本书，取得稿酬 5 000 元。该书 4 月至 6 月被某报连载，4 月份取得稿费 1 000 元，5 月份取得稿费 1 000 元，6 月份取得稿费 1 000 元。因该书畅销，6 月份出版社增加印数，又取得追加稿酬 3 000 元。计算该作家稿酬所得的应纳税额。

【解析】3 月份出版获得收入与增加印数追加稿酬合并作为一次，在报纸上连载 3 个月获得收入合并为一次。

出版和增加印数稿酬应纳税额 =（5 000+3 000）×（1−20%）×14%=896（元）

报纸上连载稿酬应纳税额 =（1 000+1 000+1 000−800）×14%=308（元）

因此，该作家稿酬所得的应纳税额 =896+308=1 204（元）

（5）特许权使用费所得，利息、股息、红利所得，财产租赁所得，财产转让所得，偶然所得和其他所得

特许权使用费所得是指个人提供专利权、商标权、著作权、非专利技术以及其他特许权的使用权取得的所得。提供著作权的使用权取得的所得不包括稿酬所得。

利息、股息、红利所得是指个人拥有债权、股权而取得的所得。

财产租赁所得是指个人出租建筑物、土地使用权、机器设备、车船以及其他财产取得的所得，以每月取得的收入为一次所得计算。个人取得的财产转租收入属于“财产租赁所得”的征收范围，由财产转租人缴纳个人所得税。

特许权使用费所得和财产租赁所得，每次不超过 4 000 元的，减除费用 800 元，4 000 元以上的，减除 20% 的费用，其余额为应纳税所得额。

财产转让所得是指个人转让有价证券、股权、建筑物、土地使用权、机器设备、车船以及其他财产取得的所得。财产转让所得，以转让财产的收入额减除财产原值和合理费用后的余额为应纳税所得额。

【例 3—29】某人自建房屋一栋，造价 48 000 元。建成后转让房屋，取得收入 60 000 元，支付合理费用 3 000 元，计算其应缴纳的个人所得税。

【解析】应纳个人所得税税额 =（60 000−48 000−3 000）×20%=1 800（元）

偶然所得是指个人得奖、中奖、中彩以及其他偶然性质的所得。税法规定，取得偶然所得的个人为个人所得税的纳税义务人，应依法纳税。向个人支付偶然所得的单位为个人所得税的扣缴义务人。不论在何地兑奖或颁奖，偶然所得应纳的个人所得税一律由支付单位扣缴。偶然所得以收入金额为应纳税所得额，税率以 20% 计算。个人购买福利、体育彩票（奖券）一次中奖收入不超过 1 万元（含 1 万元）的暂免征收个人所得税，一次中奖收入超过 1 万元的，应按税法规定全额征税。

利息、股息、红利所得，偶然所得和其他所得以每次收入额为应纳税所得额。

【例 3—30】吴某购买中国福利彩票中奖 500 万元，吴某领奖时从奖金中拿出 10 万元通过当地教育部门捐赠给某希望小学。计算吴某应该缴纳的个人所得税税额及其实际可得中奖金额。

【解析】根据《个人所得税法实施条例》的规定，吴某的捐赠额可以全部从应纳税所得额中扣除（因为 10÷500=2%，小于捐赠扣除比例 30%）。

应纳税所得额 = 偶然所得 − 捐赠额 =500−10=490（万元）

应纳个人所得税税额 = 应纳税所得额 × 适用税率 =490×20%=98（万元）

吴某实际可得金额 =500−10−98=392（万元）

4. 个人所得税的征收管理

我国个人所得税实行以代扣代缴为主、自行申报为辅的征收方式。

（1）自行申报纳税义务人

符合下列条件之一的，为自行申报纳税义务人：

1）年所得 12 万元以上的。

2）从中国境内两处或者两处以上取得工资、薪金所得的。

3）从中国境外取得所得的。

4）取得应税所得，没有扣缴义务人的。

5）国务院规定的其他情形。

（2）代扣代缴

代扣代缴是指按照税法规定负有扣缴税款义务的单位或个人，在向个人支付应纳税所得时，应计算应纳税额，从其所得中扣除并缴入国库，同时向税务机关报送扣缴个人所得税报告表。

凡支付个人应纳税所得的企事业单位、机关、社团组织、军队、驻华机构、个体工商等单位或者个人，为个人所得税的扣缴义务人。驻华机构不包括外国驻华使领馆和联合国及其他依法享有外交特权和豁免权的国际组织驻华机构。

按照税法规定，代扣代缴个人所得税是扣缴义务人的法定义务，必须依法履行。扣缴义务人向个人支付下列所得时，应代扣代缴个人所得税：①工资、薪金所得；②企事业单位的承包经营、承租经营所得；③劳务报酬所得；④稿酬所得；⑤特殊权使用费所得；⑥利息、股息、红利所得；⑦财产租赁所得；⑧财产转让所得；⑨偶然所得；⑩经国务院财政部门确定征收的其他所得。

第三节 税收征收管理

一、税务登记

1. 开业税务登记

开业税务登记是指从事生产、经营的纳税人经国家工商行政管理部门批准开业后办理的纳税登记。

（1）开业税务登记的对象

根据有关规定，开业税务登记的纳税人分为以下两类：

1）领取营业执照，从事生产、经营的纳税人。

2）其他纳税人。根据有关法规规定，不从事生产、经营活动，但依照法律、法规的规定负有纳税义务的单位和个人，除临时取得应税收入或发生税收行为以及只缴纳个人所得税、车船税的外，都应按规定向税务机关办理税务登记。

（2）开业税务登记的时间和地点

1）从事生产、经营的纳税人，应当自领取营业执照之日起 30 日内，向生产、经营地或者纳税义务发生地的主管税务机关申报办理税务登记，如实填写税务登记表并按照税务机关的要求提供有关证件、资料。

2）上述以外的其他纳税人，除国家机关和个人外，应当自纳税义务发生之日起 30 日内，持有关证件向所在地主管税务机关申报办理税务登记。

（3）开业税务登记的内容

开业税务登记包括以下内容：①单位名称、法定代表人或业主姓名及其居民身份证、护照或者其他证明身份的合法证件；②住所、经营地点；③登记注册类型；④核算方式；⑤行业、经营范围、经营方式；⑥注册资金（资本）、投资总额、开户银行及账号；⑦经营期限、从业人数、营业执照号码；⑧财务负责人、办税人员；⑨其他有关事项。

企业在外地的分支机构或者从事生产、经营的场所，还应当登记总机构名称、地址、法人代表、主要业务范围、财务负责人。

【例 3—31】下列各项中，属于企业开业税务登记内容的有（　　）。

A. 核算方式　　B. 住所、经营地点

C. 财务负责人、办税人员　　D. 单位名称

【解析】A、B、C、D。

【例 3—32】根据《税收征收管理法》的规定，从事生产、经营的纳税人向税务机关申报办理开业税务登记的时间是（　　）。

A. 自领取营业执照之日起 15 日内

B. 自领取营业执照之日起 30 日内

C. 自领取营业执照之日起 45 日内

D. 自领取营业执照之日起 60 日内

【解析】B。

2. 变更税务登记

变更税务登记是指纳税人税务登记内容发生重要变化时向税务机关申报办理的税务登记手续。

（1）变更税务登记的适用范围

纳税人办理税务登记后，如发生下列情形之一，应当办理变更税务登记：①改变名称、法定代表人；②改变经济性质或经济类型；③改变住所和经营地点（不涉及主管税务机关变动的）；④改变生产经营或经营方式；⑤增减注册资金（资本）；⑥改变隶属关系；⑦改变生产经营期限；⑧改变或增减银行账户；⑨改变生产经营权属及改变其他税务登记内容的。

（2）变更税务登记的时间要求

纳税人税务登记内容发生变化的，应当自工商行政管理机关或者其他机关办理变更登记之日起 30 日内，持有关证件向原税务登记机关申报办理变更税务登记。

纳税人税务登记内容发生变化，不需要到工商行政管理机关或其他机关办理变更登记的，应当自发生变化之日起 30 日内，持有关证件向原税务登记机关申报办理变更税务登记。

【例 3—33】纳税人的税务登记内容发生变化时，应当依法向原税务登记机关申报办理（　　）。

A. 设立税务登记　　B. 变更税务登记
C. 注销税务登记　　D. 注册税务登记

【解析】B。

3. 停业、复业税务登记

停业、复业税务登记是纳税人暂停和恢复生产经营活动而办理的纳税登记。

实行定期定额征收方式的纳税人，在营业执照核准的经营期限内需要停业的，应当向税务机关提出停业登记申请，说明停业的理由、时间、停业前的纳税情况和发票的领、用、存情况，并如实填写申请表。税务机关经过审核（必要时可实地审查），责成申请停业的纳税人结清税款并收回税务登记证件、发票领购簿和发票，办理停业税务登记。纳税人停业期间发生纳税义务，应当及时向主管税务机关申报，依法补缴应纳税款。

纳税人应当于恢复生产、经营之前，向税务机关提出复业税务登记申请，经确认后办理复业税务登记，领回或启用税务登记证件和发票领购簿及其领购的发票，纳入正常管理。

纳税人停业期满不能及时恢复生产、经营的，应当在停业期满前向税务机关提出延长停业登记。纳税人停业期满未按期复业又不申请延长停业的，税务机关应当视为恢复营业，实施正常的税收征收管理。

4. 注销税务登记

注销税务登记是指纳税人税务登记内容发生了根本性变化，需终止履行纳税义务时向税务机关申报办理的税务登记手续。

（1）注销税务登记的适用范围

有下列情形之一的，应办理注销税务登记：①纳税人因经营期限届满自动解散；②企业由于改组、分立、合并等原因被撤销；③企业因资不抵债而破产；④纳税人住所、经营地址迁移而涉及改变原主管税务机关的；⑤纳税人被工商行政管理部门吊销营业执照以及纳税人依法终止履行纳税义务的其他情形。

（2）注销税务登记的时间要求

纳税人发生解散、破产、撤销及其他情形，依法终止纳税义务的，应当在向工商行政管理部门办理注销登记前，持有关证件向原税务登记机关申报办理注销税务登记。按规定不需要在工商行政管理部门办理注销登记的，应当自有关机关批准或者宣告终止之日起 15 日内，持有关证件向原税务登记机关申报办理注销

税务登记。

纳税人因住所和生产、经营场所变动而涉及改变主管税务登记机关的，应当在向工商行政管理部门申请办理变更或注销登记前，或者住所和生产、经营场所变动前，向原税务登记机关申报办理注销税务登记，并在 30 日内向迁达地主管税务机关申报办理税务登记。

纳税人被工商行政管理部门吊销营业执照的，应当自营业执照被吊销之日起 15 日内，向原税务登记机关申报办理注销税务登记。

5. 外出经营报验登记

（1）纳税人到外县（市）临时从事生产经营活动的，应当在外出生产经营以前，持税务登记证向主管税务机关申请开具“外出经营活动税收证明”（以下简称“外管证”）。

（2）税务机关按照“一地一证”的原则，核发“外管证”。“外管证”的有效期限一般为 30 日，最长不得超过 180 天。

（3）纳税人在外县（市）进行生产经营前，应向当地税务机关报验登记，并提交税务登记证件副本和“外管证”。

纳税人在外县（市）销售货物的，除提交以上证件、资料外，还应如实填写“外出经营货物报验单”，申报查验货物。

（4）纳税人外出经营活动结束，应向经营地税务机关填报“外出经营活动情况申报表”，并结清税款、缴销发票。

（5）纳税人应当在“外管证”有效期届满后 10 日内，持“外管证”回原税务登记机关办理“外管证”缴销手续。

二、发票开具与管理

1. 发票的种类

发票是指在购销商品、提供劳务或接受劳务、服务以及从事其他经营活动时，所提供给对方的收、付款的凭证。较为常见的发票有增值税专用发票、普通发票和专业发票。

（1）增值税专用发票

增值税专用发票是指由国家税务总局监制设计印制的，专门用于结算销售货物和提供加工、修理修配劳务以及应税服务的一种发票。增值税专用发票只限于增值税一般纳税人领购使用，增值税小规模纳税人不得领购使用。

根据新实施的《增值税专用发票使用规定》规定，专用发票由基本联次或者基本联次附加其他联次构成，基本联次分为记账联、发票联和抵扣联三联。记账联作为销售方核算销售收入和增值税销项税额的记账凭证。发票联作为购买方核算采购成本和增值税进项税额的记账凭证。抵扣联作为购买方报送主管税务机关认证和留存备查的凭证。其他联次用途由一般纳税人自行确定。增值税专用发票式样如图 3—1 所示。

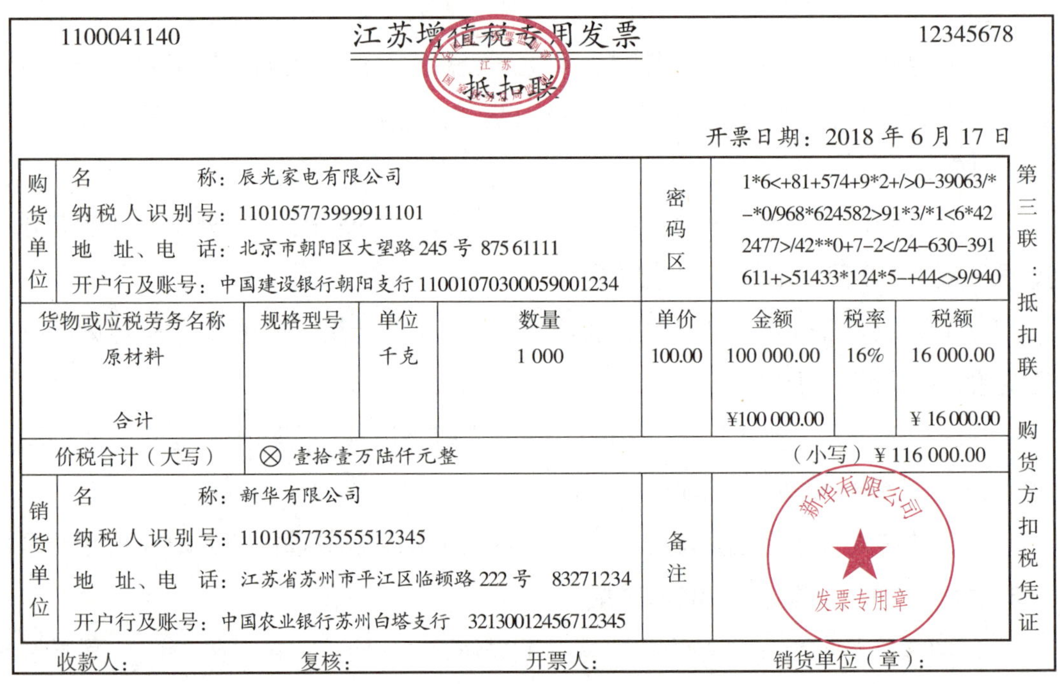

1100041140　　江苏增值税专用发票　　12345678

抵扣联

开票日期：2018 年 6 月 17 日

购货单位
名　　称：辰光家电有限公司
纳税人识别号：110105773999911101
地 址、电 话：北京市朝阳区大望路 245 号 87561111
开户行及账号：中国建设银行朝阳支行 110010703000590012345

密码区
1*6<+81+574+9*2+/>0–39063/*
–*0/968*624582>91*3/*1<6*42
2477>/42**0+7–2</24–630–391
611+>51433*124*5–+44<>9/940

货物或应税劳务名称	规格型号	单位	数量	单价	金额	税率	税额
原材料		千克	1 000	100.00	100 000.00	16%	16 000.00
合计					¥100 000.00		¥ 16 000.00

价税合计（大写）　⊗ 壹拾壹万陆仟元整　　（小写）¥ 116 000.00

销货单位
名　　称：新华有限公司
纳税人识别号：110105773555512345
地 址、电 话：江苏省苏州市平江区临顿路 222 号 83271234
开户行及账号：中国农业银行苏州白塔支行 32130012456712345

备注

新华有限公司 发票专用章

收款人：　　复核：　　开票人：　　销货单位（章）：

第三联：抵扣联 购货方扣税凭证

图 3—1 增值税专用发票式样

（2）普通发票

普通发票主要由增值税小规模纳税人使用，增值税一般纳税人在不能开具增值税专用发票的情况下也可以使用普通发票。普通发票由行业发票和专用发票组成。前者适用于某个行业的经营业务，如商业零售统一发票、工业企业产品销售统一发票等，后者仅适用于某一经营项目，如广告费用结算发票、商品房销售发票等。

普通发票一般分为存根联、发票联和抵扣联三联。存根联由开票方留存备查。发票联由收执方作为付款或收款原始凭证，填开后要加盖财务章或发票专用章。抵扣联由开票方作为记账原始凭证留存。

【例 3—34】下列各项中，属于专用发票的是（　　）。

A. 商业零售统一发票　　B. 商业批发统一发票

C. 广告费用结算发票　　D. 商品房销售发票

【解析】C、D。A、B 属于行业发票，C、D 属于专用发票。

（3）专业发票

专业发票包括国有金融、保险企业的存贷、汇兑、转账凭证或保险凭证，国有邮政、电信企业的邮票、邮单、话务、电报收据，国有铁路、航空企业和交通部门及国有公路、水上运输企业的客票、货票等。经国家税务总局或省、自治区、直辖市税务机关批准，专业发票可由政府和主管部门自行管理，不套印税务机关统一发票监制章，但可根据税务征管的需要纳入统一发票管理。

2. 发票开具的要求

（1）单位和个人应在发生经营业务、确认营业收入时才能开具发票，未发生经营业务一律不得开具发票。

（2）单位和个人开具发票时应按号码顺序填开，填写项目齐全、内容真实、字迹清楚，全部联次一次性如实开具，内容应完全一致，并在发票联和抵扣联加盖单位财务印章或者发票专用章。

（3）填写发票应当使用中文。民族自治地区可以同时使用当地通用的一种民族文字，外商投资企业和外资企业可以同时使用一种外国文字。

（4）使用计算机开具发票必须报主管税务机关批准，并使用税务机关统一监制的机打发票。

（5）开具发票时限、地点应符合规定。

（6）任何单位和个人不得转借、转让、代开发票。未经税务机关批准，不得拆本使用发票。不得自行扩大专业发票适用范围。禁止倒买倒卖发票等违法行为。已开具的发票存根联和发票登记簿应当保存 5 年。

【例 3—35】下列有关发票的表述中，符合规定的有（　　）。

A. 未发生经营业务不得开具发票

B. 已开具的发票存根联应当保存 5 年

C. 增值税专用发票只限于增值税一般纳税人领购使用

D. 经单位负责人批准，可以代开发票

【解析】A、B、C。任何单位和个人不得转借、转让、代开发票。

三、纳税申报

纳税申报是指纳税人、扣缴义务人按照税法规定的期限和内容向税务机关提交有关纳税事项书面报告的法律行为，是纳税人履行纳税义务、承担法律责任的主要依据，是税务机关税收管理信息的主要来源和税务管理的一项重要制度。

纳税人办理纳税申报主要采取的方式有直接申报、邮寄申报、数据电文申报、简易申报以及其他方式申报。

1. 直接申报

直接申报是指纳税人和扣缴义务人自行到税务机关办理纳税申报或者报送代扣代缴、代收代缴报告表，这是一种传统申报方式。直接申报可以分为直接到办税服务厅申报、到巡回征收点申报和到代征点申报三种。

2. 邮寄申报

邮寄申报是指经税务机关批准的纳税人、扣缴义务人使用统一规定的纳税申报特快专递专用信封，通过邮政部门办理交寄手续，并向邮政部门索取收据作为申报凭据的方式。邮寄申报以寄出的邮戳日期为实际申报日期。凡实行查账征收方式的纳税人，经主管税务机关批准，可以采用邮寄申报的办法。邮寄申报的邮件内容包括纳税申报表、财务会计报表以及税务机关要求纳税人报送的其他纳税资料。

3. 数据电文申报

数据电文申报是指以税务机关确定的电话语音、电子数据交换和网络传输等电子方式进行的纳税申报，如目前纳税人的网上申报就是数据电文申报方式的一种形式。采用数据电文形式进行纳税申报的具体日期，是纳税人将申报数据发送到税务机关特定系统的时间。

采用数据电文方式进行纳税申报或者报送代扣代缴、代收代缴报告表的，还应在申报结束后，在规定的时间内将电子数据的材料书面报送（邮寄）税务机关，或者按税务机关的要求保存，必要时按税务机关的要求出具。税务机关收到的纳税人数据电文与报送的书面资料不一致时，应以书面数据为准。

4. 简易申报

简易申报是指实行定期定额缴纳税款的纳税人在法律、行政法规规定的期限内或税务机关依据法规的规定确定的期限内缴纳税款的，税务机关可以视同申报。

5. 其他方式申报

其他方式申报是指纳税人、扣缴义务人采用直接申报、邮寄申报、数据电文申报、简易申报以外的方式向税务机关办理纳税申报或者报送代扣代缴、代收代缴报告表，如纳税人、扣缴义务人委托他人代理向税务机关办理纳税申报或者报送代扣代缴、代收代缴报告表等。

四、税款征收

1. 税款征收方式

税款征收是指税务机关根据各税种的不同特点、征纳双方的具体情况而确定的计算、征收税款的形式和方法。目前税款征收方式主要有以下几种。

（1）查账征收

查账征收是指税务机关对财务健全的纳税人，依据其报送的纳税申报表、财务会计报表和其他有关的纳税资料，计算应纳税款，填写缴款书或完税证明，由纳税人到银行自行缴纳税款的征收方式。

这种方式较为规范，符合课税法定的基本原则，适用于经营规模较大、财务会计制度较为健全、能够认真履行纳税义务的纳税单位。这些单位经税务机关审定同意，可以进行自行申报纳税，并按照税务机关的要求每年进行一到两次纳税自查，税务机关根据企业纳税情况进行纳税检查，然后按照税务机关检查的结果，办理退税和补税手续。

（2）查定征收

查定征收是由税务机关根据纳税人的从业人员、生产设备、耗用原材料等因素，在正常生产经营条件下，对纳税人生产的应税产品查实核定产量、销售额并据以计算征收税款的一种方式。

查定征收仅适用于生产经营规模较小、产品零星、税源分散、会计核算及账册不健全，但能控制原材料或进销货的小型厂矿和作坊。

【例 3—36】纳税人生产规模较小、产品零星、税源分散、会计账册不健全、财务管理和会计核算水平较低，但可以控制原材料或进销货的，税务机关应当对其采用的税款征收方式是（　　）。

A. 定期定额征收　　B. 查验征收

C. 查账征收　　D. 查定征收

【解析】D。

（3）查验征收

查验征收是指税务机关对纳税人应税商品，通过查验数量，按市场一般销售单价计算其销售收入并据以征税的方式。

这种方式一般适用于经营品种比较单一，经营地点、时间和商品来源不固定的纳税单位，如城乡集贸市场中的临时经营者和火车站、机场、码头、公路交通要道等地方的经营者。进行查验征收时，要做好查验登记，将查验商品的数量、价格、销售量、所征税款等逐一登记到登记簿上，以掌握税源，严格加强管理。

（4）核定征收

核定征收是指由于纳税人的会计账簿不健全、资料残缺难以查账，或者其他原因难以准确确定纳税人应纳税额时，由税务机关采用合理的方法依法核定纳税人应纳税款的一种征收方式。

根据《税收征收管理法》第三十五条规定，纳税人（包括单位纳税人和个人纳税人）有下列情形之一的，税务机关有权核定其应纳税额：

1）依照法律、行政法规的规定可以不设置账簿的。

2）依照法律、行政法规的规定应当设置但未设置账簿的。

3）擅自销毁账簿或者拒不提供纳税资料的。

4）虽设置账簿，但账目混乱或者成本资料、收入凭证、费用凭证残缺不全，难以查账的。

5）发生纳税义务，未按照规定的期限办理纳税申报，经税务机关责令限期申报，逾期仍不申报的。

6）纳税人申报的计税依据明显偏低，又无正当理由的。

（5）定期定额征收

定期定额征收又称双定征收，是指税务机关依法核定纳税人在一定经营时间内应纳税收入（或所得额）和应纳税额，分期征收税款的一种征收方式。

这种方式适用于生产、经营规模小，确实没有建账能力，经过主管税务机关审核，报经县级以上税务机关批准，可以不设置账簿或者暂缓建账的个体工商户

（包括个人独资企业）。

（6）代扣代缴

代扣代缴是指按照税法规定，负有扣缴税款义务的单位和个人，负责对纳税人应纳的税款进行代扣代缴的一种方式，即由支付人在向纳税人支付款项时，从所支付的款项中依法直接扣收税款并代为缴纳。代扣代缴的目的是对零星分散、不易控制的税源实行源头控制，包括向纳税人支付收入的单位、个人和为纳税人办理汇总存贷业务的单位。

这种征收方式有利于加强对税源的控制，减少税款流失，降低税收成本，手续也比较简单。

（7）代收代缴

代收代缴是指按照税法规定，负有扣缴税款义务的单位和个人，负责对纳税人应纳的税款进行代收代缴的一种方式，即由与纳税人有经济业务往来的单位和个人在向纳税人收取款项时依法收取税款。代收代缴的征收方式一般适用于税收网络覆盖不到或税源很难控制的领域，如受托加工应税消费品由受托方代收代缴消费税（受托方为个人的除外）。

代扣代缴和代收代缴的区别是，代扣代缴义务人直接持有纳税人的收入，从中直接扣除纳税人的应纳税款，而代收代缴义务人在与纳税人经济往来中收取纳税人的应纳税款并代为缴纳。

有关代扣代缴和代收代缴的法律规定如下：

1）对法律、行政法规没有规定负有代扣、代收税款义务的单位和个人，税务机关不得要求其履行代扣、代收税款义务。

2）税法规定的扣缴义务人必须依法履行代扣、代收税款义务。如果不履行义务，就要承担法律责任。除按《税收征收管理法实施细则》的规定给予处罚外，还应当责成扣缴义务人限期将应扣未扣、应收未收的税款补扣或补收。

3）扣缴义务人依法履行代扣、代缴税款义务时，纳税人不得拒绝。纳税人拒绝的，扣缴义务人应当在1日之内报告主管税务机关处理。不及时向主管税务机关报告的，扣缴义务人应当承担应扣未扣、应收未收税款的责任。

4）扣缴义务人代扣、代缴税款，只限于法律、行政法规规定的范围，并依照法律、行政法规规定的征收标准执行。

5）税务机关按照规定付给扣缴义务人代扣、代收手续费。

【例3—37】单位从职工的工资、薪金中扣除个人所得税，属于（　　）的税款缴纳方式。

A. 代扣代缴　　B. 代收代缴

C. 委托代征　　D. 自报核缴

【解析】A。代扣代缴是指按照税法的规定，负有扣缴税款的法定义务人，在向纳税人支付款项时，从所支付的款项中直接扣收税款的方式。

（8）委托征收

委托征收是指税务机关委托单位以税务机关的名义征收税款，并将税款缴入国库的方式，这种方式一般适用于小额、零散税源的征收，有利于控制税源，方便征纳双方，降低征收成本。

（9）其他方式

除上述方式外，新的更方便、快捷、安全、高效的税款征收方式正在逐渐出现并完善，如网络纳税、IC 卡纳税、邮寄纳税等方式。

【例 3—38】根据规定，受托单位按照税务机关核发的代征证书的要求，以税务机关的名义向纳税人征收一些零散税款的一种税款征收方式是（　　）。

A. 查账征收　　B. 查验征收

C. 委托征收　　D. 代收代缴

【解析】C。

2. 税收保全措施

（1）税收保全措施的适用情形

税收保全措施是指税务机关为保证将来税款的征收而采取的限制纳税人处理或者转移商品、货物或者其他财产的保全措施。

《税收征收管理法》第三十八条规定："税务机关有根据认为从事生产、经营的纳税人有逃避纳税义务行为的，可以在规定的纳税期之前，责令限期缴纳应纳税款；在限期内发现纳税人有明显的转移、隐匿其应纳税的商品、货物以及其他财产或者应纳税收入迹象的，税务机关可以责成纳税人提供纳税担保。如果纳税人不能提供纳税担保，经县以上税务局（分局）局长批准可以采取税收保全措施。"

（2）税收保全的措施

税务机关可以采取下列税收保全措施：

1）书面通知纳税人开户银行或者其他金融机构冻结纳税人金额相当于应纳税款的存款。

2）扣押、查封纳税人价值相当于应纳税款的商品、货物或者其他财产。其他财产包括纳税人的房地产、现金、有价证券等不动产和动产。

（3）税收保全的解除

纳税人在采取税收保全措施后，按照税务机关规定的期限缴纳税款的，税务机关应当自收到税款或者银行转回的完税凭证之日起1日内解除税收保全措施。

限期期满仍未缴纳税款的，经县以上税务局（分局）局长批准，税务机关可以书面通知纳税人开户银行或者其他金融机构从其冻结的存款中扣缴税款，或者依法拍卖或者变卖所扣押、查封的商品、货物或者其他财产，以拍卖或者变卖所得抵缴税款。

纳税人在限期内已缴纳税款，税务机关未立即解除税收保全措施，使纳税人合法权益受损失的，税务机关应当承担赔偿责任。

（4）不适用税收保全的财产

个人及其所扶养家属维持生活必需的住房和用品，不在税收保全措施的范围之内。个人所扶养家属是指与纳税人共同居住生活的配偶、直系亲属以及无生活来源并由纳税人扶养的其他亲属。生活必需的住房和用品不包括机动车辆、金银饰品、古玩字画、豪华住宅或者一处以外的住房。税务机关对单价5 000元以下的其他生活用品，不采取税收保全措施和强制执行措施。

3. 税收强制执行措施

（1）税收强制执行措施的适用情形

从事生产、经营的纳税人未按照规定的期限缴纳或者解缴税款，纳税担保人未按照规定的期限缴纳所担保的税款，由税务机关责令限期缴纳，逾期仍未缴纳的，经县以上税务局（分局）局长批准，税务机关可以采取强制执行措施。

（2）税收强制执行措施的形式

税务机关可以采取下列强制执行措施：

1）书面通知其开户银行或者其他金融机构从其存款中扣缴税款。

2）依法拍卖或者变卖其价值相当于应纳税款的商品、货物或者其他财产，以拍卖或者变卖所得抵缴税款。

税务机关采取强制执行措施时，对上述纳税人、扣缴义务人、纳税担保人未缴纳的滞纳金同时强制执行。个人及其所扶养家属维持生活必需的住房和用品，不在强制执行措施的范围之内。

4. 税款的退还与追征

（1）税款的退还

根据《税收征收管理法》第五十一条规定，纳税人不论何种原因超过应纳税额缴纳的税款，税务机关发现后应当立即退还；纳税人自结算缴纳税款之日起 3 年内发现的，可以向税务机关要求退还多缴纳的税款并加算银行同期存款利息，税务机关及时查实后应当立即退还；涉及从国库中退库的，依照法律、行政法规中有关国库管理的规定退还。如果纳税人在结清缴纳税款之日起 3 年后才向税务机关提出退还多缴税款要求的，税务机关将不予受理。

（2）税款的追征

根据《税收征收管理法》第五十二条规定，税务机关对超过纳税期限未缴或少缴税款的纳税人可以在规定的期限内予以追征。根据该条规定，税款的追征具体有以下三种情形：

1）因税务机关的责任，致使纳税人、扣缴义务人未缴或者少缴税款的，税务机关在 3 年内可以要求纳税人、扣缴义务人补缴税款，但是不得加收滞纳金。

2）因纳税人、扣缴义务人计算错误等失误，未缴或者少缴税款的，税务机关在 3 年内可以追征税款，并加收滞纳金。有特殊情况的（即数额在 10 万元以上的），追征期可以延长到 5 年。

3）对因纳税人、扣缴义务人和其他当事人偷税、抗税、骗税等原因而造成未缴或者少缴的税款或骗取的退税款，税务机关可以无限期追征。

五、税务代理

1. 税务代理的概念

税务代理是指税务代理人在国家法律规定的代理范围内，以代理机构的名义接受纳税人、扣缴义务人的委托，依据国家税收法律和行政法规的规定，代其办理涉税事宜的各项民事法律行为的总称。按照代理权产生的依据不同，代理可分为委托代理、法定代理和指定代理三种。税务代理是代理业务的一个组成部分，具有代理的一般共性，属于委托代理。

税务代理根据代理权限范围的不同可分为全面代理、单向代理或临时代理。

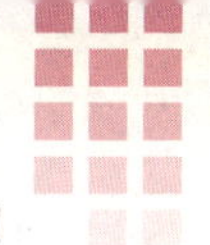

2. 税务代理的特征

税务代理作为民事代理中的一种委托代理，主要特点表现为公正性、自愿性、有偿性、独立性和确定性。

（1）公正性

税务代理机构不是税务行政机关，而是征纳双方的中介机构，因而只能站在公正的立场上客观地评价被代理人的经济行为。同时代理人必须在法律范围内为被代理人办理税收事宜，独立、公正地执行业务，既要维护国家利益，又要保护委托人的合法权益。

（2）自愿性

税务代理的选择一般有单向选择和双向选择，无论哪种选择都是建立在双方自愿的基础上的。也就是说，税务代理人实施税务代理行为，应当以纳税人、扣缴义务人自愿委托和自愿选择为前提。

（3）有偿性

税务代理机构是社会中介机构，而不是国家行政机关的附属机构。因此，税务代理机构同其他企事业单位一样要自负盈亏，提供有偿服务，通过代理取得收入并抵补费用获得利润。

（4）独立性

税务代理机构与国家行政机关、纳税人或扣缴义务人等没有行政隶属关系，既不受税务行政部门的干预，又不受纳税人、扣缴义务人所左右，独立代办税务事宜。

（5）确定性

税务代理人的税务代理范围，是以法律、行政法规和行政规章的形式确定的。因此，税务代理人不得超越规定的内容从事代理活动。税务机关按照法律、行政法规规定委托其代理外，代理人不得代理应由税务机关行使的行政权力。

3. 税务代理的法定业务范围

税务代理的范围是指按照国家有关法律的规定，允许税务代理人从事的业务内容。税务代理的业务范围主要是纳税人、扣缴义务人所委托的各项涉税事宜。

《税务代理业务规程（试行）》规定，代理人可以接受纳税人、扣缴义务人的委托，从事下列范围内的业务代理：

（1）办理税务登记、变更税务登记和注销税务登记手续。

（2）办理除增值税专用发票外的发票领购手续。

（3）办理纳税申报或扣缴税款报告。

（4）办理缴纳税款和申请退税手续。

（5）制作涉税文书。

（6）审查纳税情况。

（7）建账建制，办理账务。

（8）税务咨询，受聘税务顾问。

（9）税务行政复议手续。

（10）国家税务总局规定的其他业务。

六、税务检查

1. 税务检查的概念

税务检查是指税务机关根据税收法律、行政法规的规定，对纳税人、扣缴义务人履行纳税义务、扣缴义务及其他有关税务事项进行审查、核实、监督活动的总称。

2. 税务检查的形式

税务检查的形式包括重点检查、分类计划检查、集中性检查、临时性检查和专项检查。

3. 税务检查的内容

税务机关有权进行下列税务检查：

（1）检查纳税人的账簿、记账凭证、报表和有关资料，检查扣缴义务人代扣代缴、代收代缴税款账簿、记账凭证和有关资料。税务机关在检查上述资料时，可以在纳税人、扣缴义务人的业务场所进行，必要时经县以上税务局（分局）局长批准，可以将纳税人、扣缴义务人以前会计年度的账簿、记账凭证、报表和其他有关资料调回税务机关检查，但是税务机关必须向纳税人、扣缴义务人开付清单，并在3个月内完整退还。有特殊情况的，经设区的市、自治州以上税务局（分局）局长批准，税务机关可以将纳税人、扣缴义务人当年的账簿、记账凭证、报表和其他有关资料调回检查，但是税务机关必须在30日内退还。

（2）到纳税人的生产、经营场所和货物存放地检查纳税人应纳税的商品、货物或者其他财产，检查扣缴义务人与代扣代缴、代收代缴税款有关的经营情况。

（3）责成纳税人、扣缴义务人提供与纳税或者代扣代缴、代收代缴税款有关的文件、证明材料和有关资料。

（4）询问纳税人、扣缴义务人与纳税或者代扣代缴、代收代缴税款有关的问题和情况。

（5）到车站、码头、机场、邮政企业及其分支机构检查纳税人托运、邮寄应纳税商品、货物或者其他财产的有关单据、凭证和资料。

（6）经县以上税务局（分局）局长批准，凭全国统一格式的检查存款账户许可证明，查询从事生产、经营的纳税人、扣缴义务人在银行或者其他金融机构的存款账户。税务机关在调查税收违法案件时，经设区的市、自治州以上税务局（分局）局长批准，可以查询案件涉嫌人员的储蓄存款。税务机关查询所获得的资料不得用于税收以外的用途。税务机关查询的内容，包括纳税人存款账户余额和资金往来情况。税务机关应当指定专人负责，凭国家税务总局制定的全国统一格式的检查存款账户许可证明进行，并有责任为被检查人保守秘密。

4. 税务检查的职责与权限

（1）税务机关对从事生产、经营的纳税人以前纳税期的纳税情况依法进行税务检查时，发现纳税人有逃避纳税义务行为，并有明显的转移、隐匿其应纳税的商品、货物以及其他财产或者应纳税收入迹象的，可以按照《税收征收管理法》规定的批准权限采取税收保全措施或者强制执行措施。税务机关采取税收保全措施的期限一般不得超过 6 个月，重大案件需要延长的，应当报国家税务总局批准。

（2）纳税人、扣缴义务人必须接受税务机关依法进行的税务检查，如实反映情况，提供有关资料，不得拒绝、隐瞒。

（3）税务机关依法进行税务检查时，有权向有关单位和个人调查纳税人、扣缴义务人和其他当事人与纳税或者代扣代缴、代收代缴税款有关的情况，有关单位和个人有义务向税务机关如实提供有关资料及证明材料。

（4）税务机关调查税务违法案件时，对与案件有关的情况和资料，可以记录、录音、录像、照相和复制。

（5）税务机关派出的人员进行税务检查时，应当出示税务检查证和税务检查通知书，并有责任为被检查人保守秘密。未出示税务检查证和税务检查通知书的，被检查人有权拒绝检查。税务机关对集贸市场及集中经营业户进行检查时，可以使用统一的税务检查通知书。

七、税收法律责任

税收法律责任是指税收法律关系的主体因违反税收法律规范所应承担的法律后果。税收法律责任依其性质和形式的不同，可分为行政责任和刑事责任；根据承担法律责任主体的不同，可分为纳税人的责任、扣缴义务人的责任、税务机关及其工作人员的责任。

1. 税务违法的行政处罚

税务违法的行政处罚是指依法享有税务行政处罚权的税务机关依法对公民、法人和其他经济组织违反税收法律、法规或规章，尚未构成犯罪的税务违法行为给予的一种行政制裁。

根据税法的规定，现行执行的税务行政处罚种类主要有责令限期改正、罚款、没收财产、收缴未用发票和暂停供应发票、停止出口退税权等。

（1）责令限期改正

责令限期改正是税务机关对违反法律、行政法规所规定义务的当事人的谴责和申诫。责令限期改正主要适用于情节轻微或尚未构成实际危害后果的违法行为，是一种较轻的处罚形式。

（2）罚款

罚款是对违反税收法律、法规，不履行法定义务的当事人的一种经济上的处罚。由于罚款既不影响被处罚人的人身自由和其合法活动，又能对违法行为起到惩戒作用，因而是税务行政处罚中应用最广的一种。

（3）没收财产

没收财产是对相对一方当事人的财产权予以剥夺的处罚。具体有没收财物和违法所得两种情况。前者是财物虽为相对一方当事人所有，但因其用于非法活动而被没收，后者是对相对一方当事人非法所得的财物予以没收。

（4）收缴未用发票和暂停供应发票

对于从事生产、经营的纳税人、扣缴义务人有违反《税收征收管理法》规定的税收违法行为，拒不接受税务机关处理的，税务机关可以收缴其发票或者停止向其供应发票。

（5）停止出口退税权

对骗取国家出口退税税款的，税务机关可以在规定期间内停止为其办理出口退税，如《税收征收管理法》第六十条规定，纳税人未按照规定的期限申报办理税务登记、变更或者注销登记的，由税务机关责令限期改正，可以处 2 000 元以下的罚款，情节严重的处 2 000 元以上 10 000 元以下的罚款。

2. 税务违法的刑事处罚

税务违法的刑事处罚是指享有刑事处罚权的国家机关对违反税收刑事法律规范，依法应当给予刑事处罚的公民、法人或其他组织法律制裁的行为。根据我国《刑法》的规定，刑事制裁包括主刑和附加刑两部分。主刑有管制、拘役、有期徒刑、无期徒刑和死刑，附加刑有罚金、剥夺政治权利和没收财产。此外，对于犯罪的外国人，可以独立适用或者附加适用驱逐出境的附加刑。

（1）拘役

拘役是指剥夺犯罪分子的短期自由，就近进行改造。适用于罪行较轻又需要关押的犯罪分子。拘役期限为 15 天以上 6 个月以下。

（2）判处徒刑

徒刑分为有期徒刑和无期徒刑两种。有期徒刑是剥夺犯罪分子一定期限的人身自由，实行强制劳动改造的刑罚。无期徒刑则是剥夺犯罪分子的终身自由，实行强制劳动改造的刑罚。

（3）罚金

罚金是判处犯罪分子向国家缴纳一定金额金钱的刑罚。罚金是一种轻刑，单处罚金一般只适用于轻微犯罪；在主刑后附加并处罚金适用于较重的犯罪。

（4）没收财产

没收财产是将犯罪分子个人所有财产的一部分或全部强制无偿地收归国家所有的刑罚。没收财产是重于罚金的附加刑，主要适用于严重经济犯罪。

八、税务行政复议

税务行政复议是我国行政复议制度的一个重要组成部分。税务行政复议是指当事人（纳税人、扣缴义务人、纳税担保人及其他税务当事人）不服税务机关及其工作人员作出的税务具体行政行为，依法向上一级税务机关或者法定复议机关提出申请，复议机关经审理对原税务机关具体行政行为依法作出维持、变更、撤销等决定的活动。

1. 复议范围

税务行政复议的范围即税务行政复议的受案范围，它既是公民、法人和其他组织可以申请税务行政复议的范围，也是复议机关有复议审查权的税务行政行为的范围或受理税务行政复议案件的范围。

（1）征税行为，包括确认纳税主体、征税对象、征税范围、减税、免税、退税、抵扣税款、适用税率、计税依据、纳税环节、纳税期限、纳税地点和税款征收方式等具体行政行为，征收税款、加收滞纳金，扣缴义务人、受税务机关委托的单位和个人作出的代扣代缴、代收代缴、代征行为等。

（2）行政许可、行政审批行为。

（3）发票管理行为，包括发售、收缴、代开发票等。

（4）税收保全措施、强制执行措施。

（5）行政处罚行为，包括罚款、没收财物和违法所得、停止出口退税权等。

（6）不依法履行下列职责的行为：①颁发税务登记；②开具、出具完税凭证、外出经营活动税收管理证明；③行政赔偿；④行政奖励；⑤其他不依法履行职责的行为。

（7）资格认定行为。

（8）不依法确认纳税担保行为。

（9）政府信息公开工作中的具体行政行为。

（10）纳税信用等级评定行为。

（11）通知出入境管理机关阻止出境行为。

（12）其他具体行政行为。

申请人对复议范围中第（1）项规定的行为不服的，应当先向复议机关申请行政复议，对复议决定不服的，可以再向人民法院提起行政诉讼。

2. 复议管辖

对各级地方税务局的具体行政行为不服的，可以选择向其上一级地方税务局或该税务局的本级人民政府申请行政复议。省、自治区、直辖市人民代表大会及其常务委员会、人民政府对地方税务局的行政复议管辖另有规定的，从其规定。

对国家税务总局的具体行政行为不服的，向国家税务总局申请行政复议。对行政复议决定不服，申请人可以向人民法院提起行政诉讼，也可以向国务院申请裁决。国务院的裁决为最终裁决。

3. 行政复议决定

（1）行政复议的决定作出

行政复议机关应当自受理申请之日起 60 日内作出行政复议决定。

（2）行政复议决定的种类

1）具体行政行为认定事实清楚、证据确凿、适用依据正确、程序合法、内容适当的，决定维持。

2）被申请人不履行法定职责的，决定其在一定期限内履行。

3）具体行政行为有下列情形之一的，复议机关应决定撤销、变更或者按下列要素确认该具体行政行为违法：①主要事实不清、证据不足的；②适用依据错误的；③违反法定程序的；④超越职权或者滥用职权的；⑤具体行政行为明显不当的。

4）申请人在申请行政复议时可以一并提出行政赔偿请求，复议机关对符合《中华人民共和国国家赔偿法》的规定应当赔偿的，在决定撤销、变更具体行政行为或者确认具体行政行为违法时，应当同时决定被申请人依法给予赔偿。

（3）行政复议决定的效力

行政复议决定书一经送达即发生法律效力。

练习题

1. 我国税收有哪些作用？有哪些分类？

2. 我国是如何定义增值税一般纳税人的？对增值税税率是如何区别规定的？

3. 消费税的计税主要采用了哪三种计税方法？具体的税目和税率是如何规定的？

4. 我国对个人所得税的具体征收有哪些具体的规定？请通过案例一一列举。

5. 发票的种类有哪些？对发票的开具要求有哪些规定？

6. 纳税申报的方式主要有哪些？税款征收的方式有哪些？

7. 我国税务代理体现了哪些特点？涉及税务领域的具体行政处罚主要有哪几个种类？

第四章 财政法律制度

基本要求

- 了解预算法律制度的构成
- 了解国库集中支付制度的概念
- 了解政府采购法律制度的构成和原则
- 掌握国家预算的级次划分和构成、预算管理的职权、预算组织的程序以及预决算的监督
- 掌握政府采购的执行模式和方式
- 掌握国库单一账户体系的构成及财政收支的方式

第一节 预算法律制度

一、预算法律制度的构成

预算法律制度是指国家经过法律程序制定的，用以调整国家预算关系的法律、行政法规和相关规章制度。我国预算法律制度由《中华人民共和国预算法》（以下简称《预算法》）、《中华人民共和国预算法实施条例》（以下简称《预算法实施条例》）以及有关国家预算管理的其他法规制度构成。

1.《预算法》

为了强化国家预算的分配和监督职能，健全财政预算制度，加强国家宏观调控，保障经济和社会的健康发展，1994 年 3 月 22 日，第八届全国人民代表大会第二次会议通过了《预算法》，自 1995 年 1 月 1 日起施行，此后，历经四次审议，在第十二届全国人民代表大会常务委员会第十次会议中对《预算法》进行了修正，并于 2015 年 1 月 1 日起施行。《预算法》共 11 章 79 条，包括总则、预算管理职权、预算收支范围、预算编制、预算审查和批准、预算执行、预算调整、决算、监督、法律责任和附则。该法是我国第一部财政基本法律，是我国国家预算管理工作的根本性法律，是制定其他预算法规的基本依据。

2.《预算法实施条例》

1995 年 11 月 2 日，国务院第三十七次常务会议通过了《预算法实施条例》，1995 年 11 月 22 日发布实施。本条例共 8 章 79 条，包括总则、预算收支范围、预算编制、预算执行、预算调整、决算、监督和附则。《预算法实施条例》是根据《预算法》所确立的基本原则和规定，对其中的有关法律概念以及预算管理的方法和程序等作出了具体规定。

二、国家预算概述

1. 国家预算的概念

国家预算也称政府预算，是政府的基本财政收支计划，即经法定程序批准的国家年度财政收支计划。国家预算是实现财政职能的基本手段，反映了国家施政方针和社会经济政策，规定了政府活动的范围和方向。国家预算既是履行政府职能、反映国家经济发展目标的计划，同时又是约束政府收支行为的手段。因此，国家预算的编制必须遵循一定的原则。

（1）公开性

国家预算反映政府的活动范围、方向和政策，与全体公民的切身利益息息相关。因此，国家预算及其执行情况必须向全体公民公开并接受其监督。

（2）可靠性

国家预算的每一收支项目的数字指标必须运用科学的方法，根据充分、真实的资料，总结规律，进行计算。因此，国家预算的各项收支的来龙去脉都应当清楚，不得假定或估算，更不能任意伪造。

（3）完整性

应当列入国家预算的一切财政收支都应当在国家预算中得到反映，法规规定的预算收支都应当列入国家预算。国家允许的预算外收支，也应当在预算中反映。

（4）统一性

虽然一级政府设立一级预算，但所有地方预算连同中央预算一起共同组成国家预算。因此，各级预算应设置统一的预算科目，每个科目都应按照统一的口径、程序来计算和填列。

（5）年度性

政府必须按照法定预算年度编制国家预算，反映全年的财政收支活动，决不允许将不属于本年度的财政收支内容列入本年度的国家预算之中。

2. 国家预算的作用

国家预算的作用是国家预算职能在经济生活中的具体体现，主要包括以下三个方面。

（1）财力保证作用

国家预算既是保证国家机器运转的物资条件，又是政府实施各项社会经济政策的有效保证。

（2）调节制约作用

国家预算作为国家的基本财政手段，是国家财政实行宏观控制的主要依据和主要手段。国家预算的收支规模可调节社会总供给与总需求的平衡，预算支出的结构可调节国民经济结构。

（3）反映监督作用

国家预算是国民经济的综合反映，预算收入反映国民经济发展规模和经济效益水平，预算支出反映各项建设事业发展的基本情况。因此，通过国家预算的编制和执行，便于监督和掌握国民经济的运行状况、发展趋势以及出现的问题，从而采取对策措施，促进国民经济稳定、协调地发展。

3. 国家预算级次的划分

按照一级政府设立一级预算的原则，我国国家预算共分为五级预算，具体包括：

（1）中央预算。

（2）省级（省、自治区、直辖市）预算。

（3）地市级（设区的市、自治州）预算。

（4）县市级（县、自治县、不设区的市、市辖区）预算。

（5）乡镇级（乡、民族乡、镇）预算。

其中，对于不具备设立预算条件的乡、民族乡、镇，经省、自治区、直辖市政府确定，可以暂不设立预算。

4. 国家预算的构成

（1）按照政府级次划分

按照政府级次划分，我国的国家预算可以分为中央预算和地方预算。

1）中央预算。中央预算是指中央政府预算，由中央各部门（含直属单位）的预算组成，包括地方向中央上解的收入数额和中央对地方返还或者给予补助的数额。

2）地方预算。地方预算由各省、自治区、直辖市总预算组成。地方各级政府预算由本级各部门（含直属单位）的预算组成，包括下级政府向上级政府上解的收入数额和上级政府对下级政府返还或者给予补助的数额。

（2）按照预算收支管理范围划分

按照预算收支管理范围划分，我国的国家预算可以分为总预算和部门单位预算。

1）总预算。总预算是指政府的财政汇总预算。根据国家行政区域划分和政权结构可相应划分各级次总预算，如我国的中央总预算、省（自治区、直辖市）总预算、市总预算、县总预算等。各级总预算由本级政府预算和所属下级政府的总预算汇总而成，由财政部门负责编制。没有下级政府预算的，总预算即指本级预算。

2）部门单位预算。部门单位预算是指部门、单位的收支预算。各部门预算由本部门所属各单位预算组成。单位预算是指列入部门预算的国家机关、社会团体和其他单位的收支预算。部门单位预算是总预算的基础，其预算收支项目比较详细和具体，由各预算部门和单位编制。

【例 4—1】我国的预算分为中央预算和地方预算，而中央预算是由各地方预算组成的。（　　）

【解析】错。我国的国家预算分为中央预算、地方预算、各级总预算和部门单位预算。中央预算是由中央各部门（含直属单位）的预算组成，包括地方向中央上解的收入数额和中央对地方返还或者给予补助的数额。

【例 4—2】下列关于中央预算的表述中，正确的有（　　）。

A. 由中央各部门（含直属单位）的预算组成

B. 中央预算包括地方向中央上解的收入数额

C. 中央预算不包括中央对地方返还或者给予补助的数额

D. 中央预算不包括企业和事业单位的预算

【解析】A、B。

三、预算管理的职权

根据统一领导、分级管理、权责结合的原则，《预算法》规定了各级人民代表大会及其常务委员会、各级政府、各级财政部门以及各部门、各单位的预算管理职权。

1. 各级人民代表大会及其常务委员会的预算管理职权

（1）全国人民代表大会及其常务委员会的预算管理职权

1）全国人民代表大会的预算管理职权。全国人民代表大会的预算管理职权有：①审查中央和地方预算草案及中央和地方预算执行情况的报告；②批准中央预算和中央预算执行情况的报告；③改变或者撤销全国人民代表大会常务委员会关于预算、决算的不适当的决议。

2）全国人民代表大会常务委员会的预算管理职权。全国人民代表大会常务委员会的预算管理职权有：①监督中央和地方预算的执行；②审查和批准中央预算的调整方案；③审查和批准中央决算；④撤销国务院制定的同宪法、法律相抵触的关于预算、决算的行政法规、决定和命令；⑤撤销省、自治区、直辖市人民代表大会及其常务委员会制定的同宪法、法律和行政法规相抵触的关于预算、决算的地方性法规和决议。

（2）县级以上地方各级人民代表大会及其常务委员会的预算管理职权

1）县级以上地方各级人民代表大会的预算管理职权。县级以上地方各级人民代表大会的预算管理职权有：①审查本级总预算草案及本级总预算执行情况的报告；②批准本级预算和本级预算执行情况的报告；③改变或者撤销本级人民代表大会常务委员会关于预算、决算的不适当的决议；④撤销本级政府关于预算、决算的不适当的决定和命令。

2）县级以上地方各级人民代表大会常务委员会的预算管理职权。县级以上地方各级人民代表大会常务委员会的预算管理职权有：①监督本级总预算的执行；②审查和批准本级预算的调整方案；③审查和批准本级政府决算；④撤销本级政府和下一级人民代表大会及其常务委员会关于预算、决算的不适当的决定、命令和决议。

（3）乡、民族乡、镇的人民代表大会的预算管理职权

乡、民族乡、镇的人民代表大会的预算管理职权有：①审查和批准本级预算和本级预算执行情况的报告；②监督本级预算的执行；③审查和批准本级预算的调整方案；④审查和批准本级决算；⑤撤销本级政府关于预算、决算的不适当的决定和命令。

2. 各级人民政府的预算管理职权

（1）国务院的预算管理职权

国务院的预算管理职权有：①编制中央预算、决算草案；②向全国人民代表大会作关于中央和地方预算草案的报告；③将省、自治区、直辖市政府报送备案的预算汇总后报全国人民代表大会常务委员会备案；④组织中央和地方预算的执行；⑤决定中央预算预备费的动用；⑥编制中央预算调整方案；⑦监督中央各部门和地方政府的预算执行；⑧改变或者撤销中央各部门和地方政府关于预算、决算的不适当的决定、命令；⑨向全国人民代表大会及其常务委员会报告中央和地方预算的执行情况。

（2）县级以上地方各级政府的预算管理职权

县级以上地方各级政府的预算管理职权有：①编制本级预算、决算草案；②向本级人民代表大会作关于本级总预算草案的报告；③将下一级政府报送备案的预算汇总后报本级人民代表大会常务委员会备案；④组织本级总预算的执行；⑤决定本级预算预备费的动用；⑥编制本级预算的调整方案；⑦监督本级各部门和下级政府的预算执行；⑧改变或者撤销本级各部门和下级政府关于预算、决算的不适当的决定、命令；⑨向本级人民代表大会及其常务委员会报告本级总预算的执行情况。

（3）乡、民族乡、镇政府的预算管理职权

乡、民族乡、镇政府的预算管理职权有：①编制本级预算、决算草案；②向本级人民代表大会作关于本级预算草案的报告；③组织本级预算的执行；④决定本级预算预备费的动用；⑤编制本级预算的调整方案；⑥向本级人民代表大会报告本级预算的执行情况。

3. 各级财政部门的预算管理职权

（1）国务院财政部门的预算管理职权

国务院财政部门的预算管理职权有：①具体编制中央预算、决算草案；②具体组织中央和地方预算的执行；③提出中央预算预备费动用方案；④具体编制中央预算的调整方案；⑤定期向国务院报告中央和地方预算的执行情况。

（2）地方各级政府财政部门的预算管理职权

地方各级政府财政部门的预算管理职权有：①具体编制本级预算、决算草案；②具体组织本级总预算的执行；③提出本级预算预备费动用方案；④具体编制本级预算的调整方案；⑤定期向本级政府和上一级政府财政部门报告本级总预算的执行情况。

4. 各部门、各单位的预算管理职权

（1）各部门的预算管理职权

各部门的预算管理职权有：①编制本部门预算、决算草案；②组织和监督本部门预算的执行；③定期向本级政府财政部门报告预算的执行情况。

（2）各单位的预算管理职权

各单位的预算管理职权有：①编制本单位预算、决算草案；②按照国家规定

上缴预算收入；③安排预算支出；④接受国家有关部门的监督。

【例 4—3】根据《预算法》的规定，下列各项中，属于全国人民代表大会预算管理职权的是（ ）。

A. 审查和批准中央预算的调整方案

B. 批准中央预算和中央预算执行情况的报告

C. 监督中央和地方预算的执行

D. 审查和批准中央决算

【解析】B。A、C、D 属于全国人民代表大会常务委员会的预算管理职权。

【例 4—4】下列属于全国人民代表大会常务委员会的预算管理职权的是（ ）。

A. 监督中央和地方预算的执行

B. 审查和批准中央预算的调整方案

C. 审查中央和地方预算草案及中央和地方预算执行情况的报告

D. 批准中央预算和中央预算执行情况的报告

【解析】A、B。

【例 4—5】下列关于县级以上地方各级人民代表大会常务委员会的预算管理职权的表述中，不正确的是（ ）。

A. 监督本级总预算的执行

B. 审查和批准本级预算的调整方案

C. 审查和批准本级政府决算

D. 审批本级预算和本级预算执行情况的报告

【解析】D。县级以上地方各级人民代表大会常务委员会的预算管理职权包括：①监督本级总预算的执行；②审查和批准本级预算的调整方案；③审查和批准本级政府决算；④撤销本级政府和下一级人民代表大会及其常务委员会关于预算、决算的不适当的决定、命令和决议。

四、预算收入与预算支出

国家预算由预算收入和预算支出组成。

1. 预算收入

预算收入是指在预算年度内通过一定的形式和程序，有计划地筹措到的归国家支配的资金，是实现国家职能的财力保证。

（1）按预算收入的来源分类

按预算收入的来源不同，预算收入可以分为税收收入、行政事业性收费收入、国有资源（资产）有偿使用收入、转移性收入和其他收入。

1）税收收入。税收收入是指国家按照预定标准，向经济组织和居民无偿地征收实物或货币所取得的一种财政收入，它是国家预算收入的最主要的部分。

2）行政事业性收费收入。行政事业性收费是指国家机关、司法机关和法律、法规授权的机构，依据国家法律、法规和省以上财政部门的规定行使其管理职能，向公民、法人和其他组织收取的费用。

3）国有资源（资产）有偿使用收入。该收益是指各部门和各单位占有、使用和依法处分境内、外国有资产产生的收益依照国家有关规定应当上缴的部分，如依法应当上缴的国有资产投资产生的股息收入或国有资产的有偿转让、出让的收益等。

4）转移性收入。财政收支中的转移性收入一般指的是不同财政级别间的财政拨付，如省级财政收入中的转移性收入主要来自中央财政的拨款收入。

5）其他收入。其他收入是指除上述各项收入以外的纳入预算管理的收入，如各种罚没收入、规费收入等。

（2）按预算收入的归属分类

按预算收入的归属不同，预算收入可以分为中央预算收入、地方预算收入、中央和地方预算共享收入。

1）中央预算收入。中央预算收入是指按照分税制财政管理体制，纳入中央预算、地方不参与分享的收入，包括中央本级收入和地方按照规定向中央上解的收入。

2）地方预算收入。地方预算收入是指按照分税制财政管理体制，纳入地方预算、中央不参与分享的收入，包括地方本级收入和中央按照规定返还或者补助地方的收入。

3）中央和地方预算共享收入。中央和地方预算共享收入是指按照分税制财政管理体制，中央预算和地方预算对同一税种的收入，按照一定划分标准或比例分享的收入。

2. 预算支出

预算支出是指一级政府为实现其职能，依法对财政资金进行的再分配和使用。

（1）按照功能分类，预算支出分为一般公共服务支出，外交、公共安全、国防支出，农业、环境保护支出，教育、科技、文化、卫生、体育支出，社会保障及就业支出和其他支出。

（2）按照经济性质分类，预算支出分为工资福利支出、商品和服务支出、资本性支出和其他支出。

（3）按照支出形式分类，预算支出分为：

1）经济建设支出。经济建设支出是预算支出的最主要部分。

2）事业发展支出。事业发展支出包括教育、科学、文化、卫生、体育等方面的事业支出。

3）国家管理费用支出。国家管理费用支出包括国家权力机关、行政机关和司法机关的行政管理费支出。

4）国防支出。国防支出包括国防费、国防科研事业费、民兵建设费等。

5）各项补贴支出。各项补贴支出包括粮油补贴、农业生产资料价差补贴等。

6）其他支出。其他支出包括对外援助支出、财政贴息支出、国家物资储备支出、少数民族地区补助费等。

（4）按照支出的主体分类，预算支出分为：

1）中央预算支出。中央预算支出是指按照分税制财政管理体制，由中央财政承担并列入中央预算的支出，包括中央本级支出和中央返还或者补助地方的支出。

2）地方预算支出。地方预算支出是按照分税制财政管理体制，由地方财政承担并列入地方预算的支出，包括地方本级支出和地方按照规定上解中央的支出。

【例 4—6】我国国家预算收入的最主要部分是（　　）。

A. 税收收入

B. 依照规定应当上缴的国有资产收益

C. 专项收入

D. 其他收入

【解析】A。

【例 4—7】我国《预算法》规定的预算支出形式包括（　　）。

A. 经济建设支出

B. 教育、科学、文化、卫生、体育等事业发展支出

C. 国家管理费用支出

D. 国防支出

【解析】A、B、C、D。

五、预算组织程序

根据《预算法》的规定，预算组织程序包括预算的编制、审批、执行和调整。

1. 预算的编制

国家预算的编制是预算管理的起点，也是预算计划管理的关键环节。国家预算要按一定的程序进行编制，还要按法定程序进行审批。

（1）预算年度

我国国家预算年度采取公历年制，自公历1月1日起至12月31日止。各级政府、各部门、各单位应当按照国务院规定的时间编制预算草案。

（2）预算草案编制的依据

预算草案是指各级政府、各部门、各单位编制的未经法定程序审查和批准的预算收支计划。国务院于每年11月10日前向省、自治区、直辖市政府和中央各部门下达编制下一年度预算草案的提示，提出编制预算草案的原则和要求。各级政府、各部门、各单位应当按照国务院规定的时间编制预算草案。

1）各级政府编制年度预算草案的依据包括：①法律、法规；②国民经济和社会发展计划、财政中长期计划以及有关的财政经济政策；③本级政府的预算管理职权和财政管理体制确定的预算收支范围；④上一年度预算执行情况和本年度预算收支变化因素；⑤上级政府对编制本年度预算草案的指示和要求。

2）各部门、各单位编制年度预算草案的依据包括：①法律、法规；②本级政府的指示和要求以及本级政府财政部门的部署；③本部门、本单位的职责、任务和事业发展计划；④本部门、本单位的定员定额标准；⑤本部门、本单位上一年度预算执行情况和本年度预算收支变化因素。

（3）预算草案的编制内容

1）中央预算草案的编制内容包括：①本级预算收入和支出；②上一年度结余用于本年度安排的支出；③返还或者补助地方的支出；④地方上解的收入。

2）地方各级政府预算草案的编制内容包括：①本级预算收入和支出；②上一年度结余用于本年度安排的支出；③上级返还或者补助的收入；④返还或者补助下级的支出；⑤上解上级的支出；⑥下级上解的收入。

2. 预算的审批

预算的审批具有时效性、级别性、程序性和严肃性的特点。

全国人民代表大会和地方各级人民代表大会对预算草案及其报告、预算执行情况的报告重点审查下列内容：①上一年预算执行情况是否符合本级人民代表大会预算决议的要求；②预算安排是否符合《预算法》的规定；③预算安排是否贯彻国民经济和社会发展的方针政策，收支政策是否切实可行；④重点支出和重大投资项目的预算安排是否适当；⑤预算的编制是否完整，是否细化；⑥对下级政府的转移性支出预算是否规范、适当；⑦预算安排举借的债务是否合法、合理，是否有偿还计划和稳定的偿还资金来源；⑧与预算有关重要事项的说明是否清晰。

（1）预算草案的初步审查

各级预算草案在审批之前，应当在本级人民代表大会会议举行前1个月提交有关部门进行初步审查。

（2）预算的批准

《预算法》规定，中央预算由全国人民代表大会审查和批准；地方各级政府预算由本级人民代表大会审查和批准。

（3）预算的批复

预算的批复是指各级政府预算经本级人民代表大会批准后，本级政府财政部门应当及时向本级各部门批复预算，各部门应当及时向所属各单位批复预算。

根据《预算法》的规定，各级政府财政部门应当自本级人民代表大会批准本级政府预算之日起30日内，批复本级各部门预算。各部门应当自本级财政部门批复本部门预算之日起15日内批复所属各单位预算。具体规定如下：

1）中央预算草案经全国人民代表大会批准后，为当年中央预算。财政部应当自全国人民代表大会批准中央预算之日起30日内，批复中央各部门预算。中央各部门应当自财政部批复本部门预算之日起15日内，批复所属各单位预算。

2）地方各级政府预算草案经本级人民代表大会批准后，为当年本级政府预算。县级以上地方各级政府财政部门应当自本级人民代表大会批准本级政府预算之日起30日内，批复本级各部门预算。地方各部门应当自本级财政部门批复本部门预算之日起15日内，批复所属各单位预算。

3. 预算的备案

预算的备案是指各级政府预算批准之后，必须依法向相应的国家机关备案，以加强预算监督。预算备案是与预算审批密切相关的一个制度。

乡、民族乡、镇政府应当及时将经本级人民代表大会批准的本级预算报上一级政府备案。县级以上地方各级政府应当及时将经本级人民代表大会批准的本级预算及下一级政府报送备案的预算汇总，报上一级政府备案。县级以上地方各级政府将下一级政府依照有关规定报送备案的预算汇总后，报本级人民代表大会常务委员会备案。国务院将省、自治区、直辖市政府依照有关规定报送备案的预算汇总后，报全国人民代表大会常务委员会备案。

4. 预算的执行

预算的执行是指经过法定程序批准的预算进入具体实施阶段，各级财政部门和其他预算主体组织国家预算收入和划拨预算支出的活动。《预算法实施条例》规定，各级预算由本级政府组织执行，具体工作由本级政府财政部门负责。

预算收入征收部门和单位，必须依照法律、行政法规的规定，及时、足额征收应征的预算收入。不得违反法律、行政法规规定，多征、提前征收或者减征、免征、缓征应征的预算收入，不得截留、占用或者挪用预算收入。各级政府不得向预算收入征收部门和单位下达收入指标。

政府的全部收入应当上缴国家金库，任何部门、单位和个人不得截留、占用、挪用或者拖欠。对于法律有明确规定或者经国务院批准的特定专用资金，可以依照国务院的规定设立财政专户。

5. 预算的调整

预算的调整是指经全国人民代表大会批准的中央预算和经地方各级人民代表大会批准的本级预算，在执行中因特殊情况需要增加支出或者减少收入，使原批准的收支平衡的预算总支出超过总收入，或者使原批准的预算中举借债务的数额增加的部分变更。

经全国人民代表大会批准的中央预算和经地方各级人民代表大会批准的地方各级预算，在执行中出现下列情况之一的，应当进行预算调整：①需要增加或者减少预算总支出的；②需要调入预算稳定调节基金的；③需要调减预算安排的重点支出数额的；④需要增加举借债务数额的。

在预算执行中，各级政府对于必须进行的预算调整，应当编制预算调整方案。预算调整方案应当说明预算调整的理由、项目和数额。

在预算执行中，由于发生自然灾害等突发事件，必须及时增加预算支出的，

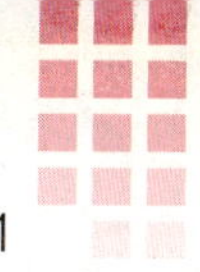

应当先动支预备费。预备费不足支出的，各级政府可以先安排支出，属于预算调整的，列入预算调整方案。

六、决算

决算是指对年度预算收支执行结果的会计报告，是预算执行的总结，是国家预算管理活动的最后一道程序。决算包括决算草案的编制、决算草案的审批、决算草案的批复和决算的备案。

1. 决算草案的编制

《预算法》及其实施条例规定，财政部应当在每年第四季度部署编制决算草案的原则、要求、方法和报送期限，制发中央各部门决算、地方决算及其他有关决算的报表格式。县级以上地方政府财政部门根据财政部的部署，编制本级政府各部门和下级政府决算草案的原则、要求、方法和报送期限，制发本级政府各部门决算、下级政府决算及其他有关决算的报表格式。决算草案的编制程序如下：

（1）先由各单位编制其决算草案。

（2）各部门对所属各单位的决算草案，应当审核并汇总编制本部门的决算草案，在规定的期限内报本级政府财政部门审核。

（3）本级政府财政部门对本级各部门决算草案进行审核，审核后汇总编制本级决算草案报本级政府审定，本级政府审定后即可报本级权力机关审批。各级政府财政部门对本级各部门决算草案审核后发现有不符合法律、行政法规规定的，有权予以纠正。

各级政府决算草案编制主体对本级各部门决算草案审核和汇总后，形成各级政府的决算草案。其中，国务院财政部门编制中央决算草案，县级以上地方各级政府财政部门编制本级决算草案，乡、民族乡、镇政府编制本级决算草案。

2. 决算草案的审批

各级政府财政部门在编制本级决算草案之后报本级政府审定，经审定后的决算草案再由本级政府提请本级权力机关审查和批准。决算草案的审批程序具体如下：

（1）国务院财政部门编制中央决算草案，报国务院审定后，由国务院提请全国人民代表大会常务委员会审查和批准。

（2）县级以上地方各级政府财政部门编制本级决算草案，报本级政府审定后，由本级政府提请本级人民代表大会常务委员会审查和批准。

（3）乡、民族乡、镇政府编制本级决算草案，提请本级人民代表大会审查和批准。

3. 决算草案的批复

各级决算经批准后，财政部门应当在 20 日内向本级各部门批复决算。各部门应当在接到本级政府财政部门批复的本部门决算后 15 日内向所属单位批复决算。

4. 决算的备案

县级以上地方各级政府应当自本级人民代表大会常务委员会批准本级政府决算之日起 30 日内，将本级政府决算及下一级政府上报备案的决算汇总，报上一级政府备案。

根据《预算法》的规定，国务院和县级以上地方各级政府对下一级政府依照《预算法》规定报送备案的决算，认为有同法律、行政法规相抵触或者其他不适当之处，需要撤销批准该项决算的决议的，应当提请本级人民代表大会常务委员会审议决定。经审议决定撤销的，该下级人民代表大会常务委员会应当责成本级政府依照《预算法》规定重新编制决算草案，提请本级人民代表大会常务委员会审查和批准。

七、预决算的监督

预决算的监督是指国家各级权力机关、政府及财政审计部门依法对全部预算、决算活动的监督。

1. 国家权力机关的监督

全国人民代表大会及其常务委员会对中央和地方预算、决算进行监督。县级以上地方各级人民代表大会及其常务委员会对本级和下级政府预算、决算进行监督。乡、民族乡、镇人民代表大会对本级预算、决算进行监督。各级人民代表大会和县级以上各级人民代表大会常务委员会有权就预算、决算中的重大事项或者特定问题组织调查，有关的政府、部门、单位和个人应当如实反映情况和提供必要的材料。

2. 各级政府的监督

各级政府监督下级政府的预算执行，下级政府应当定期向上级政府报告预算执行情况。各级政府对于下级政府在预算执行中违反法律、法规和国家政策方针的行为，应当予以制止并纠正，对于本级预算执行中出现的问题，应当及时采取措施。下级政府应当接受上级政府对预算执行的监督，严格执行上级政府作出的有关决定，根据上级政府的要求，及时提供材料，如实反映情况，将执行结果及时上报。

3. 各级政府财政部门的监督

各级政府财政部门负责监督、检查本级各部门及其所属各单位预算的执行，并向本级政府和上级政府财政部门报告预算执行情况。各部门及其所属各单位应当接受本级财政部门执行上级财政部门提出的检查意见。

4. 各级政府审计部门的监督

各级政府审计部门按照《预算法》及有关的法律、行政法规的规定，对本级各部门、各单位和下级政府的预算执行、决算实施审计监督。

【例 4—8】对本级各部门、各单位和下级政府的预算执行、决算实施审计监督的部门是（　　）。

A. 各级政府财政部门　　B. 各级政府

C. 各级政府审计部门　　D. 上一级政府财政部门

【解析】C。

第二节 政府采购法律制度

政府采购制度是市场经济条件下加强财政支出管理、规范政府机构采购行为、发挥对国民经济宏观调控作用的一项制度。政府采购制度有利于加强对政府采购行为的规范化管理，提高政府采购活动的透明度；有利于鼓励供应商参与采购活动，促进充分竞争；有利于保证给予供应商公平的待遇；有利于保护社会公共利益，提高公众对采购活动的信任度。

一、政府采购法律制度的构成

政府采购法律制度是调整政府采购关系的法律规范的总称。我国的政府采购法律制度由《中华人民共和国政府采购法》（以下简称《政府采购法》）、国务院各部门特别是财政部颁布的一系列部门规章以及地方性法规和政府规章组成。

1. 《政府采购法》

为规范政府采购行为，提高政府采购资金使用效益，维护国家利益和社会公共利益，保护政府采购当事人的合法权益，促进廉政建设，第九届全国人民代表大会常务委员会第二十八次会议通过了《政府采购法》，自2003年1月1日起施行。《政府采购法》是规范我国政府采购活动的根本性法律，也是制定其他政府采购法律制度的基本依据。

2. 政府采购部门规章

政府采购部门规章是为贯彻国家有关法律、法规和政府政策，由国务院有关部门制定的一些规章制度。虽然目前国务院尚未出台有关政府采购方面的行政法规，但国务院各部门，特别是财政部作为政府采购监督管理部门，相继颁布了一系列有关政府采购的部门规章，如《政府采购审评专家管理办法》《集中采购机构监督考核管理办法》《政府采购货物和服务招标投标管理办法》《政府采购供应商投诉处理办法》《政府采购代理机构资格认定办法》《政府采购非招标采购方式管理办法》等。

3. 政府采购地方性法规和政府规章

政府采购地方性法规是指省、自治区、直辖市的人民代表大会及其常务委员会在不与法律、行政法规相抵触的情况下制定的规范性文件，如《广东省实施〈中华人民共和国政府采购法〉办法》等。

政府采购地方性政府规章是指省、自治区、直辖市的人民政府制定的地方规范性文件，如北京市政府发布的《北京市政府采购办法》（北京市人民政府令第26号）。

二、政府采购的概念与原则

1. 政府采购的概念

根据《政府采购法》的规定，政府采购是指各级国家机关、事业单位和团体组织，使用财政性资金采购依法制定的集中采购目录以内的或者采购限额标准以上的货物、工程和服务的行为。

（1）政府采购的主体范围

政府采购的主体是指各级国家机关、事业单位和团体组织。所有个人、私人企业和公司均不能成为政府采购的主体。

（2）政府采购的资金范围

政府采购资金为财政性资金，包括预算内资金和预算外资金。预算内资金是指年初预算安排的资金和预算执行中财政追加的资金。预算外资金是指按规定缴入财政专户和经财政部门批准留用的未纳入财政预算收入管理的财政性资金，即国家机关、事业单位、社会团体和其他机构为履行或代行政府职能，依据法律、法规或具有法律效力的规章，来收取、提取、募集和安排使用纳入财政预算管理的各种财政资金。

（3）政府集中采购目录和政府采购限额标准

集中采购是政府采购的主要方式，集中采购目录是指应当实行集中采购的货物、工程和服务的名称、类别的目录。采购限额标准是指国家机关、事业单位和团体组织必须实行统一集中采购的采购金额标准。

根据《政府采购法》的规定，政府集中采购目录和政府采购限额标准实行分级管理，由省级以上人民政府确定并公布。属于中央预算的政府采购项目，其集中采购目录和政府采购限额标准由国务院确定并公布。属于地方预算的政府采购项目，其集中采购目录和政府采购限额标准由省、自治区、直辖市人民政府或者其授权的机构确定并公布。

（4）政府采购的对象范围

政府采购的对象包括货物、工程和服务。货物是指各种形态和种类的物品，包括原材料、燃料、设备、产品等有形货物，以及商标权、专利权、著作权等无形货物。工程是指建设工程，包括建筑物和构筑物的新建、改建、扩建、装修、拆除、修缮以及与建设工程相关的勘察、设计、施工、监理等。服务是指除货物和工程以外的其他政府采购对象，包括各类专业服务、信息网络开发服务等。

【例 4—9】下列选项中，不属于我国政府采购主体的是（　　）。

A. 国家机关　　B. 事业单位

C. 从事公共社会活动的团体组织　　D. 国有企业

【解析】D。目前，我国国有企业不属于政府采购的主体范围。

2. 政府采购的原则

政府采购应当遵循公开透明原则、公平竞争原则、公正原则和诚实信用原则。其中，公平竞争是核心，公开透明是体现，公正和诚实信用是保障。

（1）公开透明原则

公开透明原则是指有关采购的法律、政策、程序和采购活动都应对社会公开，所有相关信息都必须公之于众。它是政府采购的一项基本原则，政府采购被誉为“阳光下的交易”，即源于此。

公开透明原则应当贯穿于政府采购的全过程，具体体现在以下几方面：

1）公开的内容。政府的采购信息应当公开，包括政府采购法规政策、省级以上人民政府公布的集中采购目录、政府采购限额标准和公开招标数额标准，政府采购招标业务代理机构名录，招、投标信息，财政部门受理政府采购投诉的联系方式和投诉处理决定，财政部门集中采购的考核结果，采购代理机构、供应商不良行为记录名单等。

2）公开的标准。政府采购公开的信息应当符合内容真实、准确可靠、发布及时、便于查找等标准。

3）公开的途径。除涉及商业秘密以外，政府采购信息应当在省级以上财政部门指定的政府采购信息发布媒体向社会发布，使政府采购活动在完全透明的状态下运作，全面、广泛地接受监督。

（2）公平竞争原则

公平竞争是指政府采购的竞争是有序竞争，要公平地对待每一个供应商，不能有歧视。公平竞争原则是市场经济运行的重要法则，是政府采购的核心。公平竞争要求在竞争的前提下公平地开展政府采购活动。首先，要将竞争机制引入采购活动中，实行优胜劣汰机制，让采购人通过优中选优的方式，获得物美价廉的货物、工程或者服务，提高财政性资金的使用效益。其次，竞争必须公平，不能设置妨碍充分竞争的不正当条件。

（3）公正原则

公正原则要求政府采购要按照事先约定的条件和程序进行，对所有供应商一

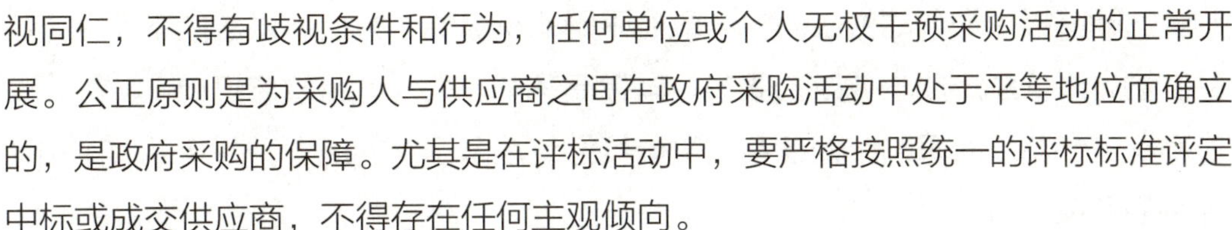

视同仁，不得有歧视条件和行为，任何单位或个人无权干预采购活动的正常开展。公正原则是为采购人与供应商之间在政府采购活动中处于平等地位而确立的，是政府采购的保障。尤其是在评标活动中，要严格按照统一的评标标准评定中标或成交供应商，不得存在任何主观倾向。

（4）诚实信用原则

诚实信用原则是政府采购的保障，它要求政府采购当事人在政府采购活动中，本着诚实、守信的态度履行各自的权利和义务，讲究信誉，兑现承诺，不得散布虚假信息，不得有欺诈、串通、隐瞒等行为，不得伪造、变造、隐匿、销毁需要依法保存的文件，不得规避法律、法规，不得损害第三方的利益。

【例 4—10】我国政府采购的原则包括（　　）。

A. 公正原则　　B. 公平竞争原则

C. 公开透明原则　　D. 诚实信用原则

【解析】A、B、C、D。

三、政府采购的功能与执行模式

1. 政府采购的功能

（1）节约财政支出，提高采购资金的使用效益

政府采购遵循公开透明、公平竞争、公正和诚实信用原则，通过公开、公平、公正、透明、科学的制度设计，充分引入竞争机制并建立对供应商的激励约束机制，实行规范化的、阳光的采购，使得政府主体能够以较低廉的价格购买高质量的货物、工程和服务，从而达到“少花钱、多办事、办好事”、节约财政支出、提高采购资金使用效益的目的。

（2）强化宏观调制

政府可以通过制定政府采购政策、确立采购对象等，控制公共采购资金的使用，也可以通过规定优先采购内容、禁止采购内容、向谁采购和由谁采购等一系列政策措施，影响供应商的生产和销售行为以及投资的选择，促进政府多种社会经济政策的贯彻实施，实现政府特定的宏观调控目标。《政府采购法》明确规定，政府采购应当有助于实现国家的经济和社会发展政策目标，包括保护环境、扶持不发达地区和少数民族地区、促进中小企业发展等。

（3）活跃市场经济

政府采购遵循公开、公平、公正原则，在竞标过程中实行“优胜劣汰”的机制，这能够极大地调动供应商参与政府采购的积极性，并促使供应商不断提高产品质量、降低生产成本或改善服务，以提高竞争能力，赢得政府订单。此外，供应商积极参与政府采购，为社会主义市场经济注入了新的活力，并带动整个市场经济的繁荣。

（4）推进反腐倡廉

政府采购通过采购制度的建立，可以从两个方面推进政府反腐倡廉工作。首先，在政府采购活动中，采购单位、采购代理机构和供应商作为三方面的行为主体，由于各自的利益不同，在内在利益的驱动下，形成了互相监督的机制。其次，法律监督，政府采购主管部门的监督，各级纪检、监察、审计等部门的监督，新闻媒体的监督，纳税人的监督等形成一套外在监督机制，增加了政府采购的透明性，避免了腐败现象的发生。

（5）保护民族产业

在众多的非关税贸易壁垒中，政府采购制度在引入竞争机制的同时，实行“国货优先”的原则，政府通过购买国内企业产品或重点购买国有企业的产品，可以有效保护、扶持民族产业，从整体上提高民族产业和民族经济在国际市场上的竞争力。

2. 政府采购模式

《政府采购法》规定，政府采购实行集中采购和分散采购相结合的方式。

（1）集中采购

集中采购是指由政府设立的职能机构统一为本级政府机构提供采购服务的一种采购形式。一个部门统一组织本部门、本系统的采购活动，也称为集中采购。按集中程度不同，集中采购分为政府集中采购和部门集中采购。政府集中采购是指采购单位委托政府集中采购机构组织实施的，纳入集中采购目录以内的属于通用性的项目采购活动。部门集中采购是指由采购单位主管部门统一组织实施的，纳入集中采购目录以内属于本部门或本系统有专业技术等特殊要求的项目采购活动。

《政府采购法》规定，集中采购必须委托集中采购机构代理采购。设区的市、自治州以上人民政府根据本级政府采购项目组织设立集中采购机构。

集中采购的范围由省级以上人民政府公布的集中采购目录确定。属于中央预算的政府采购项目，其集中采购目录由国务院确定并公布。属于地方预算的政府采购预算项目，其集中采购目录由省、自治区和直辖市人民政府或者其授权的机

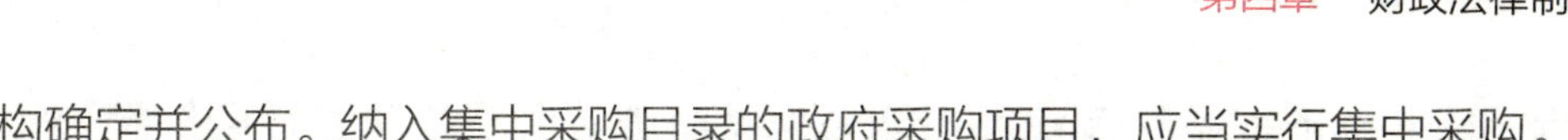

构确定并公布。纳入集中采购目录的政府采购项目，应当实行集中采购。

实行集中采购有利有弊。有利之处是能够取得规模效益和降低采购成本；统一策划，统一采购，统一配置标准，便于维修和管理；容易培养一支专业化采购队伍，保证采购质量；方便管理和监督；有利于政府采购有关政策取向的贯彻落实。不利之处主要是容易滋生官僚习气，采购效率不高；难以满足用户多样性的需求；采购周期较长等。

（2）分散采购

根据《政府采购法》的规定，采购未纳入集中采购目录的政府采购项目，可自行采购，也可委托集中采购机构在委托范围内代理采购。

分散采购的组织主体是各预算单位，与集中采购相比，其有利之处主要是增强采购人自主权，能够满足采购人对及时性和多样性的需求。不利之处主要是失去了规模效益，加大了采购成本，不便于监督管理等。

【例 4—11】根据《政府采购法》的规定，我国政府采购的执行模式是（　　）。

A. 集中采购　　B. 分散采购

C. 集中采购与分散采购相结合　　D. 团购

【解析】C。我国政府采购的执行模式是集中采购与分散采购相结合。

四、政府采购当事人

政府采购当事人是指在政府采购活动中享有权利和承担义务的各类主体，包括采购人、供应商和采购代理机构等。

1. 采购人

采购人是指购买和使用所购买的货物、工程或服务的主体。政府采购的采购人，一般具有两个特征，一是采购人是依法进行政府采购的国家机关、事业单位和团体组织，二是采购人的政府采购行为从筹划、决策到实施，都必须在《政府采购法》等法律、法规的范围内进行。

2. 供应商

供应商是指向采购人提供货物、工程或者服务的法人、其他组织或者自然人。《政府采购法》规定，供应商参加政府采购活动应当具备下列条件：①具有独立承担民事责任的能力；②具有良好的商业信誉和健全的财务会计制度；③具有履行合同所必需的设备和专业技术能力；④有依法缴纳税收和社会保障资金的良好记录；⑤参加政府采购活动前三年内，在经营活动中没有重大违法记录；⑥法律、行政法规规定的其他条件。

3. 采购代理机构

采购代理机构是指具备一定条件，经政府有关部门批准依法拥有政府采购代理资格的社会中介机构。采购代理机构分为政府设立的集中采购机构和一般采购代理机构。

（1）集中采购机构

集中采购机构是进行政府集中采购的法定代理机构，由设区的市、自治州以上人民政府根据本级政府采购项目需要设立。《政府采购法》中所称的集中采购机构就是采购代理机构。集中采购机构是非营利事业法人，根据采购人的委托办理采购事宜。集中采购机构不实行政府采购代理机构资格认定制度。

（2）一般采购代理机构

一般采购代理机构由国务院有关部门或省级人民政府有关部门认定，主要负责分散采购的代理业务。采购代理机构资格认定由省、自治区、直辖市以上人民政府财政部门根据《政府采购代理机构资格认定办法》规定的权限和程序实施。

【例 4—12】下列选项中，可以作为政府采购当事人中的采购人的有（　　）。

A. 中华人民共和国商务部　　B. 人民教育出版社

C. 中国红十字会　　D. 甲个人独资企业

【解析】A、B、C。采购人是指依法进行政府采购的国家机关、事业单位和团体组织。

五、政府采购方式

《政府采购法》规定，政府采购方式有公开招标、邀请招标、竞争性谈判、单一来源采购、询价采购和国务院政府采购监督管理部门认定的其他采购方式。其中，公开招标应作为政府采购的主要采购方式。

1. 公开招标

公开招标是指采购人按照法定程序，通过发布招标公告，邀请所有潜在的不特定的供应商参加投标，采购人通过某种事先确定的标准，从所有投标供应商中择优评选出中标供应商并与之签订政府采购合同的一种采购方式。

货物服务采购项目达到公开招标数额标准的，必须采用公开招标的方式。采购人采购货物或者服务应当采用公开招标方式的，其具体数额标准，属于中央预算的政府采购项目，由国务院规定；属于地方预算的政府采购项目，由省、自治区、直辖市人民政府规定；因特殊情况需要采用公开招标以外的采购方式的，应当在采购活动开始前获得设区的市、自治州以上人民政府采购监督管理部门的批准。采购人不得将应当以公开招标方式采购的货物或者服务化整为零，或者以其他任何方式规避公开招标采购。

采用公开招标方式采购的，招标采购单位必须在财政部门指定的政府采购信息发布媒体上发布招标公告。采用公开招标方式采购的，自招标文件开始发出之日起至投标人提交投标文件截止之日止，不得少于 20 日。

2. 邀请招标

邀请招标也称选择性招标，是由采购人根据供应商或承包商的资信和业绩，选择一定数目的法人或其他组织（不能少于 3 家），向其发出招标邀请书，邀请其参加投标竞争，从中选定中标供应商的一种采购方式。

《政府采购法》规定，符合下列情形之一的货物或者服务，可以采用邀请招标方式采购：

（1）具有特殊性，只能从有限范围的供应商处采购的。

（2）采用公开招标方式的费用占政府采购项目总价值的比例过大的。

3. 竞争性谈判

竞争性谈判是指采购人或代理机构通过与多家供应商（不少于 3 家）进行谈判，最后从中确定中标供应商的一种采购方式。

根据《政府采购法》第三十条规定，符合下列情形之一的货物或者服务，可以采用竞争性谈判方式采购：

（1）招标后没有供应商投标，或者没有合格标的，或者重新招标未能成立的。

（2）技术复杂或者性质特殊，不能确定详细规格或者具体要求的。

（3）采用招标所需时间不能满足用户紧急需要的。

（4）不能事先计算出价格总额的。

4. 单一来源采购

单一来源采购也称直接采购，是指采购人向唯一供应商进行采购的方式。单一来源采购适用于达到了限购标准和公开招标数额标准，但所购商品的来源渠道单一，或属专利、首次制造、合同追加、原有采购项目的后续扩充和发生了不可预见的紧急情况不能从其他供应商处采购等情况。该采购方式的最主要特点是没有竞争性。

根据《政府采购法》第三十一条规定，符合下列情形之一的货物或服务，可以采用单一来源方式采购：

（1）只能从唯一供应商处采购的。

（2）发生了不可预见的紧急情况，不能从其他供应商处采购的。

（3）必须保证原有采购项目的一致性或者服务配套的要求，需要继续从原供应商处添购，且添购资金总额不超过原合同采购金额10%的。

采取单一来源方式采购的，采购人与供应商应当遵循《政府采购法》规定的原则，在保证采购项目质量和双方商定合理价格的基础上进行采购。

5. 询价采购

询价采购就是采购人向有关供应商发出询价通知书让其报价，然后在报价的基础上进行比较并确定最优供应商的一种采购方式。采购的货物规格、标准统一，现货货源充足且价格变化幅度小的政府采购项目，可以采用询价方式采购。

政府采购方式的比较见表4—1。

表4—1　政府采购方式的比较

采购方式	供应商	适用范围
公开招标	不特定	（1）供货服务采购项目达到公开招标数额标准的，必须采用公开招标的方式 （2）采购人不得将应当以公开招标方式采购的货物或服务化整为零，或者以其他任何方式规避公开招标采购
邀请招标	随机邀请3家以上	（1）具有特殊性，只能从有限范围的供应商处采购的 （2）采用公开招标方式的费用占政府采购项目总价值比例过大的

续表

采购方式	供应商	适用范围
竞争性谈判	不少于3家	（1）招标后没有供应商投标，或者没有合格标的，或者重新招标未能成立的 （2）技术复杂或者性质特殊，不能确定详细规格或者具体要求的 （3）采用招标所需时间不能满足用户紧急需要的 （4）不能事先计算出价格总额的
单一来源采购	1家	（1）只能从唯一供应商处采购的 （2）发生了不可预见的紧急情况，不能从其他供应商处采购的 （3）必须保证原有采购项目一致性或者服务配套的要求，需要从原供应商处添购，且添购资金总额不超过原合同采购金额10%的
询价采购	3家以上	采购的货物规格、标准统一，现货货源充足且价格变化幅度小的政府采购项目

六、政府采购的监督检查

1. 政府采购监督管理部门的监督

各级人民政府财政部门是负责政府采购监督管理的部门，依法履行对政府采购活动的监督检查。为确保政府采购合法有序运行，政府采购监督管理部门应当加强对政府采购活动及集中采购机构的监督检查。监督检查的主要内容包括有关政府采购的法律、行政法规和规章的执行情况，采购范围、采购方式和采购程序的执行情况，政府采购人员的职业素质和专业技能。

2. 集中采购机构的内部监督

集中采购机构应当建立健全内部监督管理制度。采购活动的决策和执行程序应当明确，并相互监督、相互制约。经办采购的人员与负责采购合同审核、验收人员的职责权限应当明确，并相互分离。集中采购机构应该按照管理环节和流程设置内部机构，以体现相互制约关系。

3. 采购人的内部监督

采购人必须按照《政府采购法》规定的采购方式和采购程序进行采购。任何单位和个人不得违反法律规定，要求采购人或者采购工作人员向其指定的供应商进行采购。

4. 政府其他有关部门监督

依照法律、行政法规的规定对政府采购负有行政监督职责的政府有关部门，应当按照其职责分工，加强对政府采购活动的监督。

（1）审计机关应当对政府采购进行审计监督。政府采购监督管理部门、政府采购各当事人有关政府采购活动，应当接受审计机关的审计监督。

（2）监察机关应当加强对参与政府采购活动的国家机关、国家公务员和国家行政机关任命的其他人员实施监察。

5. 政府采购活动的社会监督

任何单位和个人对政府采购活动中的违法行为，有权控告和检举。对于任何单位和个人对政府采购活动中的违法行为的控告和检举，有关部门、机关应当依照各自职责及时处理。

【例 4—13】下列可以对政府采购进行监督的有（　　）。

A. 财政部门　　　　B. 审计机关

C. 监察机关　　　　D. 社会公众

【解析】A、B、C、D。依照政府采购法律、行政法规的规定，我国政府采购的监督检查的主体包括各级人民政府财政部门、审计机关、监察机关和社会公众。

第三节　国库集中收付制度

国库集中收付制度是建立、规范国库集中收付活动的各种法令、办法、制度的总称，是对财政资金从征收、入库、拨付、使用、财政清算，直至资金到达商品供应商和劳务提供者账号全过程的监控制度。国库集中收付制度有利于加大预算管理力度，提高预算管理效率，提高资金使用效率，加强廉政建设。

一、国库集中收付制度的概念

国库集中收付制度一般也称国库单一账户制度，包括国库集中收入收缴管理

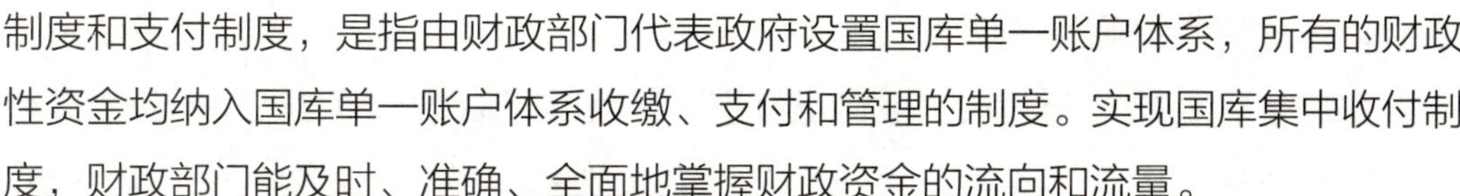

制度和支付制度，是指由财政部门代表政府设置国库单一账户体系，所有的财政性资金均纳入国库单一账户体系收缴、支付和管理的制度。实现国库集中收付制度，财政部门能及时、准确、全面地掌握财政资金的流向和流量。

二、国库单一账户体系

1. 国库单一账户体系的概念

国库单一账户体系是指以财政国库存款账户为核心的各类财政性资金账户的集合，所有财政性资金的收入、支出、存储以及资金清算活动均在该账户体系运行。

2. 国库单一账户体系的构成

借鉴国际成功经验，结合我国具体国情，我国建立的财政国库单一账户体系主要包括以下五类账户。

（1）国库单一账户

国库单一账户是指财政部门在中国人民银行开设的国库单一账户。国库单一账户用于记录、核算和反映财政预算资金的收入和支出活动，并用于与财政部在商业银行开设的零余额账户进行清算，实现资金的收付。

（2）财政部门零余额账户

财政部门零余额账户是指财政部门按资金使用性质在商业银行开设的零余额账户。财政部门零余额账户用于财政直接支付和与国库单一账户支出清算。该账户每日发生的支付，于当日营业终了前与国库单一账户清算。营业中每笔支付额5 000万元人民币以上的（含5 000万元），应当及时与国库单一账户清算。财政部门的零余额账户在国库会计中使用，行政单位和事业单位会计中不设置该账户。

（3）预算单位零余额账户

预算单位零余额账户是指财政部门在商业银行为预算单位开设的零余额账户。预算单位的零余额账户用于财政授权支付和清算，可以办理转账、提取现金等结算业务，可以向本单位按账户管理规定保留的相应账户划拨工会经费、住房公积金及提租补贴，以及经财政部门批准的特殊款项，不得违反规定向本单位其他账户和上级主管单位、所属下级单位账户划拨资金。预算单位零余额账户在行政单位和事业单位会计中使用。

（4）预算外资金财政专户

预算外资金财政专户是指财政部门在商业银行开设的预算外资金财政专户。预算外资金财政专户用于记录、核算和反映预算外资金的收入支出活动，并用于预算外资金的日常收支清算。预算外资金财政专户在财政部门设立和使用。

（5）特设专户

特设专户是指经国务院或国务院授权财政部批准预算单位开设的特殊专户。特设专户用于记录、核算和反映预算单位的特殊专项支出活动，并用于与国库单一账户清算。

【例 4—14】根据国库集中收入制度的规定，用于财政直接支付和与国库单一账户支出清算的账户是（　　）。

A. 预算单位零余额账户　　B. 财政部门零余额账户

C. 预算外资金财政专户　　D. 特设专户

【解析】B。财政部门零余额账户主要用于财政直接支付和与国库单一账户支出清算，预算单位零余额账户主要用于授权支付和清算。

三、财政收支的方式

1. 财政收入的收缴方式

财政收入的收缴方式分为直接缴库和集中汇缴两种方式。

（1）直接缴库

直接缴库是指由缴款单位或缴款人按有关法律、法规规定，直接将应缴收入缴入国库单一账户或预算外资金财政专户。直接缴库的收缴程序是直接缴库的税收收入由纳税人或税务代理人提出纳税申报，经征收计算审核无误后，由纳税人通过开户银行将税款缴入国库单一账户。直接缴库的其他收入比照上述程序缴入国库单一账户或预算外资金财政专户。

（2）集中汇缴

集中汇缴是指由征收机关（有关法定单位）按有关法律规定，将所收的应缴收入汇总缴入国库单一账户或预算外资金财政专户。集中汇缴的收缴程序是小额零散税收和法律另有规定的应缴收入，经征收计算于收缴收入的当日汇总缴入国库单一账户。非税收入中的现金缴款比照本程序缴入国库单一账户或预算外资金财政专户。

2. 财政支出的支付方式

财政性资金的支付方式实行财政直接支付和财政授权支付两种方式。

（1）财政直接支付

财政直接支付是指由财政部门向中国人民银行和代理银行签发支付指令，代理银行根据支付指令通过国库单一账户体系将资金直接支付到收款人（即商品或劳务的供应商等）或用款单位（即具体申请和使用财政性资金的预算单位）账户。

实行财政直接支付的支出包括：①工资支出、购买支出以及中央对地方的专项转移支出、拨付企业大型工程项目或大型设备采购的资金等，直接支付到收款人；②转移支出（中央对地方专项转移支出除外），包括中央对地方的一般性转移支出中的税收返还、原体制补助、过渡期转移支出、结算补助等支出，对企业的补贴和未指明购买内容的某些专项支出等，支付到用款单位。

（2）财政授权支付

财政授权支付是指预算单位按照财政部门的授权，自行向代理银行签发支付指令，代理银行根据支付指令，在财政部门批准的预算单位的用款额度内，通过国库单一账户体系将资金支付到收款人账户。

实行财政授权支付的支出包括暂未实行财政直接支付的专项支出和公用支出中的零星支出及小额现金的提取。财政授权支付的程序是财政国库支付执行机构依据财政部门核定的授权支付用款计划，向代理银行下达授权预算单位直接支付的月度用款额度，预算单位按照财政部门授权，在批准的月度用款额度内自行开具支付令，交由代理银行通过单位零余额账户将资金支付到收款人账户，代理银行按照上述财政直接支付清算要求办理清算事宜。

练习题

1. 我国国家预算有哪些作用？国家预算级次结构分为哪五个级别？

2. 我国各级人民代表大会有哪些预算管理职权？

3. 国家预算由预算收入和预算支出组成，其中，预算收入可分为哪几类收入？预算支出可分为哪几类支出？

4. 我国政府采购具有什么功能？政府采购的原则有哪些？

5. 国库集中收付的操作是怎样规定的？国库单一账户体系由哪些账户构成？

6. 我国财政收入的收缴方式、财政支出的支付方式分别有哪些？

第五章
会计职业道德

基本要求

- 了解会计职业道德的概念和特征
- 熟悉会计职业道德的功能和作用
- 熟悉加强会计职业道德教育的途径
- 熟悉会计职业道德规范的主要内容

第一节 会计职业道德概述

一、职业道德的含义

1. 职业道德的概念

职业道德的概念有广义和狭义之分。广义的职业道德是指从业人员在职业活动中应该遵循的行为准则，涵盖了从业人员与服务对象、职业与职工、职业与职业之间的关系。狭义的职业道德是指在一定职业活动中应遵循的、体现一定职业特征的、调整一定职业关系的职业行为准则和规范。

不同职业的人员在特定的职业活动中形成了特殊的职业关系，包括职业主体与职业服务对象之间的关系、职业团体之间的关系、同一职业团体内部人与人之间的关系，以及职业劳动者、职业团体与国家之间的关系等。为了协调这些复杂的、特殊的社会关系，需要一种适应职业生活特点的调节职业社会关系的规范和手段，由此形成不同职业人员的道德规范，即职业道德。

2. 职业道德的特征

职业道德是道德在职业实践中的具体体现，具有以下特征。

（1）职业性

职业道德的内容与职业实践活动紧密相连，反映着特定职业活动对从业人员行为的道德要求。所以，职业道德的职业性（行业性）很强，不具有全社会普遍的适用性。一定的职业道德规范只适用一定的职业活动领域。有些具体的行业道德规范，只适用本行业，其他行业就不完全适用，或完全不适用。

（2）实践性

由于职业活动都是具体的实践活动，因此根据职业实践经验概括出来的职业道德规范具有较强的针对性、实践性，容易形成条文。职业道德一般用行业公约、工作守则、行为须知、操作规程等具体的规章制度来教育、约束本行业的从业人员，并且公之于众，让行业内外人员（包括服务对象）检查、监督。

（3）继承性

由于职业首先是与职业活动紧密结合的，所以即使在不同的社会经济发展阶段，同样一种职业因服务对象、服务手段、职业利益、职业责任和义务相对稳定，使得职业道德具有较强的相对稳定性和历史继承性的特点。例如，教师“诲人不倦”、医生“救死扶伤”、商人“买卖公平”等职业道德要求，就是在这些行业中得到世代继承和发扬的。

（4）多样性

职业道德与具体的职业相联系，而社会上的职业是复杂、多样的，因此有多少种职业就有多少种职业道德，如经商有“商德”，行医有“医德”，执教有“师德”，从艺有“艺德”等。即使在同一行业中又有不同的岗位，这些不同的岗位又有更加具体的职业道德要求。随着生产力的发展和社会的进步，新兴行业不断产生，与之相适应的职业道德要求层出不穷，职业道德的种类也就越来越多样和丰富。

3. 职业道德的作用

职业道德的作用主要体现在以下两个方面。

（1）促进职业活动的有序进行

一方面，职业道德可以调节从业人员内部之间的关系，即运用职业道德规范约束职业内部人员的行为，促进职业内部人员的团结与合作，如职业道德规范要求各行各业的从业人员都要团结、互助、爱岗、敬业、齐心协力地为发展本行业服务。另一方面，职业道德又可以调节从业人员和服务对象之间的关系，如职业道德规定了制造产品的工人怎样对用户负责，注册会计师怎样对公众和客户负责，医生怎样对病人负责，教师怎样对学生负责等。

（2）对社会道德风尚产生积极影响

一方面，职业道德是从业人员的生活态度、价值观念的表现。另一方面，职业道德也是职业集体，甚至是一个行业全体人员的行为表现。如果每一个行业、每一个职业集体都具备良好的职业道德，在职业人员之间形成相互尊重、相互关心、相互帮助、团结友爱、公正诚信的良好人际关系和社会风气，那么对整个社会的道德水平的提高就会发挥重要的作用。例如，商业、交通、医疗、供电、供热等对社会生活影响较大的一些“窗口”行业的从业人员，能够自觉地遵守各自的职业道德规范，必将体现出良好的社会道德风貌。

【例 5—1】职业道德是同人们的（　　）紧密联系的，是具有自身职业特征的道德准则和职业行为规范的总和。

A. 道德活动　　　　B. 职业活动

C. 经济活动　　　　D. 政治活动

 B。

二、会计职业道德的含义

1. 会计职业道德的概念

会计职业道德是指会计从业人员在会计职业活动中应当遵循的、体现会计职业特征的、调整会计职业关系的职业行为准则和规范。会计职业道德作为社会道德体系的重要组成部分，既吸纳社会道德规范的一般要求，如爱岗敬业、诚实守信，又突出会计职业的特征，如客观公平、坚持准则等。理解会计职业道德的含义，应把握以下三个方面。

（1）会计职业道德是调整会计职业活动中各种利益关系的手段

会计工作的性质决定了在会计职业活动中要处理方方面面的经济关系，包括单位与单位、单位与国家、单位与投资者、单位与债权人、单位与职工、单位内部各部门之间及单位与社会公众之间等经济关系，这些经济关系的实质是经济利益关系。在我国社会主义市场经济建设中，当各经济主体的利益与国家利益、社会公共利益发生冲突的时候，会计职业道德可以配合国家法律制度，调整职业关系中的经济利益关系，维护正常的经济秩序。会计职业道德允许个人和各经济主体获取合法的自身利益，但反对通过损害国家和社会公共利益而获取违法利益。

（2）会计职业道德具有相对稳定性

在经济活动中，在对单位经济事项进行确认、计量、记录和报告时，会计标准的设计、会计政策的制定、会计方法的选择，都必须遵循其内在的客观经济规律和要求。由于人们面对的是共同的客观经济规律，因此，会计职业道德在社会经济关系不断的变迁中，始终保持自己的相对稳定性。在会计职业活动中诚实守信、客观公正等是对会计人员的普遍要求。没有任何一个社会制度能够容忍虚假会计信息，也没有任何一个经济主体会允许会计人员私自向外界提供或者泄露单位的商业秘密。

（3）会计职业道德具有广泛的社会性

会计职业道德的社会性是人们对由会计职业活动所生成的产品决定的。尤其是随着企业产权制度改革的不断深化，所有权和经营权分离的情况下，会计不仅要为政府机构、企业管理层、金融机构等提供符合质量要求的会计信息，而且要为投资者、债权人及社会公众服务，因其服务对象涉及面很广，提供的会计信息是公共产品，所以会计职业道德的优劣将影响国家和社会公共利益。一旦由于会计造假致使国家利益和社会公共利益遭受巨大损失，就会严重干扰社会经济的正常秩序。可见，会计信息质量直接影响着社会经济的发展和社会经济秩序的健康运行，会计职业道德必然受到社会关注，具有广泛的社会性。

2. 会计职业道德的特征

会计作为社会经济活动中的一种特殊职业，除了具有职业道德的一般特征外，与其他职业道德相比还具有如下特征。

（1）具有一定的强制性

法律是具有强制性的，它要求人们“必须这样或那样做”，而道德一般不具有强制性，它要求人们“应该这样或那样做”。在我国，会计职业道德和其他道德不一样，许多内容都直接纳入了会计法律制度，如《会计法》《会计基础工作规范》等都规定了会计职业道德的内容和要求。因此，会计职业道德是一种“思想立法”，它已经超出“应该怎样做”的界限，跨入“必须这样做”的范围。如果不按照“守则”“准则”“条例”去做，有的虽谈不上犯罪，但也是违反职业纪律的，更是职业道德所不允许的。会计职业道德的这种独特的强制性，是由会计工作在市场经济活动中的特殊地位决定的。当然，会计职业道德的许多非强制性内容仍然存在，而且也在发挥着作用。例如，会计职业道德中的提高技能、强化服务、参与管理、奉献社会等内容虽然是非强制性要求，但其直接影响到会计人员的专业胜任能力、会计信息质量和会计职业的声誉，也要求会计人员必须遵守。

（2）较多关注社会公共利益

会计职业的一个显著特征是会计职业活动与社会公共利益密切联系。在会计工作中，会计确认、计量、记录和报告的程序、标准和方法，在选择和运用上发生任何变化，都会直接影响到与经济主体有关的各方经济利益。由于会计人员自身的经济利益往往与其所处的经济主体的利益一致，当经济主体利益与国家利益和社会公共利益出现矛盾时，会计人员的利益指向如果偏向经济主体，那么国家和社会公共利益就会受损，便会产生会计职业道德危机。因此，会计职业的特殊性，对会计职业道德提出了更高的要求，要求会计人员必须客观公正，在会计职业活动中发生道德冲突时，要坚持准则，把社会公共利益放在第一位。

【例 5—2】下列各项中，体现会计职业道德特征的是（　　）。

A. 会计人员自身必须廉洁　　B. 具有一定的强制性

C. 具有一定的他律性　　D. 较多关注社会公共利益

【解析】B、D。

三、会计职业道德的功能与作用

1. 会计职业道德的功能

道德功能是指道德的职能或功能，即道德本身固有的社会作用。会计职业道德的功能是指会计职业道德在社会、生产等方面的内在功能。一般来说，会计职业道德的功能主要包括指导功能、评价功能和教化功能。

（1）指导功能

会计职业道德的指导功能是指其具有教育人们正确认识善恶、美丑、是非的作用，帮助人们不断提高自身修养。它从内容上表达了对会计人员行为的期望和要求，如爱岗敬业、诚实守信、廉洁自律等。这种期望和要求指导会计人员应当做什么或不应当做什么。同时，也为会计人员的行为指明方向、提供模式，指导会计人员树立正确的职业观念，自觉遵守职业道德行为规范，在会计职业道德行为规范限定的范围内活动。

会计行为是由会计人员的内心信念来支配的，信念的善与恶将导致行为的是与非。会计人员与单位的钱财接触频繁，稍有私心杂念，就会陷入金钱的泥沼，走上犯罪的道路。因此，会计职业道德对于会计人员的动机和行为的指导作用是至关重要的。通过会计职业道德的指导，可以把会计职业道德知识和理念转变为会计人员个人的内心信念和良心，指导和支配个人的职业行为，并在实践中不断提高个人的职业道德修养。

（2）评价功能

会计职业道德评价功能就是依据一定社会或阶级的会计职业道德标准对他人和自己的会计行为进行善恶、荣辱、正当或不正当等职业道德价值的评论和断定，通过赞扬、褒奖或批评、谴责，激励人们扬善弃恶，以调整人与人之间以及个人与社会之间的关系。

会计职业道德评价在社会生活中是普遍存在的。人们总是自觉或不自觉地对他人或自己的会计行为进行道德评价。会计职业道德评价是会计职业道德原则和规范发挥作用的杠杆。会计职业道德评价的能力、评价活动的深度和广度，标志着一定的会计职业道德体系原则、规范被人们接受的程度。会计职业道德评价也是会计人员个人职业道德观念、职业道德品质形成的重要因素，它贯穿于职业道德教育、职业道德修养等实践活动中。会计职业道德评价必须依据一定的客观标准，这个标准随着社会经济关系的变化而变化，它是绝对的，又是相对的。例如，在商业化理论趋向一致的今天，保证会计信息的真实、完整已经成为一个共识。

（3）教化功能

会计职业道德的教化功能是指会计职业道德具有教育会计人员正确认识自己对他人、对社会、对国家应尽义务的作用，即职业道德内化为会计人员行为的自觉要求，使会计人员在工作中自觉遵循会计职业道德规范。人们通常把道德比作催人奋进的“引路人”，说的就是道德对人的这种教育和感化功能。道德教化通过传播会计职业道德观念，营造社会舆论，形成会计职业道德风尚，树立会计职业道德榜样，塑造理想人格等方式，来培养会计人员的信念，影响会计人员的职业道德行为。通过长期的职业道德教育，会计人员不断修正自己的职业道德观念，提高自己的职业道德水平，调整自己的职业道德行为，进而唤起会计人员的职业道德觉悟、信念和品质。

可见，会计职业道德的这些功能及可能产生的作用，是一些行政命令甚至会计法律制度所不及的。因此，加强对会计人员会计职业道德规范的教育意义重大。

2. 会计职业道德的作用

会计职业道德的作用，主要体现在以下几个方面。

（1）会计职业道德是规范会计行为的基础

动机是行为的先导，有什么样的动机就有什么样的行为。会计职业道德对会计的行为动机提出了相应的要求，如诚实守信、客观公正等，引导、规劝、约束会计人员树立正确的职业观念，建立良好的职业品行，从而达到规范会计行为的目的。

（2）会计职业道德是实现会计目标的重要保证

从会计职业关系角度讲，会计目标就是为会计职业关系中的各个服务对象提供真实、可靠的会计信息。由于会计职业活动既是技术性的处理过程，同时又涉及对多种经济利益关系的调整，因而会计目标能否顺利实现，既取决于会计从业人员专业技能水平，也取决于会计从业人员能否严格履行职业行为准则。这也就要求会计从业人员必须树立良好的职业道德风尚，做德才兼备的理财者和管理者。如果会计从业人员故意或非故意地提供了不真实、不可靠的会计信息，就会导致服务对象的决策失误，甚至导致社会经济秩序的混乱。因此，依靠会计职业道德规范约束会计从业人员的职业行为，是实现会计目标的重要保证。

（3）会计职业道德是对会计法律制度的重要补充

会计法律制度是会计职业道德的最低要求。会计职业道德是对会计法律规范的重要补充，其作用是其他会计法律制度所不能替代的。在现实生活中，人们的

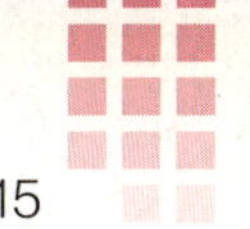

很多行为很难由法律作出规定。例如，会计法律只能对会计从业人员不得违法的行为作出规定，而不宜对他们如何爱岗敬业、诚实守信、提高技能等提出具体要求，但是，如果会计从业人员缺乏爱岗敬业的热情和态度，缺乏诚实守信的做人准则，没有必要的职业技能，则很难保证会计信息达到真实、完整的法定要求。很显然，会计职业道德可以对此起到很重要的辅助和补充作用。

（4）会计职业道德是会计人员提高职业素养的内在要求

社会的进步和发展对于会计从业人员的素质要求越来越高，会计职业道德是会计人员素质的重要体现。一个高素质的会计人员应当做到爱岗敬业、提高专业胜任能力，这不仅是会计职业道德的主要内容，也是会计从业人员遵循会计职业道德的可靠保证。倡导会计职业道德、加强会计职业道德教育，并结合会计职业活动，引导会计从业人员进一步加强自我修养、提高专业胜任能力，有助于促进会计从业人员整体素质的不断提高。

四、会计职业道德与会计法律制度的关系

改革开放以来，为适应社会主义经济建设的完善和需要以及规范和提高会计工作的秩序和水平，我国制定了一系列的会计法规，形成了比较完善的法规体系。同时，通过加强会计职业道德教育，会计职业道德建设也取得了很大成绩，会计人员职业道德水平有了较大程度的提高。会计职业道德是会计法律制度正常运行的社会基础和思想基础，会计法律制度是促进会计职业道德形成和遵守的制度保障。会计法治的加强并不意味着会计职业道德作用的削弱，两者并不是此消彼长的关系。它们作为社会规范的一部分，都属于会计人员行为规范的范畴，两者既有联系，又有区别。

1. 会计职业道德与会计法律制度的联系

会计职业道德和会计法律制度有着共同的目标、相同的调整对象，承担着同样的职责，两者联系密切。主要表现在以下两个方面。

（1）两者在作用上相互补充、相互协调

在规范会计行为中，不可能完全依赖会计法律制度的强制功能而排斥会计职业道德的教化功能，会计行为不可能都由会计法律制度进行规范，不需要或不宜由会计法律制度进行规范的行为，可通过会计职业道德规范来实现。同样，那些基本的会计行为必须运用会计法律制度强制遵守。

（2）两者在内容上相互借鉴、相互吸收

会计法律制度中含有会计职业道德规范的内容，同时，会计职业道德规范中

也包含会计法律制度的某些条款，两者在内容上相互借鉴、相互吸收。最初的会计职业道德规范就是对会计职业行为约定俗成的基本要求，后来制定的会计法律制度吸收了这些基本要求，形成了会计法律制度。可以说，会计法律制度是会计职业道德的最低要求，会计职业道德是对会计法律制度的重要补充，如会计法律制度中会计人员的岗位职责制体现了会计职业道德的责任感、义务感和使命感，会计制度中的账实相符规定体现了诚实、客观的职业道德规范要求。

2. 会计职业道德与会计法律制度的区别

会计职业道德与会计法律制度既有相互联系的一面，又存在差异的一面。会计职业道德与会计法律制度的差异主要体现在性质、作用范围、表现形式以及实施保障、评价标准等方面。

（1）两者的性质不同

会计法律制度充分体现了统治阶级的愿望和意志，具有很强的他律性，因而在同一个社会内，只允许存在一种会计法律制度，并通过国家机器强制执行。凡违法者，轻者被罚款，重者被判刑，失去人身自由乃至失去生命。

会计职业道德并不都代表统治者的意志，很多来自于职业习惯和约定俗成。在一个阶级社会里，会计职业道德不是唯一的。会计职业道德依靠会计从业人员的自觉性自愿执行，并依靠社会舆论和良心来实现，基本上是非强制执行的，具有很强的自律性。

（2）两者的作用范围不同

会计法律制度侧重于调整会计人员的外在行为和结果的合法化，具有较强的客观性。

会计职业道德不仅要求调整会计人员的外在行为，还要求调整会计人员内在的精神世界，其调节的范围远比法律广泛。会计人员某些错误的行为，只要还不到触犯会计法律的地步，法律可以不予追究、制裁，但从道德方面来说，却要受到社会舆论的批评、谴责。可以这么说，受到会计职业道德谴责的，不一定受到会计法律的制裁，而受到会计法律制裁的，一般都会受到会计职业道德的谴责（某些过失犯罪除外）。

（3）两者的表现形式不同

会计法律制度是通过一定的程序由国家立法部门或行政管理部门制定和颁布的，其表现形式是具体的、正式形成文字的成文条款。

会计职业道德源自会计人员的职业生活和职业实践，日积月累、约定俗成，

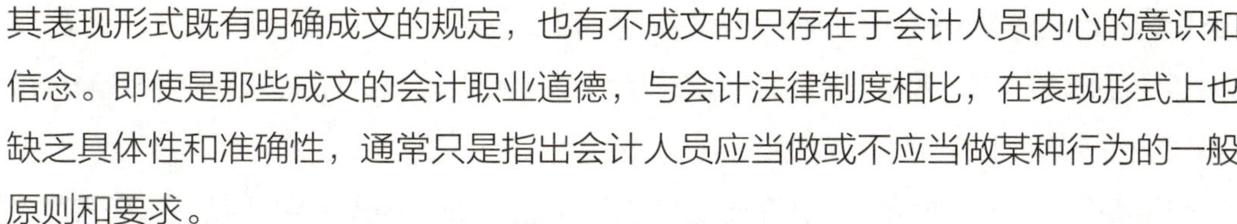

其表现形式既有明确成文的规定，也有不成文的只存在于会计人员内心的意识和信念。即使是那些成文的会计职业道德，与会计法律制度相比，在表现形式上也缺乏具体性和准确性，通常只是指出会计人员应当做或不应当做某种行为的一般原则和要求。

（4）两者的实施保障机制不同

会计法律制度由国家强制力保障实施。这种保障机制不仅体现在其法律规范的内容中具有明确的制裁和处罚条款，而且体现在设有与之相配合的权威的制裁和审判机关。

会计职业道德既有国家法律的相应要求，又需要会计人员自觉遵守。当人们在会计职业道德上的权利与义务发生争议时，没有权威机构对其中的是非曲直作出明确规定，或者即使有裁定也是舆论性质的，缺乏对裁定执行的保障，所以，会计职业道德主要靠自觉遵守。

（5）两者的评价标准不同

会计法律是以会计人员享有的权利和义务为标准来判定其行为是否违法。会计法律规定会计人员享有一定的权利，如果这种权利遭受侵犯，造成不良后果，那么侵权者就要受到会计法律制裁。会计法律同时规定了会计人员要承担的义务，如果会计人员不尽义务，造成不良后果，同样要受到会计法律的制裁。

会计职业道德则以善恶为标准来判定人们的行为是否违背道德规范。如果一个会计人员的职业行为符合会计职业的道德规范，就是善的，就会受到社会舆论的赞扬、鼓励，自己内心也会受到激励；反之，就是恶的、不道德的，就会受到社会舆论的批评、谴责，其内心将是痛苦的、内疚不安的。一般来说，道德重在确认人们的义务，而不讲权利，即不以谋取个人某种权利作为履行义务的前提和归宿，这点与兼顾权利与义务的法律规范是不同的。

总之，会计行为的规范不仅需要会计法律制度作为基本保证，而且依赖于会计人员的职业道德来实现。要从根本上治理会计行为失范问题，必须把依法治理和以德治理紧密结合起来，充分发挥各自的作用。

第二节　会计职业道德规范的主要内容

会计职业道德规范是指在一定的社会经济条件下，对会计职业行为及职业活动的系统要求或明文规定，是对会计人员在社会经济生活中的会计行为所提出的道德要求。具体地讲，会计职业道德规范规定了会计人员在履行职责中应该怎样做和不应该怎样做，即从道义上规定了会计人员应以什么样的思想、什么样的态度和什么样的作风去待人接物和完成本职工作。

根据我国现行有关会计法规的规定，会计人员职业道德规范包括以下八个方面。

一、爱岗敬业

1. 爱岗敬业的含义

爱岗敬业是指忠于职守的事业精神，是会计职业道德的基础。爱岗敬业是爱岗与敬业的总称。爱岗就是要求会计人员热爱自己的本职工作，安心于本职岗位，恪尽职守地做好本职工作，这里所说的“岗”是指会计岗位。爱岗是对人们工作态度的一种普遍要求，它是会计人员的意识活动，是敬业精神在职业活动方式上的有意识地表达，具体表现为会计人员对自己应承担的责任和义务所表现的一种责任感和义务感。敬业就是用一种严肃的态度对待自己的工作，勤勤恳恳、兢兢业业、忠于职守、尽心尽责，将身心与本职工作融为一体。

爱岗和敬业互为前提，两者相互支持、相辅相成。爱岗是敬业的基石，敬业是爱岗的升华，不爱岗就很难做到敬业，不敬业也很难说是真正的爱岗。会计人员应该充分认识本职工作在社会经济活动中的地位和作用，认识本职工作的社会意义和道德价值，热爱自己从事的会计工作，具有会计职业的荣誉感和自豪感，在职业活动中具有高度的劳动热情和创造性，以强烈的事业心、责任感从事会计工作。

2. 爱岗敬业的基本要求

爱岗敬业是会计人员干好本职工作的基础和条件，是其应具备的基本道德素质。爱岗敬业不仅是一种观念、一种精神、一句口号，它更需要有具体的行动来实践，要求会计人员既要树立良好的职业责任感和荣誉感，安心从事会计工作，又要有献身会计事业的工作热情，严肃认真的工作态度，勤学苦练、勇于革新的钻研精神和忠于职守的工作作风。

（1）正确认识会计职业，树立职业荣誉感

会计人员只有正确认识会计的性质和会计工作的重要性，爱岗敬业才有坚实的思想基础，这是做到爱岗敬业的前提，也是首要要求。

爱岗敬业精神自始至终都是以人们对职业的认识程度以及所采取的态度作为行动的指导并体现在实际工作中的。如果会计人员对所从事的会计职业缺乏正确

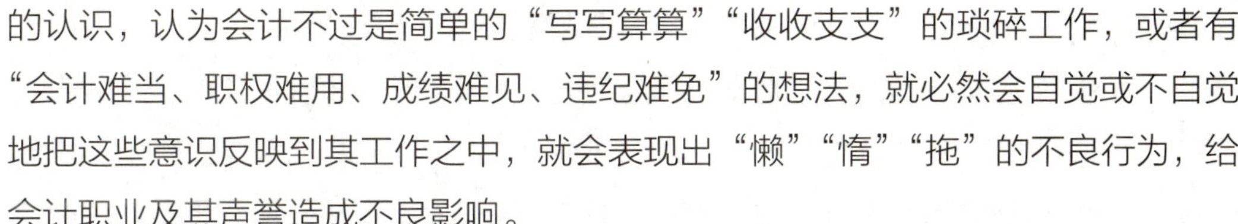

的认识，认为会计不过是简单的“写写算算”“收收支支”的琐碎工作，或者有“会计难当、职权难用、成绩难见、违纪难免”的想法，就必然会自觉或不自觉地把这些意识反映到其工作之中，就会表现出“懒”“惰”“拖”的不良行为，给会计职业及其声誉造成不良影响。

（2）热爱会计工作，敬重会计职业

热爱自己的工作、敬重自己的岗位，是做好本职工作的前提。首先，会计人员要热爱会计工作，树立“干一行爱一行”的思想，对会计工作要有一种职业的荣誉感。有了对本职工作的热爱，就会激发出一种敬业精神，自觉自愿地执行职业道德的各种规范，不断改进自己的工作，在平凡的岗位上做出不平凡的业绩。其次，会计人员要敬重会计职业，要对会计工作抱有浓厚的兴趣，把职业生活看成一种乐趣，才会刻苦钻研会计业务技能，做好会计本职工作。

（3）安心工作，任劳任怨

安心本职工作就是以从事会计工作为“乐”，而不是“这山望着那山高”。只有安心本职工作，才能潜下心来“勤学多思、勤问多练”，才能对会计工作中不断出现的新问题去探索和研究，也才能真正做到敬业。任劳任怨是指会计人员要具有不怕吃苦的精神和不计较个人得失的思想境界，对工作极其负责，具有不怕吃苦的敬业精神和方便群众、勤奋工作的态度。任劳任怨是安心本职工作的具体表现。会计人员在进行会计事项的处理中，有时会处于两难的境地，当集体利益与职工个人利益或国家利益与单位利益发生冲突时，会计人员如果选择维护国家利益或集体利益，就可能会不被人们理解甚至遭受指责；反之，则会有道德危机。会计职业道德要求会计人员既要任劳也要任怨。

（4）严肃认真，一丝不苟

从业人员对自己本职工作的热爱，必定会体现在对工作所必需的职业技能的态度上，体现在对自己工作成果的追求上，表现在对工作严肃认真、一丝不苟和对技术的精益求精上。会计工作是一项严肃细致的工作，没有严肃认真的工作态度和一丝不苟的工作作风，就容易出现偏差。对一些损失浪费、违法乱纪的行为和一切不合法不合理的业务开支，对一些凭证、账簿、报表的填制和审核，必须严肃认真地把好关、守好口。要将严肃认真、一丝不苟的职业作风贯穿于会计工作的始终，不仅要求数字计算准确、手续清楚完备，而且绝不能有“都是熟人不会错”的麻痹思想和“马马虎虎”的工作作风。

（5）忠于职守，尽职尽责

忠于职守不仅要求会计人员认真地执行岗位规范，而且要求会计人员在各种复杂的情况下，能够抵制各种诱惑，忠实地履行岗位职责。尽职尽责具体表现为会计人员对自己应承担的责任和义务所表现出的一种责任感和义务感，这种责任感和义务感包含两个方面的内容，一是社会或他人对会计人员规定的责任，二是会计人员对社会或他人所负的道义责任。忠于职守和尽职尽责要求会计人员忠实于服务主体、社会公众和国家，切实对单位、社会公众和国家负责。会计人员忠实于服务主体，就是要客观真实地记录和反映服务主体的经济活动状况，监督其财产安全，同时，还应筹划其资金的有效运作，积极参与经营决策。会计人员忠实于社会公众，就是要正确、真实地对外提供有关服务主体的会计信息，以便让投资者、债权人及其他社会公众获取客观真实的会计信息，从而进行正确判断和合理决策。会计人员忠实于国家，就是要对社会整体利益负责，当单位（或雇主）与国家及社会公共利益发生冲突时，会计人员应该忠实于国家、忠实于社会公众，承担起维护国家和社会公众的责任。

【例 5—3】会计人员爱岗敬业的基本要求包括（　　）。

A. 热爱会计工作，敬重会计职业　　B. 安心本职岗位，任劳任怨

C. 忠于职守，尽职尽责　　D. 严肃认真，一丝不苟

【解析】A、B、C、D。

二、诚实守信

1. 诚实守信的含义

诚实是指言行跟内心思想一致，不弄虚作假，不欺上瞒下，做老实人，说老实话，办老实事。守信就是遵守自己所作出的承诺，讲信用，重信用，信守诺言，保守秘密。诚实守信是做人的基本准则，是公民道德规范的主要内容，也是会计职业道德的精髓。

会计人员应坚持以诚信为本，立足会计实践，力行诚实守信，树立良好的会计职业道德操守。诚实守信要求会计人员在职业活动中讲求信用，保守秘密，对实际发生的经济业务进行真实、完整的会计核算。诚实与守信具有内在的因果联系，一般来说，诚实即为守信，守信就是诚实。有诚无信，道德品质得不到推广和延伸；有信无诚，信就失去了根基，德就失去了依托。

2. 诚实守信的基本要求

诚实守信是会计人员的立身之本，是被社会广泛关注的一个话题，也是公民

道德建设的重要组成部分。诚实守信不仅是一种品质，更是每一个社会成员进入社会的准入条件，也是一切道德赖以维护的前提。

诚实守信的基本要求包括以下几个方面。

（1）做老实人，说老实话，办老实事，不做假账

做老实人，要求会计人员言行一致，表里如一，光明正大。说老实话，要求会计人员说话诚实，不夸大，不缩小，不隐瞒，如实反映和披露单位经济业务事项。办老实事，要求会计人员工作踏踏实实，不弄虚作假，不欺上瞒下。不做假账是指会计人员要按照会计法律、法规的规定做好会计工作，保证会计凭证、会计账簿、财务会计报告等会计信息的质量。

近年来，在财政部进行的会计信息质量抽查中，发现不少假凭证、假账簿、假报表等虚假信息，而这些虚假信息均是出自单位管理层和会计人员之手，严重影响了会计职业的社会信誉。许多贪污受贿、偷税漏税、挪用公款等经济违法犯罪活动以及大量腐败现象，几乎都与会计人员做假账有一定关系，这已经成为严重危害市场经济秩序的一个“毒瘤”。因此，会计人员要树立良好的职业形象，就必须恪守诚实守信的基本道德准则。

（2）保守秘密，不为利益所诱惑

保守秘密是经济发展对会计人员的基本素质要求。由于会计人员掌握着大量的会计信息，这些信息中有许多是商业秘密，有些信息可以为公众所了解，有些信息则只能被管理者知道。如果会计人员泄露了不应公开的信息，轻则企业利益受损，重则国家利益受损，甚至影响到国民经济的健康发展。

保守秘密是指会计人员在履行自己的职责时，应树立保密观念，做到保守商业秘密，对机密资料不外传，不外泄，守口如瓶。不为利益所诱惑是指会计人员不得将从业过程中所获得的信息为己自用，或者泄露给第三者以牟取私利。依法保守商业秘密是会计人员应尽的义务，也是诚实守信的具体体现。

泄密不仅是一种不道德的行为，也是违法行为，是会计职业的大忌。会计人员在没有得到法律规定或经单位规定程序批准外，不能以任何借口或方式把单位商业秘密泄露出去。

（3）执业谨慎，信誉至上

执业谨慎，信誉至上，要求会计人员应当按照谨慎性原则选择会计处理方法，进行会计核算，并在日常工作中保持必需的谨慎，如实反映经济信息，不能夸大事实，也不能缩小事实。

对注册会计师来说，职业谨慎要求注册会计师在执业中始终保持应有的谨慎态度，根据自身的业务能力选择所承担的委托业务，不能为追求营业收入而接受违背职业道德的附加条件，以迎合客户的不正当要求。要严格按照独立审计准则和执业规范、程序实施审计，对审计中发现的违反国家统一的会计制度及相关法律制度的经济业务事项，应当按照规定在审计报告中予以充分反映，以保证对客户和社会公众负责。

【例 5—4】大海公司的会计刘杰与光明公司的总经理郭强是好朋友，郭强听说大海公司刚刚开发了一种新产品，为了提高公司的市场竞争力，郭强便请刘杰帮忙取得大海公司开发的新产品的资料，刘杰碍于面子，便私自将本企业开发的新产品成本资料和相关技术资料复制后转交给了好友郭强。

请问会计人员刘杰的做法是否符合会计职业道德规范的要求？并说明理由。

【解析】会计人员刘杰的做法不符合会计职业道德规范的要求，会计职业道德规范中的“诚实守信”要求会计人员不能为利益所诱惑，应当保守本单位的商业秘密，除法律规定和单位负责人同意外，不能私自向外界提供或者泄露本单位商业秘密。刘杰将本企业开发的新产品成本资料和相关技术资料复制后交给了好友，违背了“诚实守信”的会计职业道德规范要求。

三、廉洁自律

1. 廉洁自律的含义

廉洁就是不贪污钱财，不收受贿赂，保持清白。自律是指自律主体按照一定的标准，自己约束、规范自己的言行和思想的过程。自律是会计职业道德的最高阶段，也是职业道德建设的最高目标。在会计职业中，自律包括两层含义，一是会计行业自律，二是会计人员自律，即会计人员的自我约束。自律的核心就是用道德观念自觉地抵制自己的不良欲望。廉洁自律是会计职业道德的前提，这既是会计职业道德的内在要求，也是会计行业职业声誉的“试金石”。

会计人员的廉洁是会计职业道德自律的基础，而自律是廉洁的保证，自律性不强就很难做到廉洁，不廉洁就谈不上自律。会计人员只有做到既廉洁又自律，不贪不占，才能处理好方方面面的利益关系。

2. 廉洁自律的基本要求

廉洁自律的基本要求包括以下三点。

（1）树立正确的人生观和价值观

树立正确的人生观和价值观是廉洁自律的思想基础。廉洁自律首先要求会计人员必须加强世界观的改造，树立正确的人生观和价值观。人生观是人们对人生的目的和意义的总的观点和看法。价值观是指人们对于价值的根本观点和看法，它是世界观的一个重要组成部分，包括对价值的本质、功能、创造、认识、实现等一系列问题的基本观点和看法。会计人员要廉洁自律，应以马克思主义、毛泽东思想、邓小平理论、“三个代表”重要思想及习近平新时代中国特色社会主义思想为指导，树立科学的人生观和价值观，自觉抵制享乐主义、个人主义、拜金主义等错误的思想，彻底摒弃“金钱至上、金钱万能”的人生哲学，在不义之财面前不动心，不利用手中的权力贪占便宜。

（2）公私分明，不贪不占

公私分明是指严格划分公与私的界线，公是公，私是私。不贪不占是指会计人员不贪，不占，不收礼，不同流合污。如果公私分明，就能够做到廉洁奉公。如果公私不分，就会出现以权谋私的腐败现象，甚至出现违法违纪行为。

廉洁自律的天敌就是“贪”“欲”。在会计工作中，由于大量的钱财要经过会计人员之手，因此，很容易诱发会计人员的“贪”“欲”。一些会计人员贪图金钱和物质上的享受，利用职务之便，自觉或不自觉地行“贪”，有的被动受贿，有的主动索贿，有的贪污、挪用公款，有的监守自盗，有的集体贪污。究其根本原因，是这些会计人员忽视了世界观的自我改造，放松了道德的自我修养，弱化了职业道德的自律。

（3）遵纪守法，一身正气

会计人员要严格执行各项财政方针、政策及财务规章制度，严格遵守各项经费标准，把好开支关，按原则办事，对应开支报销的业务要及时且公正办理，对违反标准规定及政策要求的经费支出一律不办理，不当老好人，不怕得罪人，不怕打击报复，做遵纪守法的模范。

正确处理会计职业权利与职业义务的关系，增强抵制行业不正之风的能力，是会计人员廉洁自律的又一个基本要求。《会计法》明确规定了会计人员的权利和义务，会计人员不仅要遵纪守法，不违法乱纪、以权谋私，做到廉洁自律，而且还要敢于、善于运用法律所赋予的权利，尽职尽责，勇于承担职业责任、履行职业义务，保证廉洁自律。

四、客观公正

1. 客观公正的含义

客观是指按事物的本来面目去反映事实，不掺杂个人的主观意愿，也不为他人意见所左右。对于会计职业活动而言，客观主要包括两层含义：一是真实性，即以实际发生的经济活动为依据，对会计事项进行确认、计量、记录和报告；二是可靠性，即会计核算要准确、记录要可靠、凭证要合法。也就是说会计人员在处理会计事务时，必须以实际发生的交易或事项为依据，如实反映企业的财务状况、经营成果和现金流量等，不掺杂个人的主观意愿，不为单位领导的意见所左右。

公正就是平等、公平、正直，没有偏失。在会计职业活动中，由于涉及对多方利益的协调处理，因此，公正就是要求各企事业单位管理层和会计人员不仅应当具备诚实的品质，而且应当公正地开展会计核算和会计监督工作，在履行会计职能时，摒弃单位、个人私利，公平公正、不偏不倚地对待相关利益各方。客观公正不只是一种工作态度，更是会计人员应该追求的一种境界。

客观是公正的基础，公正是客观的反映。要达到公正，仅仅做到客观是不够的。公正不仅是指诚实、真实、可靠，还包括在真实、可靠中做出公正选择。这种选择尽管是建立在客观的基础之上，还需要在主观上做出公平合理的选择。是否公平、合理，既取决于客观的选择标准，也取决于选择者的道德品质和职业态度。客观公正是会计人员必须具备的行为品德，是会计职业道德规范的灵魂，也是会计职业道德所追求的理想目标。

2. 客观公正的基本要求

（1）依法办事

依法办事，认真遵守法律法规，是会计工作保证客观公正的前提。当会计人员有了端正的态度和专业知识技能之后，必须依据《会计法》《企业会计准则》《企业会计制度》等法律、法规和制度的规定进行会计业务处理，并对复杂疑难的经济业务，做出客观的会计职业判断。总之，只有熟练掌握并严格遵守会计法律、法规，才能客观公正地处理会计业务。

（2）实事求是

会计人员在办理会计事务中，应当实事求是，这是一种工作态度，也是会计人员追求的一种境界。做好会计工作，不仅要有过硬的技术本领，也同样需要有实事求是的精神。例如，某人因公出差丢失了报销用的车票，在业务处理时，不能因为无报销凭证就不报销，也不能随意报销，而应要求出差人员办理各种合法合理的证明手续后，才能报销，即最终结果是客观公正地进行会计处理，不报销或随意报销，都是不客观公正的。总之，会计核算过程的客观公正和最终结果的客观公正都是十分重要的，没有客观公正的会计核算过程作为保证，结果的客观公正性就难以保证；没有客观公正的结果，业务操作过程的客观公正就没有意义。

（3）如实反映

如实反映是指要求会计人员从会计工作的实际出发，如实反映单位经济业务活动。财务工作的首要职能就是对各项经济活动进行客观公正的记录和反映，其本质特征体现“真实地反映”，离开实际发生的经济业务去进行会计处理，无论技能多高，都算是造假。

会计人员只有根据实际发生的经济业务事项，真实、正确地记录，如实反映单位经济业务活动情况，才能实现会计核算和会计监督的真正内涵。在处理会计业务时，从原始凭证的取得或填制、账簿的登记、报表的编制，到经济活动的分析，都要做到实事求是，严格按照会计准则、会计制度进行记账、算账、结账、报账，做到手续完备、账目清楚、数字准确。在市场经济信息越来越受到人们重视的情况下，会计人员及时提供合法、真实、准确、完整的会计信息，是会计人员的基本道德准则。

【例 5—5】(　　) 是会计人员必须具备的品德，是会计职业道德的灵魂。

A. 不做假账　　B. 客观公正

C. 不偏不倚　　D. 搞好服务

【解析】B。

【例 5—6】下列有关会计职业道德“客观公正”的表述中，正确的有(　　)。

A. 依法办事是会计工作保证客观公正的前提

B. 扎实的理论功底和较高的专业技能是做到客观公正的重要条件

C. 在会计工作中客观是公正的基础，公正是客观的反映

D. 会计活动的整个过程都离不开客观公正

【解析】A、B、C、D。

五、坚持准则

1. 坚持准则的含义

坚持准则是指会计人员在处理业务过程中，要严格按照会计法律制度办事，

不为主观或他人意志左右。这里所说的“准则”不仅是指会计准则，而且包括会计法律、法规、国家统一的会计制度以及与会计工作相关的法律制度。坚持准则是会计职业道德的核心。会计人员应当熟悉和掌握准则的具体内容，并在会计核算中认真执行，对经济业务事项确认、计量、记录和报告的全部过程应符合国家统一规定的会计制度，为国家、企业、债权人、投资人和其他相关当事人提供真实、完整的会计信息。

会计人员在进行核算和监督的过程中，只有坚持准则，以准则作为自己的行动指南，才能在发生道德冲突时，做到维护国家利益、社会公共利益和正常的经济秩序。注册会计师在进行审计业务时，应严格按照独立审计准则的有关要求和国家统一会计制度的规定，出具客观公正的审计报告。

2. 坚持准则的基本要求

（1）熟悉准则

熟悉准则是指会计人员应了解和掌握《会计法》和国家统一的会计制度及与会计相关的法律制度，这是遵循准则、坚持准则的前提。只有熟悉准则，才能按准则办事，才能保证会计信息的真实性和完整性。

会计人员在会计核算过程中会经常涉及不同利益关系的处理，只有深入了解相关法律、法规，才能在具体工作中不出现违法违纪的行为。会计人员不仅要熟练掌握、正确领会会计法律和法规、会计准则、会计制度，了解和熟悉相关的经济法律制度，还要熟悉本部门、本单位内部制定的管理制度，如内部控制制度、财务管理制度等。会计人员在不违反国家法律、法规的前提下，也应该严格执行这些制度。

（2）遵循准则

遵循准则即执行准则。没有规矩，不成方圆，准则是会计人员开展会计工作的外在标准和参照物。会计人员在进行会计核算和监督时要自觉地严格遵守各项准则，将单位具体的经济业务事项与准则相对照，先做出是否合法合规的判断，对不合法的经济业务不予受理。同时，还应要求他人遵循准则，使单位具体经济业务事项和经济行为符合会计法律和国家统一的会计制度要求，避免违法乱纪行为的发生。

在实际工作中，由于经济的发展和社会环境的变化，会计业务日趋复杂，因而准则规范的内容也会不断变化和完善。这就要求会计人员不仅要经常学习、掌握准则的最新变化，了解本部门、本单位的实际情况，准确地理解和执行准则，还要在面对经济活动中出现的新情况、新问题以及准则未涉及的经济业务或事项时，通过运用所掌握的会计专业理论和技能，做出客观的职业判断，予以妥善地处理。

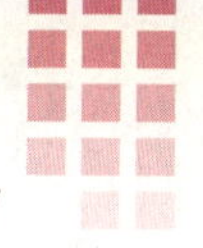

（3）敢于同违法行为作斗争

市场经济是利益经济。在企业的经营活动中，国家利益、集体利益与单位、部门以及个人利益时常发生冲突，这往往会引起会计人员道德上的冲突，如一些单位领导为了个人利益或小团体利益，指使会计人员账外设账、私设小金库、乱发奖金、私分财务等，或者指使会计人员通过伪造会计凭证、会计账簿、编制虚假财务报告等，损害国家和社会公共利益。如果会计人员为了自己的个人利益不受影响，放弃原则，做老好人，就会使会计工作严重偏离准则，会计信息的真实性、完整性就无法保证，作为会计人员，也应当承担相应责任。

因此，为了切实维护会计人员的合法权益，《会计法》强化了单位负责人对单位会计工作的法律责任，赋予了会计人员相应的权利，改善了会计人员的执业环境。会计人员应认真执行国家统一的会计制度，依法履行会计监督职责，发生道德冲突时，应坚持准则，对法律负责，对国家和社会公众负责，敢于同违反会计法律、法规和财务制度的现象作斗争，以确保会计信息的真实性和完整性。

【例5—7】某公司由于严重亏损，公司董事长授意总会计师张某对会计报表作技术处理，从账面上扭亏为盈。张某接受该授意，对财务报表作了处理。根据会计职业道德规范内容，张某的做法违反了会计职业道德规范的（　　）要求。

A. 爱岗敬业　　　　B. 诚实守信

C. 客观公正　　　　D. 坚持准则

【解析】B、C、D。爱岗敬业要求会计人员热爱会计工作，安心本职岗位，忠于职守，尽心尽力，尽职尽责。诚实守信要求会计人员做老实人，说老实话，办老实事，执业谨慎，信誉至上，不为利益所诱惑，不弄虚作假，不泄露秘密。客观公正要求会计人员端正态度，依法办事，实事求是，如实反映。坚持准则要求会计人员熟悉国家法律、法规和国家统一的会计制度，始终坚持按法律、法规和国家统一的会计制度的要求进行会计核算，实施会计监督。很显然，张某的行为违反了诚实守信、客观公正和坚持准则的要求。

六、提高技能

1. 提高技能的含义

提高技能是指会计人员通过学习、培训和实践等途径，不断提高自身的职业能力，以达到和维持足够的专业胜任能力。会计是一门不断发展变化、专业性很强的学科，必须具备过硬的会计专业知识和技能，才能胜任会计工作，这就要求会计人员要不断提高职业技能。这既是会计人员的义务，也是在职业活动中做到客观公正、坚持准则的基础，是会计人员参与管理的前提。

会计人员是会计工作的主体。会计工作质量的好坏，一方面受会计人员职业技能水平的影响，另一方面受会计人员道德品行的影响。会计人员的道德品行是会计职业道德的根本和核心，会计人员的职业技能水平是会计人员职业道德水平的保证，没有娴熟的专业技能，就无法开展会计工作和履行会计职责。

2. 提高技能的基本要求

（1）具有不断提高会计专业技能的意识和愿望

随着市场经济的发展、经济的全球化以及科学技术的日新月异，会计在经济发展中的作用越来越明显，对会计人员的要求也越来越高，会计人才的竞争也越来越激烈。会计人员要想生存和发展，就必须时刻保持紧迫感和危机意识，保持强烈的求知欲望和树立提高技能的意识，主动学习、刻苦钻研、不断进取，使自己的知识不断更新，使自身的专业技能不断提高，保持持续的专业胜任能力、职业判断能力和交流沟通能力，从而使自己在会计人才的竞争中立于不败之地。

在实际工作中，广大的会计人员能够做到刻苦学习，努力钻研业务，不断提高业务技能。但有些会计人员在思想上不进取，在工作上随意应付，在学习上满足现状，缺乏与时俱进的意识和提高专业技能的愿望。还有一些会计人员认为，会计政策、制度变化快，学那么多知识没有用，过两年又过时了，还不如工作上需要什么就学什么，能够应付日常工作就行，没有强烈的求知欲望和提高技能的意识。这些会计人员违背了会计职业道德“提高技能”的要求。

（2）具有勤学苦练的精神和科学的学习方法

会计人员应当具备熟练的操作能力，但专业技能的提高和学习不是一劳永逸的，必须持之以恒，不间断地学习与探索，做到“活到老学到老”。只有锲而不舍地“勤学”，同时掌握科学的学习方法，在学中思，在思中学，在实践中不断锤炼，才能不断地提高自己的业务水平，才能推动会计工作和会计职业的发展，以适应不断变化的新形势和新情况的需要。

【例 5—8】提高技能的基本要求包括（　　）。

A. 具有不断提高会计专业技能的意识和愿望

B. 具有勤学苦练的精神和科学的学习方法

C. 热爱工作

D. 积极维护单位及单位负责人的利益

【解析】A、B。

七、参与管理

1. 参与管理的含义

会计人员参与管理就是间接参加管理活动，为管理者当参谋，为管理活动服务。会计管理是企业管理的重要组成部分，在企业管理中具有十分重要的作用。

参与管理要求会计人员在做好本职工作的同时，积极主动地向单位领导反映本单位的财务、经营状况及存在的问题，主动提出合理化建议，积极地参与市场调研和预测，参与决策方案的制定和选择，参与决策的执行、检查和监督，为领导的经营管理和决策活动当好助手和参谋。如果没有会计人员的积极参与，企业的经营管理就会出现问题，决策就可能出现失误。会计人员特别是会计部门的负责人，必须强化自己参与管理、当好参谋的角色意识和责任意识。

2. 参与管理的基本要求

（1）努力钻研业务，熟悉财经法规和相关制度，提高业务能力，为参与管理打下坚实的基础

娴熟的业务、精湛的技能，是会计人员参与管理的前提。会计人员只有努力钻研业务，掌握会计的基本技能，深刻领会财经法规和相关制度，不断提高业务能力，才能有效地参与管理，为改善经营管理、提高经济效益服务。

（2）熟悉服务对象的经营活动和业务流程，使管理活动更具针对性和有效性

会计人员应当了解本单位的整体情况，特别是要熟悉本单位的生产经营、业务流程和管理情况，掌握单位的生产经营能力、技术设备条件、产品市场及资源状况等情况。只有如此，才能充分利用会计工作的优势，更好地满足经营管理的需要，才能在参与管理的活动中有针对性地拟订可行性方案，从而提高经营决策的合理性和科学性，更有效地服务于单位的总体发展目标。

八、强化服务

1. 强化服务的含义

强化服务就是要求会计人员具有文明的服务态度、强烈的服务意识和优良的服务质量。服务态度是服务者的行为表现，“文明服务，以礼待人”，不仅仅是对服务行业提出的道德要求，而且是对所有职业活动提出的道德要求。

会计工作虽不能说是“窗口”行业，但其工作涉及面广，又往往需要服务对象和其他部门的协作及配合，而且会计工作的政策性又很强，在工作交往和处理业务过程中，容易同其他部门及服务对象发生利益冲突或意见分歧。这使得会计人员待人处世的态度直接关系到工作能否顺利开展和工作成效好坏。这就要求会计人员不仅要有热情、耐心、诚恳的工作态度，待人平等礼貌，而且遇到问题要以商量的口吻，做到大事讲原则、小事讲风格、沟通讲策略、用语讲准确、建议看场合，充分尊重服务对象和其他部门的意见。

2. 强化服务的基本要求

（1）强化服务意识

会计人员要树立强烈的服务意识，为管理者服务、为所有者服务、为社会公众服务、为人民服务。不论服务对象的地位高低，都要摆正自己的工作位置，管钱管账是自己的工作职责，参与管理是自己的义务。只有树立了强烈的服务意识，才能做好会计工作、履行会计职能，为单位和社会经济的发展做出应有的贡献。

强化服务要求会计人员谦虚谨慎，时刻将自己放在与普通群众平等的位置上，充分尊重别人的意见，做到态度和蔼、语言文明、以诚相待、尊重事实、团队协作、以和为贵。

（2）提高服务质量

强化服务的关键是提高服务质量。这就要求会计人员要真实地记录单位的经济活动，积极主动地向单位领导反映经营活动情况和存在的问题，提出合理化建议，协助领导决策，参与经营管理。同时，应充分运用会计理论、会计方法、会计数据，为单位决策层、政府部门、投资人、债权人及社会公众提供真实、可靠的会计信息。

需要注意的是，在会计工作中提供上乘的服务质量，并非是无原则地满足服务主体的需要，而是在坚持原则、坚持准则的基础上尽量满足用户或服务主体的需要。例如，注册会计师应以独立、客观、公正的态度正确评价委托单位的财务状况、经营成果，出具恰当的审计报告，为社会公众及信息使用者服务。

在市场经济条件下，强化会计的服务职能，不仅有利于会计更好地服务于我国社会主义市场经济建设的实践，而且有利于会计人员自身的发展。会计人员要牢固树立服务理念，细心钻研会计服务知识，文明服务，要做到态度温和、言语

文明、尊重同事、尊重事实，杜绝“门难进、脸难看、话难听、事难办”和“看人办事、看利办事”的现象。

【例5—9】某商场出纳人员在报销差旅费时，对于同样是领导批准、主管会计审核无误的差旅费报销单，对和自己私人关系不错的人是随来随报，对和自己有矛盾、人际关系较为疏远的人则以账面无款、整理账务等理由故意拖欠。

按要求回答下列问题：

（1）该出纳人员在报销差旅费时，是否遵守了会计人员职业道德规范？如有违反规范，具体违反了哪些规范？

（2）如果你是出纳人员，应该如何处理此类问题？

【解析】（1）该出纳人员没有遵守会计职业道德规范，违反了客观公正、强化服务的会计职业道德规范。客观公正要求会计人员要端正工作态度，依法办事，实事求是，如实反映。强化服务要求会计人员在实际工作中，能正确处理好原则性和灵活性的关系，努力提高会计服务管理水平。

（2）出纳人员对任何持领导批准、主管会计审核无误的差旅费报销单的人员应该一视同仁，不应该因关系的远近、个人的喜好而有所不同。

第三节　会计职业道德教育

一、会计职业道德教育的含义

会计职业道德教育是指会计工作的有关部门依据会计职业道德规范的要求，结合会计工作的特点，对会计人员实施有计划、有目的、有组织的系统的职业道德教育活动。提高会计人员的道德素质，教育是基础。通过会计职业道德教育，把会计职业道德观念灌输到会计人员的头脑中，培养其职业道德情感，树立会计职业道德信念，遵守会计职业道德规范，引导会计人员进行自我教育、自我修养、自我提高，从而将会计职业道德的原则和规范逐步转化为会计人员的内在品质，从整体上提高会计人员的职业道德水平，更好地为社会主义现代化服务。

二、会计职业道德教育的形式

会计职业道德教育的主要形式包括接受教育和自我修养。

1. 接受教育

接受教育即外在教育，是指通过学校或培训单位对会计人员进行以职业责任、职业义务为核心内容的教育。接受教育具有导向作用，会计行业部门或会计行业协会通常是会计职业道德教育的组织者，由其对会计人员开展正面职业道德教育，会计人员则是被动学习、被动接受教育。

2. 自我修养

自我修养是内在教育，是会计人员通过自我学习、自我改造，提高自身道德修养的行为活动。自我修养是把外在的职业道德要求，逐步转变为会计人员内在的职业道德情感、职业道德意志和职业道德信念。要大力提倡和引导会计人员进行自我修养，在社会实践中不断地加强职业道德修养，养成良好的道德行为，从而实现会计人员道德境界的升华。

三、会计职业道德教育的内容

会计职业道德教育的主要任务是帮助和引导会计人员培养会计职业道德情感，树立会计职业道德信念，遵守会计职业道德规范，使会计人员懂得什么是对的、什么是错的，什么是可以做的、什么是不应该做的，什么是必须提倡的、什么是坚决反对的。会计职业道德教育的内容包括以下四个方面。

1. 会计职业道德观念教育

会计职业道德观念教育是指以普及会计职业道德基础知识为内容的教育，是会计职业道德教育的基础。会计职业道德观念教育就是在社会上广泛宣传会计职业道德基本常识，使广大会计人员懂得什么是会计职业道德，了解会计职业道德对社会经济秩序、会计信息质量的影响，以及违反会计职业道德将受到的惩戒和处罚，并利用广播电视、报纸杂志等媒介，表彰坚持原则、德才兼备的会计人员，鞭笞违法违纪的会计行为，形成遵守职业道德光荣、违反职业道德可耻的社会氛围。

2. 会计职业道德规范教育

会计职业道德规范教育是指对会计人员开展以会计职业道德规范为内容的教育。会计职业道德规范的主要内容包括爱岗敬业、诚实守信、廉洁自律、客观公正、坚持准则、提高技能、参与管理和强化服务等，这是会计职业道德教育的核心内容，应将其贯穿于会计职业道德教育的始终。

3. 会计职业道德警示教育

会计职业道德警示教育是指通过开展对违反会计职业道德行为和对违法会计行为典型案例的讨论和剖析，给会计人员以启发和警示，从而提高会计人员的法律意识和会计职业道德观念，提高会计人员辨别是非的能力。

4. 其他教育

其他与会计职业道德相关的教育包括形势政策教育、思想品德教育、法制教育等。

【例 5—10】下列各项中，不属于会计职业道德教育主要内容的是（　　）。

A. 会计专业理论教育　　B. 会计职业道德规范教育

C. 会计职业道德观念教育　　D. 会计职业道德警示教育

【解析】A。会计人员职业道德教育的内容包括职业道德观念教育、职业道德规范教育、职业道德警示教育、与会计职业道德相关的其他教育。

四、会计职业道德教育的途径

会计职业道德教育的途径主要包括以下两种。

1. 接受教育的途径

（1）岗前职业道德教育

岗前职业道德教育是指对将要从事会计职业的人员进行的道德教育，包括会计专业学历教育及获取会计从业资格中的职业道德教育。教育的侧重点应放在职业观念、职业情感及职业规范等方面。

1）会计专业学历教育中的职业道德教育。会计专业学历教育中的职业道德教育即对大、中专院校会计类专业的在校学生进行会计职业道德教育。在我国，大专院校是培养各类专门人才的基地，其会计类专业就读的学生，是会计队伍的预备人员，他们当中大部分将走上会计岗位，从事会计工作。在会计专业学历教育的阶段，是他们会计职业情感、道德观念和是非善恶判断标准初步形成的时期，所以会计专业类大专院校是会计职业道德教育的重要阵地，是会计人员岗前道德教育的主要场所，在会计职业道德教育中具有基础性地位。

会计专业学历教育不仅要对学生进行专业知识教育，而且要对学生进行职业道德教育，使学生不断提高思想品质和道德情操，其具体目标包括以下三个方面：一是使学生在学习会计理论和技能的同时，了解会计职业道德规范的主要内容，树立职业道德观念；二是使学生了解会计职业面临的道德风险，为今后从事会计工作，并在职业活动中保持正确的价值观与行为模式奠定基础；三是培养学生树立起对会计的职业道德情感和观念以及运用道德的标准判断是非的能力。

2）获取会计从业资格中的职业道德教育。获取会计从业资格中的职业道德教育即对从事会计职业的人员进入会计岗位前进行的职业道德教育。为了使希望从事会计职业的人员在进入会计岗位时具备一定的会计职业道德，财政部在会计从业资格考试科目中增加了《财经法规与会计职业道德》科目。我国注册会计师资格考试的《审计》科目中，也加入了注册会计师职业规范体系和注册会计师法律责任的内容。这说明从事会计工作，就要接受必要的会计职业道德教育。

（2）岗位职业道德继续教育

岗位职业道德继续教育是指对已进入会计职业岗位的会计人员所进行的继续教育，它是岗前会计职业道德教育的延续，是强化会计职业道德教育的有效形式。

会计职业道德教育应贯穿于整个会计人员继续教育的始终。在职业道德的继续教育中应体现出社会经济的发展变化对道德的要求，也就是说在不同的阶段，道德教育的内容和侧重点应有所不同。就现阶段而言，道德教育的内容具体包括以下三个方面：

1）形势教育。教育的重点是要贯彻“以德治国”重要思想和“诚信为本，操守为重，坚持准则，不做假账”的指示精神，进一步全面、系统地加强会计职业道德培训，提高广大会计人员的政治水平和思想道德意识。

2）品德教育。教育的重点是引导会计人员自觉地用会计职业道德规范指导和约束自身的行为，提高职业道德自律能力，最终形成良好、稳定的道德品行。

3）法制教育。教育的重点是引导会计人员熟悉并了解不同历史时期的会计法律、法规政策，学会运用法律的手段处理会计事务。

2. 自我修养的途径

自我修养的途径主要包括以下三点。

（1）慎独慎欲

会计职业道德修养的最高境界在于做到“慎独”，即在一个人单独处事、无人监督的情况下，也应该自觉地按照道德准则去办事。慎独的前提是坚定的职业信念和职业良心。会计职业道德修养讲“慎独”，就是要求每个会计人员严格要求自己，在履行职责时自律谨慎，不管财经法规、制度是否有漏洞，也不管是否有人监督，领导管理是否严格，都按照职业道德的要求去办。“慎欲”就是指用正当的手段获得物质利益。会计人员做到慎欲，一是要把国家、社会公众和集体利益放在首位，在追求自身利益的时候，不损害国家和他人利益；二是做到节欲，对利益的追求要适度适当，要合理合法，反对用不正当手段达到利己的目的。

（2）慎省慎微

“慎省”就是认真自省，通过自我反思、自我解剖、自我总结而发扬长处、克服短处，不断地自我升华、自我超越，从而使自己的行为纳入职业道德规范和要求的轨道。“慎微”就是指在微处、小处自律，从微处、小处着眼，积小善成大德。

（3）自警自励

“自警”就是要随时警醒、告诫自己，对各种腐朽思想文化的影响要警钟长鸣，防止各种不良思想对自己的侵袭。“自励”就是要以崇高的会计职业道德理想、信念激励自己、教育自己，经常用会计职业道德规范这把标尺，认真度量自己在职业实践中的一切言行，树立起正确的会计职业道德观。

【例 5—11】我国目前会计职业道德教育的途径主要包括（　　）。

A. 通过会计专业学历教育　　B. 通过会计人员继续教育

C. 通过财政部监督检查　　D. 通过会计人员的自我修养

【解析】A、B、D。

第四节　会计职业道德建设的组织与实施

会计职业道德建设决定会计职能作用的发挥和会计工作的质量。因此，全面加强会计职业道德建设，提高会计人员道德素质，是一项重大而紧迫的任务。会计职业道德建设是一项复杂的系统工程，要抓好会计职业道德建设，关键在于加强和改善会计职业道德建设的组织和领导，并得到切实贯彻和实施。各部门、行业、会计职业组织和社会各界应积极行动起来，共同搞好会计职业道德建设。

一、财政部门的组织推动

会计职业道德建设是会计管理工作的重要组成部分，作为管理会计工作的各级财政部门应当充分认识到新形势下加强会计职业道德建设的艰巨性、长期性和紧迫性，将会计职业道德建设纳入重要议事日程，负起组织和推动本地区会计职业道德建设的责任。要深入实际调查研究，了解新情况，分析新问题，及时发现、总结和推广会计职业道德建设的新经验，在内容、形式、方法、手段、机制等方面积极创新、与时俱进，探索新的有效途径和实践形式。

会计管理工作者要以高度的责任感和事业心，适应新时期的要求，努力学习会计法律知识，不断提高自身的政策理论水平和服务质量，在工作中应求真务实、依法办事、廉洁奉公、勤政为民、率先垂范、以身作则，树立良好的会计职业道德风尚。

各级财政部门要把会计职业道德建设与会计法制建设紧密结合起来。在认真宣传贯彻《会计法》和国家统一的会计制度的同时，还应加大执法力度，严厉打击违法会计行为，维护国家和社会公共利益，维护正常经济秩序，为会计职业道德建设提供强有力的法律支持和政策保障。

各级财政部门应当根据会计法律制度，积极探索将会计职业道德建设与会计从业人员管理相结合的机制，逐步完善会计从业人员的资格准入、考核、奖惩、培训、退出等制度，同时通过会计技能证书发证、注册、年检等管理手段，建立会计从业人员诚信档案。

各级财政部门要充分结合本地区的实际情况，加大宣传力度，制定切实可行的宣传方案，采取灵活多样的宣传形式，如举办会计职业道德演讲、论坛、竞赛、有奖征文等活动，积极发挥思想文化阵地在职业道德建设中的作用，牢牢把握正确的舆论导向，唱响主旋律，营造会计职业道德建设的良好氛围。

二、会计行业的自律

会计职业组织起着联系会员与政府的桥梁作用，应充分发挥协会等会计职业组织的作用，改革和完善会计职业组织自律机制，有效发挥自律机制在会计职业道德建设中的促进作用。可以借鉴国外通过会计职业组织实施职业道德约束的做法和经验，在中国注册会计师协会、中国会计学会、中国总会计师协会等职业组织中设立职业道德委员会，专司职业道德规范的制定、解释、修订和实施之职。对涉及会计职业道德的案件由会计职业组织进行处罚。例如，在中国会计学会设

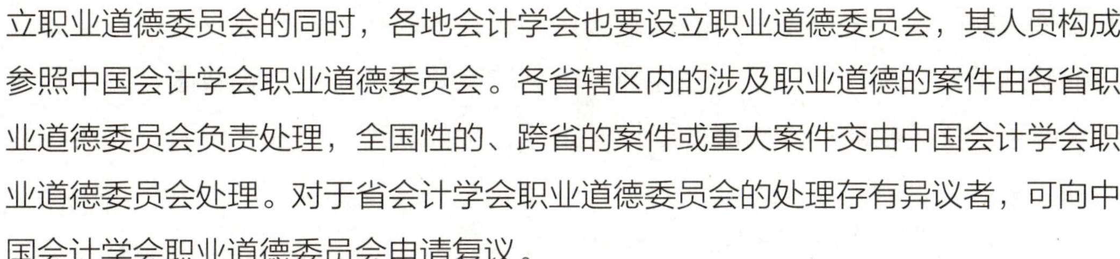

立职业道德委员会的同时，各地会计学会也要设立职业道德委员会，其人员构成参照中国会计学会职业道德委员会。各省辖区内的涉及职业道德的案件由各省职业道德委员会负责处理，全国性的、跨省的案件或重大案件交由中国会计学会职业道德委员会处理。对于省会计学会职业道德委员会的处理存有异议者，可向中国会计学会职业道德委员会申请复议。

三、企事业单位的内部监督

企事业单位负责人应关心和支持会计职业道德建设并切实抓好会计职业道德建设工作。会计人员职业道德表现好与差，其所在单位是最直接的受益者和受害者。因此，各企事业单位必须任用具备会计从业资格的人员从事会计工作。在任用重要会计岗位的人员时，应审查其职业记录和诚信档案，选择业务素质高、职业道德好的会计人员。在日常工作中，应注意开展对会计人员的道德和纪律教育，并加强检查，督促会计人员坚持原则、诚实守信。在制度建设上，要加强单位内部控制制度的建立和完善，形成内部约束机制，依法开展会计工作，为会计人员遵守职业道德提供良好的执业环境，从而可以有效地防范舞弊和经营风险，规避道德失范。同时，单位负责人要做遵纪守法的表率，支持会计人员依法开展工作。

四、社会各界的监督与配合

加强会计职业道德建设，既是提高广大会计人员素质的一项基础性工作，又是一项复杂的社会系统工程，不仅是某一个单位、某一个部门的任务，也是各地区、各部门、各单位的共同责任。因此，加强会计职业道德建设，不仅各级党组织要管，各级机关、群众组织等也要管。只有重视和加强各级组织、广大群众和新闻媒体的监督作用，齐抓共管，形成合力，才能有效地搞好会计职业道德建设，更好地提高广大会计人员的思想道德素质。

第五节　会计职业道德的检查与奖惩

为了充分发挥会计职业道德的作用，健全会计职业道德体系，应在建立会计职业道德规范和加强职业道德教育的基础上，强化对会计从业人员职业道德规范遵循情况的检查，并根据检查的结果进行相应的表彰和惩罚，建立起会计职业道德的奖惩机制，作为会计职业道德他律机制的重要组成部分。在我国，会计职业道德检查与奖惩机制的建立尚处于探索阶段，需要在理论上深入研究，在实践中不断摸索。

一、会计职业道德检查与奖惩的意义

会计职业道德检查是指为了发现问题而进行的查看，目的在于强化对会计职业道德规范的遵守，同时也为会计职业道德奖惩提供依据。奖惩机制包括奖励、褒扬和惩处、贬抑两个方面，奖惩的主要功能在于对人的行为加以控制和引导，没有奖惩，检查就流于形式，而不能发挥其应有的激励和威慑作用。

现实生活中，道德渗透在政治、经济、法律等社会生活的方方面面，并与之联系紧密，在建立职业道德体系时，不能只局限于道德的规范，而应综合利用奖惩机制来引导会计人员的行为，以更好地发挥职业道德的效用。总而言之，开展会计职业道德的检查与奖惩是道德规范付诸实施的必要方式，也是促使道德力量发挥作用的必要手段，有着很重要的现实意义。

1. 具有促使会计人员遵守职业道德规范的作用

奖惩机制利用人类趋利避害的特点，以利益的给予或剥夺为砝码，对会计人员起着引导或威慑的作用，使会计行为主体不论出于什么样的动机，都必须遵循会计职业道德规范，否则就会遭受利益上的损失。奖惩机制把会计职业道德要求与个人利益结合起来，体现了义利统一的原则。会计职业道德的产生和维护离不开他律，离不开奖惩，不仅要靠社会舆论的压力，而且要靠利益的引导、制度的限定、纪律的约束，甚至要靠法律的威慑。这样，会计职业道德就不仅仅是一种教化，而且也带有某种强制性。

2. 对各种会计行为进行裁决，对会计人员具有深刻的教育作用

会计人员的哪些会计行为是对的，哪些会计行为是不对的，均可通过会计职业道德的检查与奖惩作出裁决。通过会计职业道德检查与奖惩，使广大会计人员能直接地感受到道德的价值分量，其教育的作用是不可低估的。

3. 有利于形成抑恶扬善的社会环境

会计职业道德是整个社会道德的一个组成部分。因此，会计职业道德的好

坏，对社会道德环境的优劣会产生一定的影响；反之，社会道德环境的好坏，也影响着会计的职业行为。奖惩机制是抑恶扬善的杠杆。对会计行为而言，判断善恶的标准就是会计职业道德规范。通过倡导、赞扬、鼓励自觉遵守会计职业道德规范的行为，贬抑、鞭挞、谴责、查处会计造假等不良行为，有助于会计人员分清是非，形成良好的社会风气，从而进一步加强会计职业道德的建设。

就道德规范自身特点而言，它主要是依靠传统习俗、社会舆论和内心信念来维系的。这种非刚性的特征也就决定了其落实、实施还必须同时借助政府部门的行政监管、职业团体自律性监管和企事业单位内部纪律等外在的硬性他律机制，只有这样才能有效地发挥职业道德规范潜在的裁判和激励效力。

二、会计职业道德检查与奖惩机制的建立

会计职业道德检查与奖惩机制的建立是一个复杂的系统工程，需要政府部门、行业组织、有关单位的积极参与，并且要运用经济、法律、行政、自律等综合治理手段予以实现。

1. 财政部门对会计职业道德进行监督检查

《会计法》规定，国务院财政部门主管全国的会计工作，县级以上财政部门管理本行政区域内的会计工作。《注册会计师法》规定，财政部对注册会计师、会计师事务所和注册会计师协会进行监督指导。会计职业道德建设是会计管理工作的重要组成部分，因此，各级财政部门应负起组织和推动本地区会计职业道德建设的责任。财政部门可以利用行政管理上的优势，对会计职业道德情况实施必要的行政监管。

（1）将会计执法与会计职业道德检查相结合

财政部门作为《会计法》的执法主体，可以依法对社会各单位执行会计法律制度情况及会计信息质量进行不同形式的检查或抽查。通过检查，一方面督促各单位严格执行会计法律、法规，另一方面也是对各单位会计人员执行会计职业道德情况的检查和检验。

违反《会计法》的行为，同时也一定是违反了会计职业道德要求的行为。会计人员若存在违反《会计法》的行为，不仅要承担《会计法》规定的法律责任，受到行政处罚或刑事处罚，同时还必须接受相应的道德制裁，如在会计行业范围内通报批评、指令其参加一定学时的继续教育课程、暂停其从业资格、在行业内

部的公开刊物上予以曝光等。法律惩罚和道德惩罚两者是并行不悖、不可替代的，应同时并举。

（2）将会计从业资格证书注册登记和年检与会计职业道德检查相结合

会计从业资格证书注册登记制度是指取得会计从业资格的人员，被单位聘用从事会计工作时，应由本人或本人所在单位提出申请，按照会计从业资格管理部门规定的时间到会计从业资格管理部门进行注册登记。年检即年度检查验证制度。根据《会计从业资格管理办法》的规定，会计从业资格证书实行定期年检制度。年检时审查的内容包括持证人员遵守财经法律、法规和会计职业纪律的情况及依法履行会计职责的情况等。不符合有关规定的不予通过年检。

因此，将会计从业资格证书注册登记和年检制度与会计职业道德检查结合起来，有利于强化对会计人员行为的约束，强制引导会计人员遵守会计职业道德。对那些不遵守会计职业道德规范、道德考核不合格的人，不予通过年检，这样就会使会计人员像重视自己的从业资格一样重视自身的职业道德操守，自觉遵守会计职业道德规范的要求。

目前，财政部门对会计从业资格证书档案实行计算机管理，为建立会计人员诚信档案创造了有利条件。可以结合会计从业资格证书注册登记、年检和其他行政检查工作，将会计人员执行会计法规制度和会计职业道德情况，以及受到的奖惩情况等输入电子档案，形成会计人员的诚信档案。会计人员的诚信档案不仅作为财政部门监管会计人员的依据，也可以向用人单位和社会公众开放，从而督促、约束、激励会计人员严格自律，认真执行会计职业道德规范。

（3）将会计专业技术资格考评、聘用与会计职业道德检查相结合

根据财政部、人事部联合印发的《会计专业技术资格考试暂行规定》（财会〔2000〕11 号）及其实施办法规定，报考初级资格、中级资格的会计人员，应“坚持原则，具备良好的职业道德品质”。会计专业技术资格考试管理机构在组织报名时，应对参加报名的会计人员职业道德情况进行检查，对有不遵循会计职业道德记录的，应取消其报名资格。

2. 会计职业组织对会计职业道德进行自律管理与约束

对会计职业道德情况的检查，除了依靠政府监管外，行业自律也是一种重要手段。会计行业自律是一个群体概念，是会计职业组织对整个会计职业的会计行为进行自我约束、自我控制的过程。

在日常会计工作中，经常发生这样的情况，一些会计人员缺乏必要的专业胜任能力，业务素质低下，专业知识贫乏，对新颁布的会计准则、会计制度知之甚少，从而导致记账不符合规范，账簿混乱，账账、账表不符，报表挤数现象时有发生。还有一些会计人员按照领导的意志，放弃了客观性原则，钻准则、制度的空子，通过改变会计估计或会计方法，调节利润或亏损，从而达到隐瞒拖欠或逃避应交税费的目的。这些做法有的虽然没有触犯法律，但却违反了会计职业道德的要求。在会计职业组织自律管理比较健全的情况下，可以由职业团体通过自律性监管，对发现违反会计职业道德规范的行为进行相应的惩罚。惩罚的种类有通报批评、罚款、取消其会计人员资格、警告、退回向客户收取的费用、参加后续教育等。

3. 建立激励机制对会计人员遵守职业道德情况进行考核和奖惩

通过树立本行业的楷模、榜样，使会计职业道德原则和规范具体化、人格化，使广大会计工作者从这些富于感染性、可行性的道德榜样中获得启示和动力，在潜移默化中逐渐提高自身的职业道德素质。奖励是积极的，是对一个人的肯定，它利用人的上进心，调动人的荣誉感，使其遵纪守法、尽职尽责，并发挥其内在的潜能，带给人满足感、自尊感和自豪感。而惩罚则是消极的，它利用人的恐惧心理，使人循规蹈矩。过分的惩罚会使人产生挫折感，损伤自尊心和自信心。

会计职业道德激励机制应当与会计人员表彰制度相结合，以起到弘扬正气、激励先进、鞭策后进的作用。对会计职业道德检查中涌现出的先进人物、事迹进行表彰奖励，应注意将物质奖励和精神奖励相结合。

我国会计人员队伍庞大，这支队伍中有许许多多优秀的先进人物和动人事迹。在会计职业道德检查中，应善于发现典型、树立榜样。通过对优秀会计工作者进行表彰、奖励，可以营造出抑恶扬善的环境，从而在潜移默化中提高全体会计人员的职业道德素质。

练习题

1. 职业道德与会计职业道德分别有哪些特征与功能？会计职业道德与会计法律制度有什么联系与区别？

2. 我国会计职业道德规范的主要内容包含了哪八项？“忠于职守，尽职尽责”体现的是哪一项内容的要求？“公私分明，不贪不占”体现的是哪一项内容的要求?

3. 我国会计职业道德教育有哪些内容? 实施会计职业道德教育的途径有哪些?

4. 我国会计职业道德建设是怎样组织与实施的?

5. 我国开展会计职业道德检查与奖惩的意义有哪些?

6. 会计职业道德检查与奖惩机制包括哪些内容?